50
cosas que hay que saber sobre
Psicología

50
cosas que hay que saber sobre
Psicología

Adrian Furnham

Ariel

Para Allison y Benedit, siempre llenas de buenas ideas...
especialmente para que yo cambie

Título original: *50 psychology ideas you really need to know*

Primera edición: octubre de 2010
Primera edición en esta presentación: enero de 2025

Oknos Biomedical P&M Services SL

Derechos exclusivos de edición en español:
© Editorial Planeta, S. A., 2024
Avda. Diagonal, 662-664, 08034 Barcelona
Editorial Ariel es un sello editorial de Planeta, S. A.
www.ariel.es
www.planetadelibros.com

ISBN: 978-84-344-3831-6
Depósito legal: B. 1.051-2025

Impreso en España

PEFC
PEFC/14-38-00305
PEFC Certificado
Este libro procede de bosques gestionados de forma sostenible
www.pefc.es

Contenidos

Introducción

La psicología tiene sus defensores y sus detractores. Los defensores consideran que la psicología es básicamente la «reina de las ciencias sociales» y que su desarrollo, sus avances y sus aplicaciones son clave para la salud, la felicidad y el progreso. Sin embargo, los detractores consideran que los psicólogos son unos charlatanes ilusos e incluso peligrosos que aplican ideas y prácticas tanto de sentido común como completamente erróneas.

El nacimiento oficial de la psicología tuvo lugar en la década de 1870. Algunos psicólogos han sido figuras internacionales de gran importancia e influencia. Se podría argumentar que, junto con Darwin y Marx, Freud fue el pensador más influyente del siglo XIX. Watson, Skinner, Milgram y otros psicólogos tuvieron una gran influencia en la forma con la que hacemos todas las cosas, desde criar y educar a nuestros hijos hasta seleccionar y tratar a nuestros empleados. En el siglo XXI, y por segunda vez en la historia, un psicólogo —Daniel Kahneman— ganó el premio Nobel de Economía.

La psicología está presente en toda nuestra sociedad actual. Ninguna historia de ficción con delitos de por medio ni ningún documental, programa de entrevistas o consulta médica están completos si no los evaluamos desde un punto de vista psicológico. El diseño de nuestro coche, nuestra casa, la elección de nuestra ropa, los compañeros, la forma con la que educamos a nuestros hijos..., todo ello ha sido investigado por la psicología y está muy influido por la misma. La psicología también desempeña una función manifiesta en la administración de empresas, el mundo deportivo y la mercadotecnia dirigida al consumidor.

La psicología es tanto una ciencia pura como una ciencia aplicada. Su objetivo último es el de comprender el comportamiento y los mecanismos y procesos básicos que influyen en las ideas, los sentimientos y los razonamientos. Además, también persigue la solución de los problemas del ser humano. Es una ciencia dotada de un fuerte carácter multidisciplinar que la relaciona estrechemente con otras muchas ciencias como la anatomía, la medicina, la psiquiatría y la sociología, así como con la economía, las matemáticas y la zoología.

Los recién llegados a la psicología se sorprenden a menudo por la enorme gama de aspectos que estudian los psicólogos, desde los sueños hasta los delirios de grandeza; desde la fobia a los ordenadores hasta las causas del cáncer; desde la memoria hasta la movilidad social; desde la formación de las actitudes hasta el alcoholismo. Un aspecto importante y de gran utilidad que hay que tener en cuenta es el hecho de que la psicología enseña a las personas un rico vocabulario a través del cual pueden describir y explicar su comportamiento: la psicología enseña al estudiante el lenguaje de la descripción y la explicación conductuales.

Algunas teorías psicológicas son contrarias a la intuición mientras que otras caen plenamente en el reino del sentido común. Con este libro espero ser capaz de ofrecer una explicación adecuada de las primeras y de aclarar las segundas.

01 Comportamiento anómalo

La psicología de lo anómalo, también denominada psicología clínica, es el estudio de los comportamientos que son considerados no normales. Estudia las causas, las manifestaciones y los tratamientos de los hábitos, razonamientos o estímulos patológicos que pueden deberse a factores ambientales, cognitivos, genéticos o neurológicos.

Los psicólogos clínicos llevan a cabo la evaluación, el diagnóstico y el tratamiento de los problemas psicológicos. Son tanto científicos como profesionales clínicos que a menudo se especializan en el tratamiento de diversas enfermedades como los trastornos de ansiedad (ansiedad, angustia o pánico, fobias o trastornos por estrés postraumático); alteraciones del estado de ánimo (depresión, trastorno bipolar o suicidio); problemas con las drogas (alcohol, estimulantes, sustancias alucinógenas, etc.), o enfermedades de gran complejidad como la esquizofrenia. La psicología clínica es una parte clave de la psicología, aunque no la más importante. No obstante, la mayoría de la gente considera que es la especialidad más interesante e importante de la psicología aplicada.

Definición de lo anómalo A pesar de que es relativamente fácil detectar qué personas tienen dificultades mentales o se comportan de manera extraña, es mucho más difícil definir lo patológico. «Anómalo» significa «apartado de lo normal». Así, las personas muy altas o muy bajas son anómalas, tal como lo son las personas muy desgraciadas y muy afortunadas. Por tanto, en términos estrictos, Einstein y Miguel Ángel eran anómalos, así como también lo eran Bach y Shakespeare.

Para la psicología clínica la cuestión no estriba tanto en determinar si una conducta es anómala como si ésta es *inadaptada*, es decir, que hace que la persona tenga dificultades y problemas sociales. Si una conducta de una persona parece irracional o potencialmente peligrosa para sí misma o para los demás, solemos considerar que es anómala. El psicólogo habla en estos casos de psicopatología, mientras que el hombre de la calle habla de locura o de demencia.

A todos nos gustarían la certeza y la claridad en la distinción entre lo normal y lo anómalo. Sin embargo, sabemos que la historia y la cultura configuran lo

Cronología

1600
Inicio del rechazo de la práctica de la brujería

1773
Construcción del primer manicomio en Williamsburg, Estados Unidos

que se considera anómalo, y en los libros de texto de psiquiatría se refleja a menudo este hecho. La homosexualidad ya no se considera la enfermedad mental que hace mucho tiempo se creía que era. En el siglo XIX la masturbación se consideraba un comportamiento anómalo.

«En el transcurso de los años ha aplicado a este término (lo anómalo) numerosos juicios de valor y, por ello, es preferible cualquier sinónimo del mismo: maladaptativo, ajuste inadecuado, conductas desviadas, etc.»

A. Reber, 1985

El nivel socioeconómico, el sexo y la raza están relacionados con lo anómalo. Las mujeres tienen más probabilidades de padecer anorexia, bulimia o trastornos de ansiedad, en comparación con los hombres; por su parte, los hombres tienen más tendencia a padecer cuadros de abuso de drogas. Las personas pobres muestran una probabilidad mayor de padecer esquizofrenia, en comparación con las ricas. Los niños norteamericanos sufren una elevada incidencia de trastornos relacionados con la falta de control, en comparación con la incidencia de trastornos relacionados con control excesivo; sin embargo, en los niños sudamericanos ocurre exactamente lo contrario.

En épocas anteriores se consideraba que el comportamiento extraño era debido a una posesión del espíritu. Las personas creían en el animalismo (la creencia de que somos similares a los animales) y que la locura era el resultado de un proceso incontrolado de regresión. En la antigua Grecia se creía que lo anómalo y la enfermedad se debían en general al efecto de los líquidos corporales o «humores». A consecuencia de ello, el tratamiento de la locura en aquellos primeros tiempos conllevaba sobre todo la segregación y el castigo de los pacientes. No se empezó a tratar como una enfermedad humana hasta el siglo XIX.

Criterios sobre los que existe un acuerdo general Hoy en día las definiciones psicológicas de lo anómalo giran alrededor de una serie de criterios respecto a los cuales hay un acuerdo general. Estos criterios se han denominado las 4 des: dificultades (*distress*), desviación (*deviance*), disfunción (*dysfunction*) y peligro (*danger*). En general, lo anómalo conlleva *dolor* y *sufrimiento*, y uno de los aspectos de este último es el sufrimiento personal agudo y crónico. Uno de los criterios que hay que tener en cuenta es la *adaptación inadecuada*, es decir, la imposibilidad de realizar las tareas cotidianas, tal como ir a trabajar todos los días, mantener relaciones interpersonales felices o planificar el futuro.

Un criterio aplicado con mucha frecuencia es la *irracionalidad*, es decir, las creencias extrañas o carentes de lógica respecto al mundo físico o social, y también —con mucha frecuencia— al mundo espiritual.

Década de 1890
Comienzan a aplicarse la hipnosis y el psicoanálisis

Década de 1940
Aplicación de terapias conductuales

1952
Publicación impresa del primer manual diagnóstico de calidad

Los distintos puntos de vista sobre lo normal y lo anómalo

El punto de vista subjetivo. Este término es quizá la idea más primitiva que utilizamos como criterio para considerar que la normalidad radica en nosotros mismos, nuestros comportamientos y nuestros valores. Ya lo dicen los refranes («Quien roba una vez roba diez», «De todo hay en la viña del Señor»). Desde este punto de vista, las personas que son como nosotros son normales, mientras que las que son diferentes son anómalas. Este enfoque también tiende a un razonamiento en función de categorías simples y carentes de solapamiento: normal-anómalo-muy anómalo.

El punto de vista normativo. Esta es la idea de que existe un estado ideal y deseable respecto a la forma con la que hay que pensar y comportarse. Dicha contemplación del mundo perfecto viene a menudo de la mano de los pensadores religiosos y políticos. La normalidad es la perfección: cuanto más se aparta un individuo de la normalidad, más anómalo es. Este punto de vista insiste más en lo que «debería ser» que en lo que «es razonablemente posible». Nada es normal debido a que nadie es perfecto.

El punto de vista clínico. Los científicos sociales y los médicos intentan evaluar la efectividad y la capacidad de organización y adaptación de una persona. En gran parte ello depende de la dimensión evaluada. Los clínicos también aceptan que el límite entre lo normal y lo anómalo no está bien definido y que es, de alguna manera, subjetivo, aunque se esfuerzan por establecer un diagnóstico fiable. Lo anómalo se suele asociar a una adaptación inadecuada, a dolor o a comportamientos extraños.

El punto de vista cultural. La cultura impone tendencias en todo, desde la ropa hasta la forma de caminar, desde el lenguaje hasta el amor. La cultura prescribe y proscribe los comportamientos. Algunas cosas son tabú y otras, ilegales. De nuevo, cuanto más se aparta una persona de las normas culturales, más se considera su comportamiento como anómalo. No obstante, dado que las herencias y prácticas culturales cambian, también lo hacen las definiciones de normalidad. El caso del comportamiento homosexual ilustra espléndidamente esta cuestión.

El punto de vista estadístico. Todos los especialistas en estadística conocen el concepto de distribución normal, la llamada curva de Gauss (curva «en campana»). Esta curva tiene propiedades concretas y se aplica con mucha frecuencia para hacer valoraciones, por ejemplo, de la inteligencia. La puntuación de 100 es el valor promedio; el 66 por 100 de la población presenta una puntuación de entre 85 y 115, y aproximadamente el 97 por 100, de entre 70 y 130. Por tanto, si la puntuación del cociente intelectual de una persona es menor de 70 o mayor de 130, dicha persona es poco habitual, aunque no se aplica el término «anómalo». Este modelo tiene desventajas debido a que los comportamientos más frecuentes no tienen por qué ser los más saludables ni deseables. Por otra parte, aunque el punto de vista estadístico puede tener utilidad respecto a las capacidades cuya cuantificación es razonablemente sencilla, su aplicación ofrece más dificultades en lo relativo a cuestiones de carácter más sutil y multidimensional, tal como la personalidad o la enfermedad mental.

El comportamiento anómalo de una persona es a menudo incomprensible para los demás. Por lo general es impredecible, puede tener una gran volatilidad con cambios desde un extremo al otro y, a menudo, el paciente es incapaz de controlar su propio comportamiento. Por lo general, este comportamiento es muy inadecuado.

Casi por definición, el comportamiento anómalo es heterodoxo, extraño e indeseable. Por otra parte, tiene también una dimensión moral dado que se asocia con la violación de normas y estándares morales, y la despreocupación por las normas sociales. El comportamiento ilegal, inmoral e indeseable es anómalo.

Otro criterio bastante interesante acerca de lo anómalo es el de las molestias que genera en los demás. Quienes observan un comportamiento anómalo a menudo se sienten incómodos y perciben de manera clara que es algo no normal.

Los problemas conceptuales Los problemas que plantea cualquier definición de anómalo son evidentes. En primer lugar, a la gente sana que vive en una sociedad enferma la suelen considerar anómala. Hay muchos ejemplos de sociedades muy intolerantes respecto a las personas que no se adaptan a sus estrechos (insanos, maladaptativos) estándares de creencias y comportamientos. En segundo lugar, los observadores expertos pueden no estar de acuerdo con que un comportamiento se califique como normal o anómalo. Incluso cuando se especifican múltiples criterios de anomalía todavía puede existir un desacuerdo básico con respecto a si una persona puede ser considerada en algún sentido anómala. En tercer lugar, hay diferencias entre el actor y el observador: ¿quién tiene que juzgar a quién? Los actores no suelen considerar que su comportamiento sea anómalo; la mayor parte de nosotros nos sentimos razonablemente confiados acerca de nosotros mismos y es cierto que a este respecto poseemos gran cantidad de información que los demás no poseen. Sin embargo, hay trampas y peligros bien conocidos en lo relativo al autodiagnóstico. Es más fácil ser observador y evaluar como anómalo el comportamiento de los demás, sobre todo el de aquellos que son diferentes a nosotros o que nos amenazan.

«Ella siempre dice que le molesta lo anómalo debido a que es demasiado obvio. También dice que lo normal es mucho más complicado e interesante.»

G. Stein, 1935

Autodiagnóstico Un objetivo importante de la orientación, la educación y el tratamiento es el de ayudar a las personas a adquirir una consciencia más clara de sí mismas. Parece evidente que algunas personas con enfermedades mentales y también algunas personas supuestamente normales tienen poca información con respecto a sus problemas. En muchos sentidos, parece como si quisieran engañarnos. De la misma forma, los estudiantes de psicología clínica señalan que reconocen en muchos casos que sufren ciertas enfermedades mentales cuando las estudian en los libros de texto. Ello se debe a que muchos de nosotros poseemos un sentido exagerado de la individualidad de algunos pensamientos o comportamientos privados, no compartidos o incluso «prohibidos» o que suscitan desaprobación. Todos nosotros escondemos ciertos aspectos de nuestro yo y podemos darnos cuenta súbitamente de que dichos aspectos aparecen en los libros de texto incluidos en las listas de los comportamientos anómalos.

La idea en síntesis: ¿qué es un comportamiento «normal»?

02 Efecto placebo

Los médicos recomiendan en muchas ocasiones «tómese dos comprimidos y llámeme por la mañana». A pesar de que saben y reconocen la idea de que todos los tratamientos físicos poseen ingredientes activos o conllevan procedimientos que dan lugar a modificaciones físicas en los pacientes, también conocen el poder de los factores psicológicos para curar todo tipo de cosas. El concepto de la dicotomía entre mente y materia es conocido en el mundo de la salud desde hace siglos.

¿Qué es el efecto placebo? El término «placebo» procede de la palabra del latín que significa «contentar». Un placebo se puede definir de manera muy simple como un preparado que carece de valor medicinal y que no posee efectos farmacológicos. Un placebo activo es una sustancia que imita los efectos adversos del medicamento que está siendo investigado pero que carece de su efecto específico y supuestamente terapéutico.

> **«El sonido de la flauta cura la epilepsia, la ciática y la gota.»**
>
> **Teofrasto, 300 a. C.**

Algunas personas consideran que los efectos de tipo placebo son más eficaces respecto a las enfermedades psicológicas que a las físicas. En un estudio de gran envergadura publicado recientemente se demostró que casi el 60 por 100 de los pacientes del grupo placebo evolucionó mejor que los participantes del grupo control (personas en lista de espera), lo que evidencia el poder del placebo.

Historia El inicio de la investigación moderna en esta área se suele atribuir a un artículo aparecido en la revista de medicina *American Dental Association Journal* hace más de cincuenta años. Henry Beecher conmocionó a la clase médica al demostrar que los tratamientos de tipo placebo como la administración de comprimidos de azúcar o incluso la realización de una exploración física detallada al paciente podían dar lugar a mejoría en el 30 por 100 de los pacientes. Hoy en día esta estimación ha crecido hasta situarse entre la mitad y las tres cuartas partes de los pacientes que sufren todo tipo de problemas, desde asma hasta la enfermedad de Parkinson, y nos muestra el fundamento real del efecto inducido por cierta gama de tratamientos.

Placebos diferentes Una de las cuestiones que se plantean es la siguiente: ¿qué tipo de placebo es el mejor? El color y el tamaño de las cápsulas y los comprimidos ha sido repetidamente objeto de manipulación experimental, pero los efectos fiables conseguidos han sido escasos. A decir verdad, no parece que estas características de las cápsulas y los comprimidos tengan gran impor-

Cronología

1500-1900
Adscripción de propiedades terapéuticas a todo tipo de sustancias

Años previos al siglo XX
Toda la medicina hasta la época moderna es la historia del placebo

¿El placebo lo cura todo?

Se ha demostrado que los placebos administrados en un contexto médico ortodoxo inducen un alivio sintomático en una gama extraordinariamente amplia de enfermedades, como por ejemplo: alergias, angina de pecho, asma, cáncer, infarto cerebral, depresión, diabetes, enuresis, epilepsia, insomnio, enfermedad de Ménière, migraña, esclerosis múltiple, neurosis, patología ocular, parkinsonismo, hipertrofia prostática, esquizofrenia, enfermedades cutáneas, úlceras y verrugas.

tancia. Un científico señaló que para que un comprimido placebo alcanzara su eficacia máxima debería ser muy grande y de color marrón o púrpura, o bien tendría que ser muy pequeño y de un color rojo brillante o amarillo.

Los procedimientos «mayores» o de carácter invasivo son placebos más serios que parecen inducir efectos de tipo placebo más intensos. En sí mismas, las inyecciones parecen dar lugar a un efecto mayor que los comprimidos e incluso la cirugía placebo (en la que al paciente se le realiza una incisión que después se sutura sin que se haya efectuado realmente ningún tipo de intervención quirúrgica) parece dar lugar a tasas de respuesta positiva elevadas.

El estilo de la aplicación del tratamiento y otras características del terapeuta parecen contribuir sustancialmente al efecto del tratamiento en sí mismo. Los terapeutas que muestran un interés mayor por sus pacientes, una confianza también mayor en sus tratamientos y un nivel profesional más elevado parecen inducir efectos placebo más intensos sobre sus pacientes.

¿Cómo funciona? La fascinación por los efectos placebo ha dado lugar a numerosas ideas y teorías respecto a su mecanismo real. Se ha propuesto todo tipo de conceptos, incluidos los siguientes: condicionamiento operativo, condicionamiento clásico, reducción de la culpa, transferencia, sugestión, persuasión, exigencias de rol, fe, esperanza, etiquetado, atención selectiva a ciertos síntomas, atribución errónea, reducción de la disonancia cognitiva, teorías del control, reducción de la ansiedad, inducción de expectativas y liberación de endorfinas.

Ensayos clínicos realizados con asignación aleatoria y control mediante enmascaramiento doble El efecto placebo es tanto una

> **«La afinidad por los demás es curativa: todos somos médicos para todos.»**
>
> **Oliver Sacks, 1973**

Década de 1950
Primeras investigaciones sobre el placebo

Década de 1960
Realización de ensayos clínicos con control placebo

Década de 1980
El 80 por 100 de los médicos admite todavía el uso de placebos

bendición como una maldición. Es una bendición para todos los terapeutas, con independencia del tratamiento que prescriban. Es una maldición para los científicos que intentan evaluar el efecto real de las intervenciones terapéuticas. Los ensayos clínicos realizados con asignación aleatoria y control mediante enmascaramiento doble se han convertido en el método de referencia para la investigación científica de los distintos tipos de tratamiento y para «descontar» los posibles efectos placebo.

«La absolución nos la da la confesión, no el sacerdote.»

Oscar Wilde, 1890

La idea que se aplica en estos estudios es la de que los participantes son distribuidos aleatoriamente a grupos diferentes, de manera que algunos de ellos forman parte de grupos control en los que no se administra ningún tratamiento o bien se administran tratamientos alternativos o de carácter placebo. Por otra parte, ni los investigadores ni los participantes conocen el tratamiento que están administrando o recibiendo, respectivamente.

El primer ensayo clínico efectuado con asignación aleatoria y control tuvo lugar poco tiempo después de la segunda guerra mundial. Sin embargo, hasta hace veinte años no se introdujeron los estudios con control mediante enmascaramiento («control ciego»). Ello fue debido a que se reconoció que los factores psicológicos pueden influir en la respuesta al tratamiento, por lo que los participantes en los estudios deberían estar «ciegos» respecto al tratamiento que recibían. En los estudios en los que los participantes y los investigadores desconocen la naturaleza del tratamiento (p. ej., si es un medicamento o es un placebo), decimos que el estudio se realiza con enmascaramiento doble. En los casos en los que el investigador conoce el tratamiento, pero el paciente lo desconoce, decimos que el estudio se realiza con enmascaramiento simple.

Problemas En cualquier caso, los estudios realizados con asignación aleatoria y control placebo mediante enmascaramiento doble también tienen sus dificultades. En primer lugar, pueden aparecer problemas debido a que los participantes asignados de manera aleatoria a los distintos grupos de tratamiento pueden reunirse fuera del contexto del estudio y comentar entre sí los tratamientos que están recibiendo. La asignación a grupos naturales (p. ej., la comparación de dos colegios de escolares o de dos regiones geográficas) puede ser preferible al proceso de asignación aleatoria. En segundo lugar, el control mediante enmascaramiento puede no ser factible respecto a algunos tratamientos. A pesar de que ni el investigador ni el participante son capaces de diferenciar un comprimido real de un comprimido de azúcar (el comprimido de placebo), no existen equivalentes placebo evidentes respecto a algunos tratamientos. En tercer lugar, el simple hecho de participar en un estudio puede modificar el comportamiento de los participantes. La vigilancia y la evaluación efectuadas de manera regular a los participantes en un estudio pueden dar lugar por sí mismas a un efecto beneficioso.

En cuarto lugar, las personas que aceptan la participación en un ensayo clínico pueden no ser representativas de la población general de pacientes que sufren el problema investigado. Los criterios de participación en un ensayo clínico deben ser estrictos para garantizar la compatibilidad entre los diferentes grupos y para que las condiciones del estudio sean las mejores que permitan demostrar el efecto beneficioso del tratamiento. Otro problema es la disminución en el grado de cumplimiento del tratamiento debido a que el participante puede considerar la posibilidad de estar recibiendo un tratamiento placebo. Si a los pacientes se les dice que podrían recibir un placebo, pueden presentar una inclinación mayor a abandonar el tratamiento en el caso de que no experimenten efectos terapéuticos inmediatos.

En sexto lugar, el uso de un tratamiento convencional en el estudio puede tener un carácter artificial y una relevancia escasa respecto a la práctica clínica, lo que puede inhibir una estrategia más flexible y centrada en el paciente. Por tanto, el estudio no sería una evaluación real del tratamiento tal como se utiliza en la práctica clínica y las necesidades de los participantes pueden entrar en conflicto con los requerimientos planteados por los investigadores. Además, a menudo se hace caso omiso de las variaciones individuales en la respuesta en los análisis de los resultados, en los que generalmente sólo se consideran las respuestas promedio obtenidas en cada grupo. Los pacientes que han evolucionado peor con el tratamiento pueden no recibir la atención suficiente en el análisis de los resultados, a menos que sufran efectos adversos especialmente manifiestos.

«El mejor médico es el buen estado de ánimo.»

Píndaro, 500 a. C.

En octavo lugar, se pueden plantear problemas éticos en diversos contextos, sobre todo cuando se utilizan tratamientos placebo y también en los casos en los que los pacientes o los investigadores muestran una preferencia marcada por un tratamiento en comparación con los demás. En noveno lugar, el criterio principal de valoración fundamentado en la evaluación clínica y en pruebas de carácter objetivo puede reflejar la perspectiva del paciente respecto a lo que constituye una modificación importante y beneficiosa. Los pacientes pueden estar más preocupados por la calidad de sus vidas, un parámetro que puede no estar relacionado estrechamente con las modificaciones de los parámetros bioquímicos ni con otros indicadores de la enfermedad.

Por último, la preocupación por la eliminación del efecto placebo al evaluar un tratamiento en relación con un placebo comparable puede significar la falta de atención a variables psicológicas importantes. Las características de los terapeutas y la actitud de los pacientes con respecto al tratamiento no se suelen evaluar en el contexto médico a pesar de que determinan de manera importante el grado de cumplimiento del tratamiento por parte del paciente, así como su actitud hacia la enfermedad.

«La medicina cura a la persona que no está destinada a morir.»

Proverbio

La idea en síntesis: la susceptibilidad influye en el resultado del tratamiento

03 Las adicciones

«Todas las formas de adicción son malas, con independencia de si el elemento adictivo es el alcohol, la morfina o el idealismo.»

Carl Jung, 1960

Muchas personas contemplan las adicciones sobre todo en términos de sustancias o drogas. Hay una larga lista de sustancias respecto a las cuales las personas pueden presentar adicción, entre las cuales están el alcohol, los estimulantes (como la cocaína), los opiáceos, los alucinógenos, la marihuana, el tabaco y los barbitúricos.

La adicción implica el consumo o la exposición a algo y, después de ello, el ansia de repetir la experiencia una y otra vez. Con el paso del tiempo la adicción queda establecida. El consumo se vuelve habitual y cada vez mayor, y los adictos saben que su hábito es caro, insano y tal vez ilegal, aunque aparentemente son incapaces de abandonarlo. Es un proceso complejo en el que están implicados factores biológicos, psicológicos y sociales.

«Brindamos a la salud de los demás al tiempo que arruinamos la nuestra.»

Jerome K. Jerome, 1920

Los investigadores de las adicciones están interesados en las razones por las que algunas sustancias o actividades concretas tienen la propiedad de inducir una adicción. Otros están fascinados por las razones que hacen que algunas personas sean más susceptibles que otras. Por último, algunos científicos están preocupados por los factores y las características ambientales y sociales que hacen que las adicciones sean más o menos probables, mientras que otros estudian los intentos de abandono del hábito y las recaídas en la adicción.

Dependencia en comparación con abuso En lo que se refiere a los medicamentos, la bibliografía psiquiátrica diferencia los conceptos de dependencia de la sustancias y de abuso de las sustancias. Ambos términos tienen un significado de carácter técnico. La *dependencia* muestra características muy específicas como la tolerancia (el paciente debe consumir una cantidad cada vez mayor de la sustancia para conseguir un efecto cada vez más limitado); sintomatología de abstinencia (que aparece cuando se deja de tomar la sustancia); obsesión por quedarse sin la sustancia; deterioro de todas las actividades sociales, laborales y de ocio, y uso continuado de la sustancia a pesar del conocimiento por parte del paciente de todo el daño que le causa a él y a los demás.

El concepto de *abuso* implica el uso de la sustancia por parte del paciente a pesar de que es consciente de la necesidad de cumplir diversas obligaciones

Cronología

1875
La ciudad de San Francisco prohíbe el opio

1919-1933
Prohibición en Estados Unidos

Tabaquismo

Las dos adicciones más estudiadas son el tabaquismo y el consumo de alcohol. En la mayor parte de los países occidentales todavía fuma aproximadamente entre el 25 y el 33 por 100 de las personas y se considera que el tabaquismo es la causa de alrededor de la tercera parte de los cánceres. El consumo de cigarrillos es en la actualidad un «hábito estigmatizado» debido a numerosas razones. Los factores que hacen que una persona comience a fumar (presión social, modelos de rol) son a menudo distintos de los que mantienen posteriormente el hábito. La nicotina es un potente estimulante: incrementa la frecuencia cardíaca y la presión arterial; disminuye la temperatura corporal; introduce cambios en las concentraciones de las hormonas liberadas por la hipófisis (una glándula que controla las hormonas), y estimula la liberación de adrenalina. La liberación de dopamina en el cerebro hace que la nicotina tenga un carácter muy adictivo. Lo más importante es que se mantiene el hábito debido a los síntomas de abstinencia: ansiedad, cefaleas, irritabilidad e insomnio. El abandono del tabaquismo da lugar a efectos inmediatos y a largo plazo.

Muchas personas intentan reducir su consumo de cigarrillos y abandonar el hábito. Los gobiernos utilizan la publicidad de la prohibición, la restricción de las ventas y de las zonas de consumo, y el incremento del precio de los cigarrillos, con resultados modestos; también llevan a cabo campañas de salud y educación. La gente intenta probar todos los métodos, desde los parches y el chicle de sustitución de la nicotina hasta la psicoterapia y la hipnosis, y —por último— la fuerza de voluntad. Dado que la necesidad de consumir un cigarrillo está relacionada con numerosos factores (visuales, olfatorios, fisiológicos y sociales), muchos fumadores consideran que es imposible abandonar el hábito.

escolares, domésticas y laborales; el uso de la sustancia en situaciones peligrosas (mientras se conduce, en el trabajo); el consumo de la sustancia a pesar de que ello es ilegal, y el uso de la sustancia a pesar de los efectos adversos persistentemente negativos de la misma.

La personalidad adictiva La idea original fue que algunas personas muestran un perfil, defecto o vulnerabilidad que les hace presentar una tendencia mayor a padecer adicciones específicas o de cualquier tipo. Sin embargo, este concepto no ha sido aceptado. Algunos psiquiatras contemplan la adicción como una consecuencia de la enfermedad mental, tal como la depresión o el trastorno de la personalidad antisocial. La idea es que las personas que llevan a cabo comportamientos de riesgo y también las que padecen trastornos mentales son vulnerables a la dependencia con respecto a una droga que utilizan como una especie de muleta. Estas personas tiene más posibilidades de experimentar y hacer caso omiso, o quitar importancia, a cualquier consecuencia potencialmente adversa.

1935
Creación de Alcohólicos Anónimos

Década de 1960
La contracultura defiende el consumo de sustancias psicoactivas

Década de 2000
Proliferación de la prohibición de fumar en los lugares públicos

Criterios psiquiátricos relativos a la dependencia de sustancias

Patrón de apariciones de alteraciones o dificultades, producidas por el consumo de sustancias adictivas, manifestadas a través de muchas de las características que se citarán a continuación y que aparecen en cualquier momento después de un periodo seguido de doce meses de abstinencia.

1. Tolerancia, que significa la necesidad de consumir cantidades cada vez mayores de la sustancia para conseguir un estado de intoxicación o el efecto deseado, o bien la disminución importante del efecto tóxico con el uso continuado de la misma cantidad de la sustancia.
2. Aparición de un síndrome de abstinencia respecto a una sustancia específica o respecto a una sustancia estrechamente relacionada con la anterior que se consume para aliviar o evitar la sintomatología de abstinencia.
3. A menudo el paciente consume cantidades cada vez mayores de la sustancia o bien la consume durante un período de tiempo superior al que pretendía.
4. Deseo persistente o esfuerzos inútiles para reducir o controlar el uso de la sustancia.
5. El paciente dedica una gran cantidad de tiempo a las actividades necesarias para conseguir la sustancia o para recuperarse de sus efectos.
6. El paciente deja de realizar actividades sociales, familiares, laborales o de ocio importantes, o bien las reduce de manera importante, a consecuencia del uso de la sustancia.
7. El paciente sigue consumiendo la sustancia a pesar de que se da cuenta claramente de los problemas físicos o psicológicos persistentes y recurrentes que tal vez se deben a la sustancia o que son exacerbados por la misma.

Los terapeutas señalan que los adictos y las personas con dependencia de sustancias utilizan las drogas como mecanismo de compensación o de superación. Las drogas se usan para embotar los sentimientos, aliviar los estados emocionales dolorosos o disminuir los conflictos internos. Pueden aliviar la sensación de soledad o solucionar la falta de relaciones gratificantes con los demás. Las personas que consumen sustancias o drogas sienten que sólo pueden decir y hacer cosas cuando están bajo los efectos de éstas y, por tanto, con el tiempo muestran dependencia de una sustancia concreta para poder mantener una actividad social efectiva.

Vulnerabilidad genética Las adicciones muestran una tendencia familiar. Así, los hijos de los alcohólicos presentan una probabilidad de sufrir alcoholismo cuatro veces superior a la de los hijos de personas no alcohólicas. En estudios realizados sobre gemelos se ha demostrado claramente que el abuso de sustancias está relacionado con determinantes genéticos. Es probable que existan factores genéticos complejos que hagan que cada persona presente una respuesta biológica concreta e individual frente a las sustancias, posiblemente en relación con los sistemas de neurotransmisores. Por tanto, es posible que las personas que padecen adicciones estén llevando a cabo una forma de automedicación con sustancias que «corrigen» un desequilibrio bioquímico existente en su cerebro y que puede tener un carácter hereditario.

«El alcoholismo es simplemente una locura voluntaria.»

Séneca, 60 a. C.

Teoría de la reacción contraria Los sistemas reaccionan y se adaptan a los distintos estímulos mediante un proceso de reacción contraria a sus efectos iniciales. El deseo y después el ansia por algo que no existía antes de experimentar una droga aumentan con la exposición a la misma. Hay varios fenómenos que aparecen asociados a todo tipo de adicción y dependencia. El primero es el denominado *placer afectivo*, un estado de hedonismo físico y emocional que aparece tras el uso de la sustancia. Puede acompañarse de relajación o liberación del estrés, o bien de una sensación súbita de energía. Después está el fenómeno denominado *tolerancia afectiva*, que implica que la persona necesita una cantidad cada vez mayor de la sustancia para conseguir el mismo efecto que conseguía antes. El tercer fenómeno es el del *retraimiento afectivo*, que aparece cuando la persona no consume la sustancia.

De esta manera, la propia sustancia inicia un proceso que desencadena finalmente la reacción opuesta y que adquiere una envergadura cada vez mayor a medida que se repite la exposición. Es lo que se denomina *contraste afectivo*. Cuanto más se consume la droga, más negativa es la reacción dominante. De esta forma, la persona necesita finalmente la sustancia para alcanzar un estado neutro acompañado de muy poco placer.

Teoría del refuerzo positivo Las sustancias pueden hacer que una persona se sienta bien e incluso eufórica. En la década de 1960 se realizaron estudios sobre monos en los que se demostró que aquellos a los que se les permitía la «autoadministración» de morfina presentaban finalmente todos los signos de la adicción. Los investigadores se han interesado de manera creciente por los mecanismos cerebrales de recompensa estimulados por la sustancia, sobre todo en lo que se refiere a las regiones cerebrales y a los neurotransmisores que pueden estar implicados en los fenómenos de «recompensa natural», tal como el alimento y el sexo, en comparación con los estimulantes artificiales como las drogas y la estimulación cerebral eléctrica. Sabemos que las drogas incrementan las concentraciones sinápticas de dopamina en la región cerebral denominada núcleo accumbens. Así, hay una gran cantidad de sustancias que realmente inducen estados de euforia y que hacen que la persona desee repetir su consumo.

«La cocaína no induce dependencia; si lo sabré yo que la llevo utilizando años.»

Tallulah Bankhead, 1960

Teorías fundamentadas en el aprendizaje El consumo de drogas y los estados placenteros asociados al mismo se han relacionado con situaciones muy específicas, así como con imágenes y sonidos muy concretos. De esta manera, las personas asocian las sustancias con datos o recuerdos muy específicos. Si colocamos a una persona en un contexto concreto es posible que experimente el ansia por el consumo de una sustancia, como les ocurre a los alcohólicos en los bares. Los datos que le indican a una persona que puede conseguir de manera inminente la sustancia inducen un deseo intenso de su consumo que «tiene que ser cumplido como sea». En muchos sentidos estamos ante las antiguas teorías del conductismo y el condicionamiento.

La idea en síntesis: la mente causa y cura la adicción

04 Pérdida del contacto

La mayor parte de la gente se siente aterrorizada por la perspectiva de encontrarse a un esquizofrénico. Se considera muchas veces que estas personas están trastornadas y dementes, y que son individuos peligrosos, desquiciados, impredecibles e incontrolables. Probablemente, las películas y las novelas han contribuido más a perpetuar los mitos acerca de esta enfermedad que para explicarla. La esquizofrenia es un trastorno psicótico caracterizado por una alteración del razonamiento y las percepciones, los comportamientos y los estados de ánimo.

Incidencia La esquizofrenia afecta a una de cada cien personas y es la enfermedad mental de mayor gravedad. Aproximadamente la tercera parte de los esquizofrénicos necesitan el internamiento en instituciones asistenciales durante un largo período de tiempo; alrededor de la tercera parte de los pacientes muestra una remisión de su sintomatología y se puede considerar curado, y el tercio restante de los pacientes sufre períodos de crisis seguidos de períodos de «normalidad». Los esquizofrénicos son diferentes de las personas normales debido tanto a los síntomas que presentan (síntomas positivos, como por ejemplo oír voces o ver alucionaciones) como a las características de las que carecen (síntomas negativos, por ejemplo dejar de hablar). Tienden a padecer diversos trastornos del razonamiento (razonamiento desorganizado e irracional), ideas delirantes y alucinaciones. También suelen manifestar falta de energía e iniciativas y contactos sociales. Desde el punto de vista emocional son en muchos casos personas «planas», que muestran retraimiento y manifiestan pocos signos de placer o disfrute.

> **«La esquizofrenia no puede ser entendida fuera del contexto de la desesperación.»**
>
> R.D. Laing, 1955

La esquizofrenia suele tener consecuencias sociales y laborales muy serias. Los «episodios» pueden tener una duración prolongada y también pueden reincidir. En muchos casos, aunque no en todos, es una enfermedad de carácter debilitante y crónica.

Historia y errores de concepto Abundan los errores de concepto en relación con la esquizofrenia. El primero de ellos es que los esquizofrénicos son personas peligrosas, incontrolables e impredecibles, cuando la realidad es que muchos de estos pacientes son extraordinariamente tímidos y retraídos, y manifiestan gran preocupación por sus problemas.

Cronología

1893 Kraepelin describe la esquizofrenia

1908 Bleuler utiliza por primera vez el término «esquizofrenia»

El segundo es el de que los esquizofrénicos tienen una personalidad doble (como el doctor Jekyll y el señor Hyde), mientras que la realidad es que el desdoblamiento se manifiesta en los ámbitos emocional (afectivo) y cognitivo (razonamiento). En tercer lugar, muchas personas consideran que los pacientes que sufren esquizofrenia no se pueden recuperar nunca y, que una vez que se establece el diagnóstico de esta enfermedad, el paciente siempre será un esquizofrénico.

Hasta finales del siglo xx no se llevó a cabo el primer intento de introducir un sistema de clasificación psiquiátrica, lo que sí hizo Emil Kraepelin, un psiquiatra alemán. Una de las enfermedades que incluyó fue la que denominó demencia precoz, que significa un deterioro en las primeras etapas de la vida y que Kraepelin describió con las características conductuales que todavía hoy en día se consideran típicas de la esquizofrenia. Este psiquiatra alemán influyó de manera muy importante en el campo de la psiquiatría con su creencia de que la causa de la esquizofrenia, y —por lo tanto— su curación, dependía de los métodos biomédicos. Sin embargo, otro psiquiatra alemán, Adolph Meyer, argumentó a comienzos del siglo xx que la esquizofrenia no tenía un fundamento fisiológico y que se debía a la aparición de problemas tempranos en el aprendizaje que daban lugar a un desarrollo insuficiente de los procesos interpersonales.

Discusión conceptual

El término diagnóstico «esquizofrenia» es una causa importante de discusión y debate entre los psiquiatras, los grupos de pacientes y la sociedad en general. La objeción más habitual que se le pone es la de que es un término «cajón de sastre» que carece de utilidad debido a que cubre una gama muy amplia de enfermedades diversas con sintomatología y causas diferentes. Por tanto, es un diagnóstico poco fiable. Algunas personas defienden el concepto de *esquizotipia*, que denota un espectro continuo de las características de la personalidad y de las experiencias en relación con las psicosis, especialmente con la esquizofrenia. Es un concepto distinto del relativo al punto de vista categórico, que propone el hecho de que una persona sufre o no sufre el problema, sin niveles intermedios.

Clasificación La clasificación de la esquizofrenia es compleja debido a la gran diversidad de los síntomas con los que cursa. Entre ellos, ideas delirantes, alucinaciones, habla desorganizada (incoherencia, asociaciones inadecuadas o uso de palabras sin sentido), comportamiento desorganizado (ropa, postura corporal e higiene personal), emociones negativas y apagadas, escaso conocimiento de los problemas propios y depresión.

Dadas las complicaciones que conlleva el diagnóstico, se han definido varios subtipos. Así, existe una esquizofrenia *paranoide* y una esquizofrenia *catatónica*. Los enfermos catatónicos adoptan a menudo posturas extrañas y estáticas durante largos períodos de tiempo. Los esquizofrénicos paranoides muestran ideas delirantes de control, de grandeza y de persecución, y sospechan constantemente de

1933
T. S. Eliot habla del «desdoblamiento de la personalidad»

1946
MIND: Fundación de esta institución benéfica relacionada con la salud mental

Década de 1950
Desarrollo de los primeros fármacos antipsicóticos efectivos

> **«Psicofrenia: un intento adecuado de inadaptación a las realidades pseudosociales.»**
>
> R. D. Laing, 1955

las personas que los rodean. Los pacientes que sufren la denominada esquizofrenia *desorganizada* manifiestan razonamientos y lenguaje extraños con estallidos emocionales súbitos e inadecuados. Algunos psiquiatras consideran la existencia de una esquizofrenia *simple* o *indiferenciada*. Otros han separado la esquizofrenia *aguda* (de inicio súbito y de grado intenso) de la esquizofrenia *crónica* (inicio prolongado y gradual). Otra distinción es la que existe entre el tipo I (que cursa principalmente con síntomas positivos) y el tipo II (que cursa fundamentalmente con síntomas negativos).

Aún no existe un acuerdo completo respecto a los subtipos o los «déficits» precisos en la actividad, a pesar de que suelen categorizarse estos déficits bajo cuatro epígrafes: cognitivos o de razonamiento; perceptuales o de visión; motores o de movimientos, y emocionales o de sentimientos. Los investigadores siguen estudiando las causas o el origen de las áreas de «vulnerabilidad» que hacen que algunas personas desarrollen esquizofrenia. En este sentido, se están realizando estudios genéticos cada vez más sofisticados y también estudios en los que se evalúan de manera concreta las complicaciones del embarazo y de las experiencias traumáticas infantiles, el funcionamiento cerebral y las influencias familiares y culturales.

Los investigadores, así como los médicos y la gente sana, tienden a asumir diferentes enfoques que pretenden describir la causa y la curación de la esquizofrenia. Básicamente, estos enfoques pertenecen a los modelos biológico, genético, bioquímico y estructural cerebral, por un lado, y al modelo sociopsicológico centrado en los problemas de comunicación y en el castigo en las primeras etapas de la vida, por otro. Lo cierto es que los avances en los campos de la genética conductual y de la neurociencia han incrementado el interés por los modelos biológicos de causa y curación.

El modelo médico Según este modelo, los esquizofrénicos son denominados en la mayor parte de los casos «pacientes», residen en «hospitales» y son «diagnosticados», además de que tienen un «pronóstico» y de que más tarde reciben un «tratamiento». El modelo médico considera la alteración de la función mental en el paciente esquizofrénico principalmente como una consecuencia de alteraciones físicas y químicas localizadas básicamente en el cerebro. Los resultados obtenidos en estudios efectuados sobre gemelos y sobre niños adoptados han convencido a la mayor parte de los investigadores de la existencia de un factor genético. Otros investigadores se han concentrado en la bioquímica cerebral. Algunos de ellos han propuesto la hipótesis de la existencia en los esquizofrénicos de alteraciones cerebrales, posiblemente causadas por un virus. El tratamiento consiste sobre todo en la aplicación de medidas de tipo médico y que, por lo general, se lleva a cabo mediante el uso de fármacos neurolépticos (antipsicóticos) y, en ocasiones por procedimientos quirúrgicos.

El modelo moral-conductual Según este modelo, los esquizofrénicos son considerados personas que sufren debido a su comportamiento «pecaminoso» o problemático en el pasado. Una parte importante del comportamiento esquizofrénico contraviene los principios morales o legales y este elemento es clave para comprender y curar la enfermedad. El tratamiento es con mucha diferencia la parte más importante del modelo moral-conductual, que prácticamente es rechazado por la totalidad de los países desarrollados en la época actual. Con independencia de que el comportamiento se pueda considerar pecaminoso, irresponsable, mal ajustado o socialmente desviado, el elemento clave es la modificación del mismo de manera que llegue a ser socialmente aceptable. Los métodos utilizados van desde las exhortaciones morales simples hasta las técnicas conductuales complejas como la denominada «economía de fichas» (un método de modificación del comportamiento), el control verbal del comportamiento y las técnicas de entrenamiento en habilidades sociales.

«Se ha propuesto la hipótesis de que una persona que mantiene un vínculo doble puede desarrollar síntomas de esquizofrenia.»

G. Bateson, 1956

El modelo psicoanalítico El modelo psicoanalítico difiere de los demás por el hecho de que es interpretativo y considera al paciente como un agente capaz de realizar acciones significativas. Más que contemplar al esquizofrénico como alguien sobre el que «actúan» diversas fuerzas (tanto biológicas como ambientales) que hacen que se comporte de cierta manera, la concepción psicoanalítica aborda las intenciones, los motivos y las razones de los pacientes. Este modelo propone que las causas primarias de la esquizofrenia están en las experiencias tempranas excepcionales o traumáticas, o bien en la falta de solución de alguna etapa crítica del desarrollo emocional. El comportamiento de la persona que sufre esquizofrenia es interpretado de manera simbólica y la descodificación de ello corresponde al terapeuta. El tratamiento básico que ofrece este modelo es la terapia individual y, a largo plazo, con un psicoanalista formado.

El modelo social En este modelo la enfermedad mental es contemplada en parte como un síntoma de una sociedad «enferma» (otros síntomas serían la elevada tasa de divorcio, el estrés laboral, la delincuencia juvenil o la elevada tasa de drogadicción). Las presiones que ejerce el mundo moderno actúan con mayor intensidad sobre las personas económicamente desfavorecidas y con dificultades, por lo que son ellas las que parecen sufrir con mayor incidencia lo que denominamos «enfermedad». Este modelo no propone ninguna forma de tratamiento individual. Lo que propone es un cambio social a gran escala con objeto de reducir el estrés que sufren los individuos y, de esta manera, la incidencia de la enfermedad mental.

El modelo conspirativo La teoría conspirativa es quizá el modelo conceptual más radical de la esquizofrenia en el sentido de que niega la existencia de la enfermedad mental (como enfermedad física) y, así, se opone directamente al modelo médico. La enfermedad mental no es «algo que presenta la gente» sino «algo que la gente hace o que la gente es». Los diagnósticos psiquiátricos son, según este modelo, simples etiquetas de estigmatización que se aplican a las personas cuyo comportamiento ofende o molesta a los demás, y que se utilizan para el control de la actividad excéntrica, radical o políticamente peligrosa.

La idea en síntesis: el concepto de esquizofrenia ha evolucionado

05 No soy neurótico, soy diferente

«Toda nuestra vida está marcada por la ansiedad respecto a la seguridad personal y a la realización de lo necesario para poder sobrevivir, de manera que realmente nunca llegamos a vivir en absoluto.»

Lev Tolstói, 1900

Desde hace mucho tiempo hay personas que rechazan el poder, las prácticas y las pretensiones de los psiquiatras. Los críticos, los disidentes y los reformadores han llevado a cabo en las diferentes épocas y los distintos países ataques ardientes contra la psiquiatría académica y biológica convencional.

Política y psiquiatría A medida que la psiquiatría se convirtió progresivamente en una especialidad médica establecida e institucionalizada, aparecieron de manera inevitable detractores que rechazaban tanto el poder de los psiquiatras como los diagnósticos que utilizaban en forma de etiquetas. Hay numerosos casos de artistas y escritores, así como de grupos de pacientes, que se han opuesto de manera enérgica a los tratamientos concretos (medicamentos, electroshock y cirugía) de las enfermedades «mentales». Hubo casos famosos en la Alemania nazi y en la Rusia soviética que ilustran hasta qué punto la psiquiatría se utilizó como una herramienta política para la represión. En algunas situaciones, los psiquiatras parecen formar parte del aparato represivo del Estado.

Los críticos pertenecientes al grupo de la antipsiquiatría cuestionaron tres aspectos: la medicalización de la locura, la propia existencia de la enfermedad mental y el poder de los psiquiatras para diagnosticar y tratar a ciertas personas con problemas de tipo compulsivo. La antipsiquiatría era algo más que un movimiento contrario a la reclusión de los pacientes; a menudo fue una corriente antiestatalista y casi anárquica. Consideraba que muchas de las instituciones estatales, especialmente los hospitales psiquiátricos, distorsionaban y reprimían el espíritu humano y la posibilidad de desarrollo de los distintos grupos sociales.

El término «antipsiquiatría» se empezó a utilizar en la década de 1960. Hubo diversas ramas de las distintas tendencias que se agruparon bajo este término genérico. Quizá de manera paradójica, los críticos más comprometidos fueron los propios psiquiatras.

Cronología

1960 Szasz, *El mito de la enfermedad mental*

1961 Goffman, *Asylums*

Historia del movimiento El movimiento de la antipsiquiatría en sus incios tuvo tres corrientes principales. El primero tuvo lugar a principios de la década de 1950 y fue el resultado de la contienda existente entre los psiquiatras defensores del psicoanálisis freudiano y los psiquiatras de orientación biológica-física de nueva aparición. Los primeros, que estaban perdiendo poder y que defendían las terapias prolongadas, dinámicas y conversacionales, fueron desafiados por los segundos, que contemplaban este enfoque terapéutico no sólo como un tratamiento de muy elevado coste económico sino como un enfoque terapéutico ineficaz y profundamente anticientífico. Los tratamientos psicológicos de tipo biológico eran los de carácter quirúrgico y farmacológico, y por aquella época dieron lugar a resultados iniciales bastante buenos. La vieja guardia retó a la nueva guardia.

El segundo ataque se inició en la década de 1960 y lo protagonizaron figuras como David Cooper, R. D. Laing y Thomas Szasz, que en distintos países tuvieron una gran influencia en sus críticas a la psiquiatría por el control de los individuos que se desviaban de las normas sociales. Así, las personas a quie-

Mantenerse cuerdo en un lugar de locura

Uno de los estudios más famosos de la antipsiquiatría se realizó a principios de la década de 1970. Ocho investigadores «normales» y mentalmente sanos intentaron ser hospitalizados en diversos hospitales psiquiátricos estadounidenses simulando padecer un solo síntoma. El único síntoma que señalaron fue el de escuchar voces. En siete de ellos se estableció el diagnóstico de esquizofrenia y, por lo tanto, fueron hospitalizados. Una vez en el hospital, estos investigadores se comportaron de manera normal y se les hizo caso omiso cuando solicitaron información de manera educada. Más adelante señalaron que el diagnóstico de esquizofrenia que se les había aplicado los colocaba en un estatus y en un nivel de poder bajos dentro del hospital.

Después, «se sinceraron» y admitieron que no presentaban ningún síntoma y que se sentían bien. Sin embargo, todavía pasaron casi tres semanas antes de que recibieran el alta, a menudo con el diagnóstico de «esquizofrenia en remisión». Así, los autores de este estudio demostraron que las personas sanas y normales podían ser consideradas «anómalas» y recibir en consecuencia un diagnóstico psiquiátrico. Sin embargo, ¿podría ocurrir lo contrario? Los mismos investigadores dijeron a los psiquiatras hospitalarios que había pacientes falsos que simulaban sufrir esquizofrenia para ser hospitalizados. Después, descubrieron que 19 pacientes eran casos muy posibles de fraude, tal como sospechaban dos o más miembros del equipo médico que les atendía, incluido un psiquiatra.

La conclusión del estudio fue que en el conjunto de la población interna en los hospitales psiquiátricos no es posible diferenciar las sanas y las que sufren trastornos mentales. Aunque este famoso estudio recibió críticas considerables desde los puntos de vista ético y experimental, tuvo una gran utilidad para potenciar el movimiento de la antipsiquiatría.

1967 Cooper, *Psiquiatría y antipsiquiatría*

Década de 1980 hasta la actualidad Clausura generalizada de hospitales psiquiátricos

2000 Crítica generalizada de las compañías farmacéuticas

nes se consideraba desviadas desde los puntos de vista sexual, político o moral, o bien las personas que simplemente eran diferentes, quedaban sometidas al procesamiento y el control psiquiátricos. El famoso libro de Szasz *El mito de la enfermedad mental* (*The Myth of Mental Illness*) explica con detalle esta postura.

La tercera fuerza provino de los sociólogos estadounidenses y europeos, sobre todo Erving Goffman y Michel Foucault, que describieron el poder deshonesto de la psiquiatría y sus efectos sobre la estigmatización de las personas hospitalizadas.

El punto álgido del movimiento de la antipsiquiatría tuvo lugar al tiempo que el espíritu contracultural y desafiante de la época correspondiente a los años sesenta del siglo XX. Se produjeron y estrenaron películas de gran popularidad (como *Alguien voló sobre el nido de cuco* [*One Flew Over the Cuckoo's Nest*]) y revistas de tipo radical que desafiaron la psiquiatría biológica además de los servicios asistenciales y las prácticas estatales.

El movimiento de la antipsiquiatría constituyó en todo momento una especie de coalición laxa entre grupos de acción social y se centró en problemas muy específicos como la esquizofrenia o los trastornos sexuales. Sus defensores hablaban de autenticidad y liberación, de capacitación y de control personal, más que de intervenciones farmacológicas. Muchos de ellos comenzaron a atacar a la industria farmacológica y a instituciones bien establecidas como los hospitales psiquiátricos victorianos.

Creencias fundamentales El movimiento de la antipsiquiatría compartió algunas creencias e intereses fundamentales. El primero fue el de que las familias, las instituciones y el Estado son agentes causales de la enfermedad tan importantes como lo puedan ser las características biológicas o genéticas de la persona. En segundo lugar, los defensores de la antipsiquiatría se oponían al modelo médico de enfermedad y de tratamiento. Consideraban que las personas que vivían bajo códigos diferentes de comportamiento eran etiquetadas errónea y peligrosamente como enfermos con ideas delirantes. En tercer lugar, creían que ciertas religiones y grupos étnicos estaban oprimidos debido a que eran en cierto sentido anómalos. Habían sido estigmatizados con las etiquetas de diferentes enfermedades y, por tanto, se les había hecho creer que necesitaban tratamiento.

La antipsiquiatría manifestó una preocupación importante por el poder que acompaña a la aplicación de etiquetas diagnósticas. Sus defensores consideraban que estas etiquetas daban una impresión falsa y presuntuosa de precisión e inmutabilidad. Rechazaban las etiquetas y los manuales diagnósticos debido a que las personas consideradas como pacientes podían cumplir múltiples criterios (o ninguno) y a que el acuerdo entre los expertos era escaso.

Ataques al tratamiento La antipsiquiatría también manifestó una gran actividad de oposición a los tratamientos demasiado específicos, sobre todo a los medicamentos diseñados para el tratamiento de problemas básicamente infantiles (p. ej., el trastorno por déficit de atención con hiperactividad [TDAH]) o la depresión. Sus defensores atacaban estos tratamientos debido a su coste económico y a sus efectos adversos, y también debido a que a los pacientes no se les decía la verdad respecto a los mismos. Los activistas de la antipsiquiatría han criticado todos los aspectos del comportamiento de las compañías farmacéuticas argumentando que estas compañías falsifi-

«La neurosis es siempre un sustituto del sufrimiento legítimo.»

Carl Jung, 1951

can sus datos y encarecen de manera masiva los precios de las sustancias que producen. A su vez, este movimiento consiguió que la industria farmacéutica fuera vigilada y regulada de manera detallada a través de normas legislativas.

Otros objetivos de la antipsiquiatría han sido el tratamiento de electroshock o terapia electroconvulsiva (TEC) y procedimientos terapéuticos muy específicos como la cirugía cerebral (lobotomía prefrontal). A pesar de cierta evidencia de buenos resultados, los críticos respecto a estos métodos argumentan que «se aplican de manera forzada» sobre pacientes que carecen de conocimientos suficientes para determinar su idoneidad, y también señalan que pueden dar lugar a efectos adversos muy graves y permanentes.

El poder de los psiquiatras para intervenir u hospitalizar de manera involuntaria a los pacientes también ha sido atacado por la antipsiquiatría. Muchos críticos consideran que los psiquiatras profesionales son algo así como funcionarios estatales, de la misma manera que lo puedan ser los policías, los jueces y los jurados.

La antipsiquiatría defiende una psiquiatría de carácter más humanitario. Sus defensores todavía cuestionan el lenguaje psiquiátrico y la ilusión de una psiquiatría biomédica y científica que busca explicaciones biológicas y genéticas. Así, por ejemplo, señalan que la causa principal de la depresión es la pobreza y no la disfunción de los neurotransmisores.

Los movimientos originales tenían un fundamento ideológico, estaban fuertemente politizados y se oponían al reduccionismo. Sus defensores intentaban algo así como exorcizar y rehabilitar la psiquiatría. Se oponían al «sistema». En muchos aspectos tuvieron éxito: hoy en día se han dejado de aplicar muchos tratamientos y también han cerrado sus puertas muchos hospitales psiquiátricos. Las etiquetas psiquiátricas han cambiado y en la actualidad se utilizan con mucha más prudencia.

El movimiento de la antipsiquiatría se ha transformado en el movimiento de los pacientes como consumidores. Su objetivo ya no es tanto el de intentar desmantelar la psiquiatría organizada como el de conseguir el reconocimiento de los derechos y la capacidad de decisión de los pacientes.

La nueva psiquiatría

Muchos psiquiatras han intentado responder a las críticas de la antipsiquiatría a través de la adopción de principios o directrices específicos, algunos de los cuales se citan a continuación.

En primer lugar, admiten que el objetivo del tratamiento es el de conseguir que el paciente se sienta mejor, más que el de incrementar los conocimientos del paciente sobre sí mismo o sobre su enfermedad. En segundo lugar, el tratamiento debe basarse en la evidencia y sólo se pueden utilizar tratamientos previamente validados. En tercer lugar, reconocen que los pacientes tienen derecho a poseer sus historias clínicas, conocer sus diagnósticos, ser informados de los tratamientos existentes y ser conscientes de los riesgos asociados a cada tratamiento. Los pacientes y los psiquiatras deberían mantener expectativas realistas sobre lo que se puede y no conseguir con los tratamientos y las terapias. Todos los pacientes con problemas psiquiátricos tienen derecho a recibir asistencia, compasión y respeto.

La idea en síntesis: la psiquiatría tiene sus críticos

06 Aparentemente cuerdo

«Los psicópatas carecen de consciencia y son incapaces de manifestar sentimientos de empatía, culpa o lealtad respecto a nadie, excepto en lo que se refiere a ellos mismos.»

Robert Hare, 2006

Diferencias sutiles El concepto de psicopatía (los términos «personalidad psicopática» y «sociopatía» se utilizan en ocasiones de manera indistinta) está rodeado por la controversia. La psicopatía es un trastorno de la personalidad en el que las personas que lo sufren carecen de consciencia y son incapaces de presentar sentimientos de empatía, culpa o lealtad respecto a nadie, excepto en lo que se refiere a ellos mismos. La sociopatía no es una enfermedad psiquiátrica y se refiere a las personas que tienen un carácter antisocial y delictivo, y que siguen las normas de una subcultura concreta. El «trastorno de la personalidad antisocial» es una categoría amplia que recoge ambos problemas.

Algunas personas consideran que el diagnóstico de psicopatía tiene un carácter vago y contradictorio, y que es utilizado por los psiquiatras como una especie de diagnóstico «cajón de sastre» en el que incluyen a las personas en las que el establecimiento del diagnóstico verdadero es demasiado difícil o peligroso. Sin embargo, este problema se conoce bien desde que H. Cleckley (1941) publicó su libro *La máscara de la cordura* (*The Mask of Sanity*).

«A los psicópatas no les preocupan en absoluto los sentimientos de los demás ni las normas sociales. Donde los demás parecen construir, ellos destruyen.»

Oldham y Morris, 1995

Egocentrismo y mentiras Padecer alguna psicopatía influye en todos los aspectos de la vida del paciente. En conjunto, los psicópatas llegan a ser impulsivos e irresponsables, y poseen pocos objetivos vitales claros. Por lo general, tienen antecedentes de problemas con la autoridad y con el control de su comportamiento. No muestran sentimientos de empatía ni de remordimiento, y nunca aceptan la responsabilidad por sus actos.

Podemos decir que tienen un carácter «hueco» en el sentido de que sus relaciones son superficiales y de que no muestran lealtad hacia nadie, excepto hacia sí mismos. Su percepción de quiénes

Cronología

Década de 1900	1941
Aparece la idea de asociación de locura y maldad, no solamente de maldad	Cleckley, *The Mask of Sanity*

Criterios diagnósticos

1. Los psicópatas muestran una despreocupación clara por los derechos de los demás y por la posible violación de los mismos. A menudo tienen antecedentes de dificultades con la ley, delincuencia o peligrosidad social.
2. Los psicópatas no se adaptan a las normas sociales en lo que se refiere a los comportamientos de carácter legal y realizan repetidamente actos que conllevan la detención, el encarcelamiento y el castigo, entre ellos, mentiras, robos y estafas.
3. Engañan siempre con mentiras repetidas, uso de nombres distintos o estafas con el objetivo de conseguir placer o provecho personal. Son peligrosos, agresivos y estafadores, el tipo de persona que se representa con frecuencia en las películas que tratan sobre delitos económicos.
4. Muestran una gran impulsividad y son incapaces de planificar el futuro. Viven exclusivamente por y para el presente.
5. Muestran irritabilidad y agresividad, manifestadas a través de peleas físicas o ataques repetidos. Parece que no pueden quedarse quietos nunca.
6. Son imprudentes con independencia de los niveles de seguridad física y psicológica de los demás.
7. Manifiestan de manera constante una actitud irresponsable. Fracasan de forma reiterada en el mantenimiento de un comportamiento laboral constante y en el reconocimiento de sus obligaciones económicas.
8. No muestran ningún tipo de remordimiento. Son indiferentes a las consecuencias que tienen para los demás sus robos o engaños. Nunca aprenden de sus errores. Es posible que etiquetarlos como antisociales sea un eufemismo notable.

son es escasa y carecen de un sistema de valores y de objetivos a largo plazo. Llama la atención el hecho de que nunca pueden «esperar al momento oportuno». Les encanta el aquí y el ahora, siempre con cosas emocionantes. Evitan en lo posible la estabilidad y la rutina. Por otra parte, a menudo parecen no presentar ansiedad social ni física.

Los psicópatas tienen casi siempre problemas con la ley y con las figuras de autoridad. Lo que les causa problemas es su impulsividad. No planifican nada y tienen muy poco en cuenta a las víctimas de sus actos delictivos, además de que no consideran las consecuencias que puedan tener para ellos mismos. Sus delitos tienen en muchas ocasiones un carácter mezquino, como los robos con engaño; en muchas ocasiones llevan a cabo fraudes y falsificaciones y no pagan sus deudas.

Su primera respuesta cuando se ven descubiertos es la de escapar, dejando que sean sus amigos, familiares o deudores los que recompongan el destrozo. No

Década de 1960 — Desarrollo de los primeros criterios diagnósticos

1964 — McCord, *The Psychopath: An Essay on the Criminal Mind*

2006 — Babiak y Hare, *Snakes in Suits: When the Psychopath Goes to Work*

manifiestan escrúpulos respecto a ello. La segunda respuesta es la de mentir con aparente candidez y sinceridad, incluso bajo juramento e incluso en lo que se refiere a sus padres y a sus personas queridas. Se comportan como si las reglas sociales y las normas legales no fueran realmente asunto suyo. No manifiestan ningún respeto por las autoridades ni por las instituciones, las familias ni las tradiciones.

Los psicópatas están a merced de sus impulsos. Mientras que los neuróticos tienden a mantener un control excesivo, los psicópatas muestran un control insuficiente. Son infantiles en sus exigencias de una gratificación total e inmediata. También buscan las emociones, a menudo a través del alcohol, las drogas, el juego y el sexo.

Superficialidad Los psicópatas inteligentes y de buen aspecto físico suscitan un encanto de carácter masivo y superficial. Se tienen que mantener «en la onda» debido a que desean ser conocidos por la gente. Así, su movilidad geográfica y de carácter laboral es un buen índice de su patología. Tienen tendencia a inventarse historias de su pasado.

Curiosamente, cuando se les pregunta de manera abstracta por la justicia y la moral, tienden a ofrecer las respuestas convencionales «correctas». Sin embargo, no se aplican a sí mismos sus conocimientos acerca del bien y del mal, sobre todo cuando su opinión entra en conflicto con sus demandas personales respecto a una gratificación inmediata.

Falta de empatía Los psicópatas tienen inevitablemente relaciones interpersonales problemáticas. Parecen ser incapaces de amar y de mantener relaciones de amistad estrechas debido a varias razones. Muestran una ausencia casi completa de empatía, agradecimiento y altruismo. Son egoístas y evitan sacrificarse por los demás. El aspecto más importante es el de que no parecen comprender las emociones de los otros. Tienen aparentemente una actitud de falta completa de agradecimiento respecto a la ayuda y el afecto que les proporcionan los demás. Las demás personas son consideradas como una posible fuente de ganancia y de placer, con independencia de las molestias, la decepción o el dolor que puedan sufrir. El psicópata considera que las necesidades de los demás carecen completamente de importancia.

La vanidad y la falta de empatía hacen que el psicópata tenga dificultades para predecir la forma con la que se van a comportar los demás y para determinar cuál de sus numerosos comportamientos puede conllevar un castigo. En esencia, los psicópatas son completamente amorales. No aceptan ninguna responsabilidad por sus actos y, por tanto, no manifiestan sentimientos de culpa, vergüenza o remordimiento. En un momento dado, pueden expresar excusas de carácter convencional y racionalizar el beneficio que han conseguido de los demás. Así, a menudo muestran una fachada convincente de competencia y madurez. Pueden manifestar una actitud atenta, agradable,

«Los psicópatas no se llevan bien entre sí. Lo último que le gusta a una persona egocéntrica, egoísta, exigente e insensible es otra persona que sea como ella.»

Robert Hare, 1999

madura y fiable, pero finalmente tienen dificultades para mantener esta fachada. En ocasiones hacen todo lo necesario para conseguir un trabajo o incluso para casarse, pero son incapaces de mantener ambos estados.

Los psicópatas en el contexto laboral La primera cuestión que se plantea es por qué los psicópatas sienten atracción por ciertos trabajos e intentan tener éxito en ellos. Parecen atraídos por el mundo de la empresa, los negocios nuevos y las actividades en proceso de cambio radical, como aquellas que conllevan la eliminación de elementos de control. Se sienten completamente cómodos en los negocios de carácter caótico.

En el contexto laboral los psicópatas son considerados a menudo «normales» o productivos, e incluso «empresarios de éxito», debido a que se comportan de manera relativamente normal pueden conseguir buenos resultados. Su éxito se debe a varias razones, pero por lo general tienden a adoptar estrategias que los conducen directamente al éxito. Construyen una red de relaciones unipersonales con individuos poderosos, útiles e influyentes. Descubren rápidamente la manera en que las distintas personas pueden ayudarlos, las explotan y, después, las apartan con independencia de las promesas que les hayan hecho.

Evitan las reuniones de grupo y los comités debido a que cuentan cosas distintas a cada persona y no pueden presentar una única fachada o voz que sea coherente. Apartan a los compañeros y colegas cuando dejan de tener utilidad. Generan conflictos deliberadamente entre las distintas personas con el objetivo de evitar que compartan información entre sí. Todos los detractores son «neutralizados», no tanto por medios violentos o amenazas como sembrando dudas respecto a su integridad y lealtad, así como respecto a su competencia profesional. Los psicópatas tienden a participar en organizaciones empresariales en situación de cambio o que muestran sistemas de control escasos, debido a que en ellas no suelen ser amenazados ni cuestionados.

Tratamiento Los expertos están divididos en lo que se refiere al tipo de tratamiento que se debe ofrecer a los psicópatas y también respecto a la posibilidad de que los tratamientos puedan enseñar a estos pacientes la compasión, la planificación y la honestidad. Algunos hablan de control del proceso, más que de curación. Hay psiquiatras que consideran que la terapia cognitivo-conductual (TCC) tiene utilidad, mientras que otros recomiendan la reclusión de los psicópatas más peligrosos en hospitales con medidas de seguridad.

Se han publicado diversos libros en los que se recomienda tener mucho cuidado con los numerosos trucos que utilizan los psicópatas. Está claro que estas personas son más peligrosas cuando son atractivas e inteligentes, y poseen un nivel educativo alto. No es sorprendente que los directores de cine elijan con frecuencia este trastorno mental para las películas de suspense.

La idea en síntesis: los psicópatas presentan una fachada de cordura

07 Estrés

El término estrés procede del latín *stringere*, que significa «tensar». El estrés se puede definir de muchas maneras; algunos expertos consideran que el estrés puede y debe definirse de manera subjetiva (lo que yo digo respecto a cómo me siento), pero otros defienden una definición de carácter objetivo (quizás, a través de diversas mediciones físicas efectuadas en la saliva, la sangre o el latido cardíaco). Algunos investigadores consideran apropiada una definición de carácter global (existe algo de tipo general que podemos llamar estrés), mientras que otros insisten en el hecho de que el estrés es multidimensional (está constituido por muchas características diferentes).

¿Debemos definir el estrés en función de los factores externos de estimulación que lo causan, o más bien a través de la forma con la que las personas responden al mismo? Es decir, si una persona no experimenta algo como estresante, ¿podemos realmente decir que ello es un factor estresante?

Exigencias y control Se han propuesto diversos modelos y teorías para describir y comprender el estrés. El más sencillo de ellos es la teoría de

Tendencias históricas

Hasta el siglo XVIII, el término «estrés» indicaba coloquialmente adversidad, penurias o aflicción (tipos específicos de estrés). Más adelante este término fue utilizado por los físicos para describir la fuerza ejercida sobre un objeto, de manera que las modificaciones resultantes en su volumen, forma y tamaño se denominaron «presiones». De aquí los significados actuales de estrés y de presiones.

En el siglo XIX la búsqueda y el mantenimiento de un estado interno constante fueron considerados la esencia de una «vida libre e independiente». Esta motivación hacia el equilibrio fue denominada «homeostasis», en función de los términos griegos *homoios* (que significa «similar») y *stasis* (que significa «quietud». Se consideró que el estrés era una amenaza para la *homeostasis* (una «sacudida en la línea de flotación»).

Hacia mediados de la década de 1950 los investigadores parecieron aceptar la definición de estrés fundamentada en la respuesta, es decir, el estrés como «la suma de todas las modificaciones inespecíficas causadas por la función o la lesión». Más adelante, el estrés fue definido como «la respuesta inespecífica del organismo frente a cualquier demanda o exigencia aplicada sobre el mismo», que era de carácter más genérico.

Cronología

1946 Primera definición del estrés propuesta por Hans Selye

1964 Personalidad de tipo A, estrés y cardiopatía

exigencia-control, que contempla las diferentes exigencias psicológicas y físicas que se aplican sobre la persona para que se comporte de una forma concreta, así como la capacidad de control que posee la persona con respecto al cumplimiento de dichas exigencias. Las situaciones de exigencia elevada y control escaso son las peores. Otra forma de describir este modelo estriba en considerar las dificultades y los recursos.

Tres componentes En primer lugar, el estrés puede variar en función de las características individuales, especialmente de la personalidad, la capacidad y la biografía de una persona. En segundo lugar, en el estrés participan elementos del entorno (trabajo, familia, organización), de manera que no se debe considerar exclusivamente en términos del mundo laboral. En tercer lugar, está el elemento relativo a la forma con la que el individuo y su entorno perciben y definen el estrés, aunque lo más importante es intentar superar el estrés, las tensiones y las presiones.

El individuo En primer lugar, están las personas que manifiestan preocupación debido a su ansiedad (en ocasiones son denominadas neuróticas). Las personas con una «afectividad negativa» presentan una mezcla de ansiedad, irritabilidad, neurosis y nula autoestima, tienden a ser poco productivas y a obtener poca satisfacción con su trabajo, y muestran una tendencia mayor al absentismo.

Dificultades y apoyo en el trabajo

Mucho apoyo, pocas dificultades. Las personas que se mantienen en esta situación tienen la suerte de poseer un apoyo técnico y social adecuado, aunque el hecho de estar sometidas a pocas presiones posiblemente haga que su rendimiento sea insuficiente. A decir verdad, pueden estar estresadas a consecuencia del aburrimiento y la monotonía.

Mucho apoyo, muchas dificultades. Esta combinación suele hacer que las personas den lo mejor de sí mismas cuando se enfrentan a las exigencias de un trabajo mejor por parte de superiores, subordinados, proveedores y clientes, pero poseen el apoyo necesario para tener éxito.

Poco apoyo, muchas dificultades. Esta lamentable situación es muy frecuente y constituye una causa importante de estrés para cualquier persona en el ámbito laboral, debido a que se enfrenta a la dificultad de trabajar duramente de manera constante al tiempo que sólo posee un apoyo emocional, informativo (retroalimentación) y físico (equipos) mínimo.

Poco apoyo, pocas dificultades. Las personas que ejercen en diversos ámbitos burocráticos llevan una existencia tranquila y sin estrés debido a que no se enfrentan a grandes dificultades y tampoco poseen demasiado apoyo; esto quiere decir generalmente que su trabajo no es útil para la organización ni beneficioso para ellos.

En segundo lugar, están las personas fatalistas. Las personas que consideran que los acontecimientos que tienen lugar en sus vidas se deben a su propio comportamiento o capacidad, a su personalidad y a sus esfuerzos, muestran un estrés menor que las personas que creen que los acontecimientos que aparecen en sus vidas dependen de la suerte, el

1980
Introducción del concepto de agotamiento (*burnout*)

1990
Investigación exhaustiva del trastorno por estrés postraumático

Década de 2000
Incremento espectacular del número de casos de estrés en las demandas legales

«El estrés se ha convertido en un concepto trivial debido a que carece de un conjunto claro de síntomas físicos.»

R. Briner, 2001

azar, el destino, Dios o elementos que están fuera de su control.

En tercer lugar, están las personas competitivas y frenéticas que manifiestan un sentido exacerbado de la urgencia relativa al tiempo. Estas personas expresan un deseo intenso y sostenido de conseguir logros, desean competir, buscan desesperadamente el reconocimiento y se implican de manera continuada en actividades que tienen una fecha límite con una tendencia habitual a acelerar sus funciones mentales y físicas, y a mantenerse constantemente en situación de alerta.

El entorno laboral (organizativo) o social Algunos contextos laborales son más estresantes que otros. Cuanta mayor es la intensidad con la que el trabajo requiere la toma de decisiones, la vigilancia constante de máquinas o materiales, los intercambios repetidos de información con los demás, la realización de actividades físicas en condiciones desagradables y el desempeño de tareas no estructuradas (en comparación con las estructuradas), más estresante tiende a ser el trabajo.

Algunas personas deben hacer realmente «juegos malabares» cambiando rápidamente de un rol a otro y de una actividad a la siguiente (p. ej., de jefe a amigo, de profesor a compañero, de persona que debe hacer cumplir la ley a «padre confesor»). Puede aparecer un rol de ambigüedad cuando la persona muestra incertidumbre acerca del alcance de sus responsabilidades, de lo que se espera de ella y de cómo debe repartir su tiempo entre sus diferentes tareas.

El estrés por sobrecarga está relacionado con la necesidad de realizar muchas tareas, mientras que el estrés por una carga insuficiente es lo contrario. Muchas personas son (o deberían ser) responsables de sus subordinados: deben motivarles, recompensarles y castigarles, comunicarse con ellos y escucharles, etcétera. El aislamiento social es otra fuente de estrés. La existencia de amigos y de personas de apoyo en los momentos de dificultad ayuda a los gerentes a contemplar los acontecimientos estresantes como algo menos amenazante y más cómodo, en comparación con la inexistencia de estas personas. La falta de participación en las decisiones da lugar a un sentimiento de indefensión y de alienación.

Superación Es necesario diferenciar la *superación centrada en los problemas* (dirigida hacia la solución de un problema o hacia la realización de actos que modifiquen la fuente del estrés) y la *superación centrada en las emociones* (dirigida a reducir o controlar las dificultades emocionales que acompañan a un conjunto concreto de circunstancias). Las respuestas centradas en las emociones pueden consistir en la negación, en una reinterpretación positiva de los acontecimientos y en la búsqueda de apoyo social. Asimismo la superación centrada en los problemas puede conllevar potencialmente diversas actividades diferentes, como las de planificación, realización directa de actos, búsqueda de ayuda, evaluación de las actividades concretas y —en ocasiones— interrupción de la acción durante un período prolongado de tiempo.

Optimismo: un parachoques frente al estrés Los optimistas contemplan con gran esperanza las perspectivas que les ofrece la vida, interpretan una amplia gama de situaciones desde una perspectiva positiva y tienden a esperar resultados y consecuencias favorables. Por el contrario, los pesimistas interpretan de manera negativa muchas situaciones y esperan consecuencias y resultados desfavorables. Los optimistas se concentran en el método de superación centrada en los problemas y, en este sentido, elaboran y ponen en práctica planes específicos para eliminar las fuentes de estrés. Además, también buscan el apoyo social (el consejo y la ayuda de los amigos y otras personas) y evitan comprometerse con otras actividades hasta que no se han solucionado los problemas actuales y se reduce el estrés.

Resistencia: contemplar el estrés como un reto Las personas resistentes parecen ser diferentes de las demás al menos en tres aspectos. Muestran un nivel elevado de compromiso en el sentido de que se implican profundamente en sus trabajos y en otras actividades vitales; manifiestan un control importante en el sentido de que creen que, realmente, pueden modificar los acontecimientos importantes de sus vidas y los resultados que consiguen, y consideran que los cambios son oportunidades para crecer, más que amenazas para su seguridad.

Consecuencias del estrés Entre ellas están el deterioro notable del aspecto físico, la fatiga y el cansancio crónicos, las infecciones frecuentes (especialmente las respiratorias), los problemas de salud (como las cefaleas, los cuadros de dolor de espalda o de estómago, y los problemas cutáneos), los signos de depresión y las modificaciones en el peso corporal o en los hábitos alimentarios.

Los síntomas emocionales son aburrimiento o apatía; desesperanza; cinismo y resentimiento; depresión con expresión de tristeza y postura encorvada; expresiones de ansiedad y frustración, y llanto.

Los síntomas comportamentales son absentismo laboral, accidentes, incremento en el consumo de alcohol o cafeína, aumento del consumo de cigarrillos, realización obsesiva de ejercicio físico, irracionalidad y ganas de desaparecer, disminución de la productividad, y dificultades para concentrarse o completar una tarea.

La idea en síntesis: el estrés significa cosas diferentes para cada persona

08 Ilusiones visuales

Los artistas siempre han estado interesados por las ilusiones visuales y ópticas. Algunos de ellos, como Escher, son famosos por recrear figuras ambiguas e imposibles. Diversas escuelas completas de arte, como el *op art*, han explorado la naturaleza de las ilusiones visuales y ópticas, tanto en el arte «estático» como en el arte en movimiento.

Existen ilusiones visuales relativas al brillo y al color, e ilusiones visuales relativas a la configuración y la forma. Todas ellas son ilusiones psicológicas que «desconciertan» por razones físicas, aunque en su mayor parte son ilusiones de carácter cognitivo. Muchas de ellas son bien conocidas y se han denominado con el nombre de sus descubridores, como el cubo de Necker o la ilusión de Poggendorf. Existen páginas web dedicadas a mostrar algunas de las 20 ilusiones más famosas.

«Es una máxima verdadera: no vemos lo que son realmente las cosas, sólo sabemos cómo deberían ser.»

Jonathan Richardson, 1715

Se ha propuesto que todas las ilusiones pueden quedar incluidas en alguno de los cuatro grupos siguientes: ambigüedades, distorsiones, paradojas y facciones. Por supuesto, las ilusiones tienen un interés especial para los científicos de la visión y para los psicólogos cognitivos debido a que ofrecen información importante para estudiar el proceso de la percepción.

Los mecanismos La percepción es el proceso a través del cual reconocemos lo representado por la información que nos ofrecen nuestros órganos de los sentidos. Es un proceso rápido, automático e inconsciente; sin embargo, no es un proceso deliberado y nuestra consciencia del proceso de la percepción visual generalmente tiene lugar después de que se ha completado: somos conscientes del producto final, no de los detalles del proceso.

Así pues, ¿cómo funciona la percepción? ¿Qué ocurre realmente cuando la información alcanza nuestros sentidos y percibimos lo representado? Es difícil comprender estos procesos, y uno de los métodos utilizados por los psicólogos para ello y que ha dado mejor resultado ha sido el estudio de las ilusiones visuales para descubrir su significado.

Cronología

1637 Descartes escribe acerca de la constancia del tamaño

1704 Newton describe la ilusión del arco iris

Figura y fondo Lo que vemos puede ser clasificado como el objeto al que miramos (la figura) o como el fondo sobre el que está dicho objeto. La clasificación de un elemento, figura o fondo no es una propiedad intrínseca del objeto sino que depende del observador. Siempre podemos separar figura y fondo, aunque en ocasiones recibimos datos ambiguos acerca de lo que es el objeto y de lo que es el fondo. Por ejemplo, ¿qué vemos en la figura 1? ¿Un vaso o dos caras? La figura y el fondo pueden ser invertidos, lo que revela dos imágenes diferentes. ¿Puede el lector ver el saxofonista y la cara de la mujer en la figura 2? ¿Cuál de ellos ve en primer lugar y por qué?

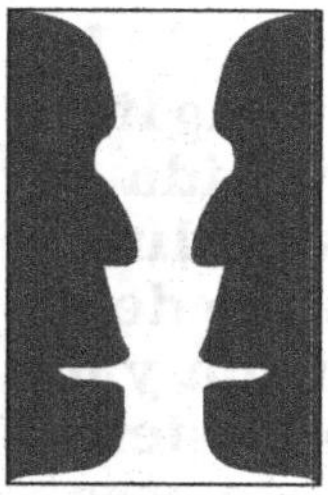
Figura 1

Límites Uno de los aspectos más importantes de la percepción de la forma es la existencia de un límite. Si el campo visual contiene una modificación manifiesta y distintiva en el brillo, el color o la textura, percibimos un borde. Las figuras 3 y 4 muestran la forma con la que «vemos» contornos ilusorios (líneas que no existen). En el medio de ambas imágenes podemos ver que los triángulos son más brillantes que el resto de la imagen. Ello se debe al principio gestáltico de *cierre*, que indica que tendemos a completar las formas incompletas y a rellenar las soluciones de continuidad.

Figura 2

Principios gestálticos Los psicólogos están interesados de manera genérica en todos los aspectos de la forma con la que contemplamos nuestro mundo: cómo vemos los colores, el movimiento y la profundidad, y cómo reconocemos los objetos y las personas; de hecho, hay un acalorado debate acerca de la posible existencia de la percepción subliminal. En el nivel más abstracto es posible diferenciar tres procesos: la *recepción* de las ondas de luz por parte de la córnea y el iris; la *traducción*, en la que esta energía física (luz) es codificada en mensajes neuroquímicos que son enviados al cerebro, y la *descodificación* de dichos mensajes.

Figura 3

Una de las claves de este tipo de estudio es la determinación de la forma con la que «ponemos todo en conjunto», es decir, cómo completamos las formas de las imágenes de los objetos a partir de los fragmentos separados de información que poseemos. Entre la primera y la segunda guerra mundiales los psicólogos gestálticos estudiaron el problema de lo que denominamos la organización perceptual. Estos psicólogos especificaron diversas «leyes»: las leyes de la proximidad y de la buena continuación que intentaban explicar cómo vemos patrones en el contexto de formas abstractas. En conjunto, estos principios se denominan leyes del agrupamiento y siguen constituyendo una descripción precisa de la forma con la que vemos las cosas.

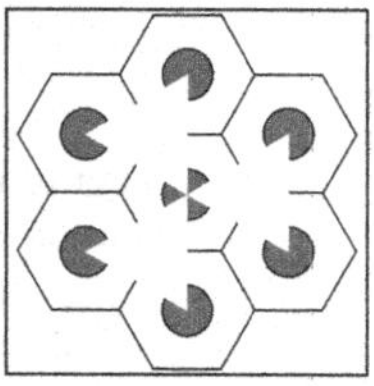
Figura 4

1860 Helmholtz escribe acerca del «ojo inteligente»

1884 Publicación de la ilusión de Müller-Lyer

1973 Gregory y Gombrich, *Illusions in Nature and Art*

«La longitud percibida de una línea depende de la forma y de la posición de otras líneas relacionadas con la primera.»

A. Reber, 1985

Figura 5

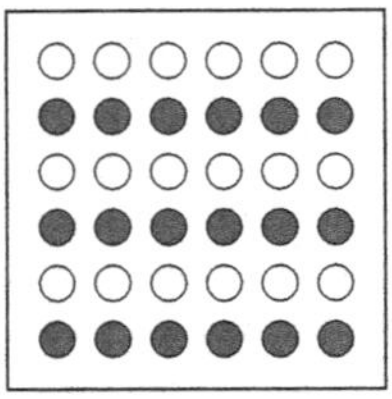

Figura 6

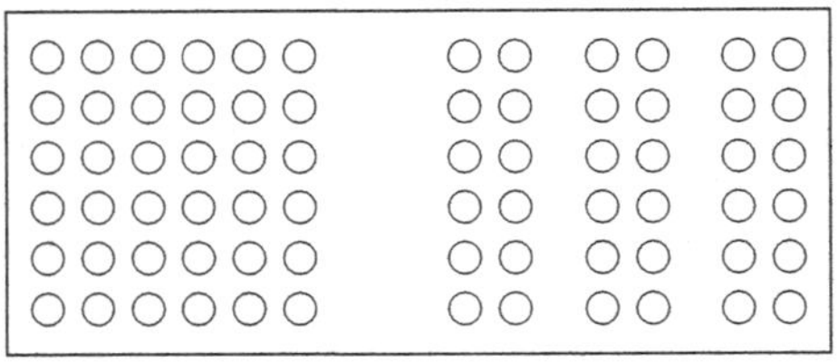

Los psicólogos gestálticos también manifestaron un gran interés por la precisión de lo que vemos. A finales del siglo XIX un grupo de psicólogos alemanes propuso la que denominaron psicología gestáltica, una teoría de la percepción de formas fundamentada en las leyes de la *pragnanz* (que significa «figura correcta») y que explica la forma con la que percibimos. La *similitud* (figura 5) tiene lugar en los casos en los que las partes similares de una forma se perciben con mayor probabilidad como pertenecientes a un mismo conjunto. Ello podría depender de las relaciones existentes entre la forma, el color, el tamaño o el brillo. El principio de la *proximidad* (figura 6) sostiene que las superficies o los bordes que están muy próximos entre sí tienen más posibilidades de formar parte de un mismo objeto, en comparación con los que están alejados entre sí. Otros principios son los de continuidad, destino común y simetría.

Figura 7

Figura 8

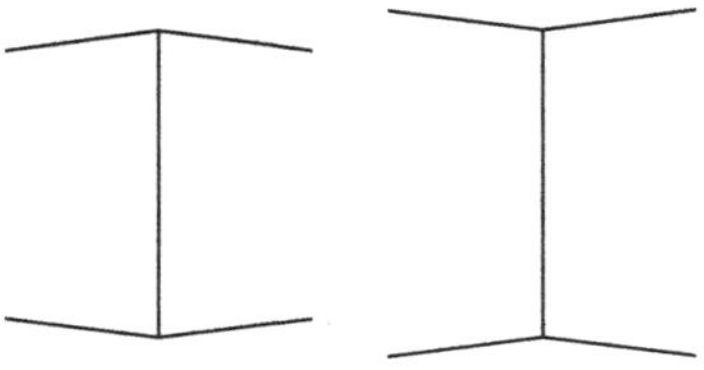

La ilusiones de Ponzo y de Müller-Lyer Se ha argumentado que estas ilusiones pueden ser explicadas asumiendo que el conocimiento previo relativo a los objetos tridimensionales se aplica de manera incorrecta a estos patrones bidimensionales.

En la ilusión de Ponzo (figura 7) las dos líneas horizontales tienen exactamente la misma longitud, a pesar de que la inferior parece mucho más corta. La razón es que la perspectiva lineal creada por las líneas convergentes de los raíles de tren sugiere que la línea horizontal superior está más alejada. Si tiene el mismo tamaño en la retina pero está más alejada, debe ser mayor; nuestro sistema perceptual está tomando en consideración erróneamente la existencia de una distancia.

La ilusión de Müller-Lyer (figura 8) tiene una explicación similar. La figura de la izquierda parece representar la parte externa de la esquina de un edificio, mientras que la derecha parece representar la parte interna de la esquina. Las esquinas internas están en cierto sentido más alejadas que las externas, de manera que la línea de la derecha se percibe como más alejada que la izquierda y, en función de la lógica comentada a propósito de la ilusión de Ponzo, tiene el mismo tamaño en la retina pero se percibe como más larga. Estas ilusiones demuestran que la percepción está influida por factores diferentes a los del estímulo, en este caso la distancia percibida y la experiencia previa.

Constancias Cuando los objetos se acercan o se alejan, quedan expuestos a luces diferentes o giran, tendemos a contemplarlos no como objetos diferentes o con cambios, sino como el mismo objeto. Existen tipos diferentes de procesos de constancia (forma, tamaño, color o brillo) que pueden ser útiles para explicar las ilusiones visuales.

Por ejemplo, cojamos el libro que tiene en sus manos ahora el lector. Lo colocamos derecho y frente a nosotros. Es un rectángulo. Ahora lo giramos en primer lugar en un plano vertical y, después, en un plano horizontal. Ya no tiene la misma forma pero seguimos viendo el mismo libro que al principio. Esto es lo que se denomina constancia de la forma. De la misma manera, cuando vemos un elefante alejándose de nosotros no nos parece que se haga cada vez más pequeño, aunque la imagen que plasma en nuestra retina claramente lo es.

La cultura y el mundo conocido Imaginemos que crecemos en un entorno en el que no existen líneas rectas: no hay casas cuadradas, carreteras rectas, postes de electricidad lineales ni las tradicionales mesas rectangulares. Las casas son redondas y también lo son los campos. Todo gira y da la vuelta. ¿Quedaría confundido el lector por ilusiones visuales? Si el lector nunca hubiera visto anteriormente una carretera o una vía de ferrocarril rectas, ¿experimentaría la ilusión de Ponzo? Si nunca hubiera visto la esquina de una habitación o de una casa, ¿experimentaría la ilusión de Müller-Lyer?

Se han realizado varios estudios sobre grupos de africanos residentes en el ámbito rural y sobre grupos de aborígenes para analizar las ideas relativas a la forma con la que el aprendizaje y la experiencia influyen en nuestra interpretación de las ilusiones. En un estudio fueron comparados africanos residentes en los medios urbano y rural, a los que se hizo ver con un ojo una forma trapezoide (denominada ventana de Ames) dando vueltas alrededor de un eje. Tal como se había esperado, las personas del grupo rural contemplaron la forma girando 180°. En otro estudio efectuado con personas del grupo zulú de Sudáfrica los participantes detectaron con mayor intensidad la ilusión de Ames, en comparación con los sudafricanos de raza blanca, debido posiblemente a su mayor experiencia de visualización de espacios abiertos. Por tanto, nuestras experiencias personales y culturales hacen que percibamos con mayor o menor intensidad las ilusiones visuales.

> **«La percepción de la forma depende completamente de la experiencia.»**
>
> **John Ruskin, 1890**

La idea en síntesis: ¿por qué nuestros ojos juegan con nosotros?

09 Psicofísica

La psicofísica (física de la mente) es el estudio sistemático de la relación que existe entre las características físicas de los estímulos y las sensaciones que producen. Esta descripción es funcional (orientada hacia procesos) debido a que el objetivo del estudio lo constituyen los procesos de los sistemas sensitivos, más que su estructura (fisiología).

La física de las sensaciones Una de las cuestiones básicas que aborda la psicofísica es la siguiente: «¿Cuál es la cadena de acontecimientos que se inicia con un estímulo y que nos lleva a decir cosas como "veo un color rojo brillante" o "escucho un ruido intenso"?». Obviamente, los detalles correspondientes a esta secuencia son diferentes en lo que se refiere a cada sentido, pero en todos los casos hay tres fases básicas: un estímulo que actúa sobre un receptor; una cadena neural de acontecimientos que se pone en marcha a consecuencia del estímulo y que lo modifica convirtiéndolo en una señal eléctrica y más tarde en un impulso nervioso, y una respuesta psicológica al mensaje (sensación).

Umbrales Para estudiar los fenómenos de la percepción, los primeros especialistas en psicofísica tuvieron que definir un método fiable para medir las sensaciones de las personas. Uno de los conceptos centrales en psicofísica es el de *umbral*. El umbral es el nivel de intensidad que necesita un estímulo para provocar una respuesta. El umbral absoluto es la cantidad menor de energía necesaria para que se produzca una respuesta. Así, podríamos especificar el ruido o la intensidad lumínica más débiles que serían necesarios para que una persona pudiera detectar, respectivamente, el sonido o la luz. El umbral de diferencia es la modificación más pequeña que es necesaria para que una persona detecte el cambio en el estímulo.

La diferencia mínimamente detectable La diferencia mínimamente detectable (DMD), o umbral de diferencia, se define como la diferencia más pequeña que se puede distinguir entre dos estímulos similares. La DMD depende tanto del volumen como de la intensidad de la respuesta.

«La magnitud de una sensación es proporcional al logaritmo de la intensidad del estímulo que la genera.»

Ley de Fechner, 1860

Gustav Fechner fue el primer investigador que utilizó la DMD para medir las sensaciones de una persona, en un famoso experimento que llevó a cabo en la década de 1850 y en el que evaluó la respuesta de varias personas frente a la luz brillante. Cada participante podía ver dos discos luminosos cuya brillo era ajustable. La intensidad del brillo de uno de

Cronología

1834 Ley de Weber

1860 Ley de Fechner

los discos luminosos se incrementaba hasta que el participante podía detectar una diferencia, cuyo valor fue considerado la DMD. Después, los discos se igualaron y al incrementar de nuevo la intensidad de brillo de uno de ellos se estableció la DMD. Esta maniobra se puede repetir para determinar el rango de sensibilidad de una persona frente al estímulo luminoso.

Fechner fue el creador de una de las leyes básicas de la psicofísica: la sensación se incrementa en función del logaritmo de la intensidad del estímulo. Esto quiere decir que la intensidad de una sensación concreta aumenta con mucha más lentitud que la intensidad del estímulo que da lugar a dicha sensación. Así pues, para que una persona pueda decir que percibe que una luz tiene una intensidad lumínica doble que otra, la intensidad lumínica de la primera debe ser más del doble que la de la segunda.

«Ley psicofísica: cualquier formulación de la relación entre un estímulo físico y un proceso sensorial.»

J. Drever, 1966

Ernst Heinrich Weber fue el creador de otra famosa ley psicofísica. Este investigador descubrió que el umbral de diferencia está relacionado con el cociente entre la intensidad de uno de los estímulos y la intensidad del otro. Supongamos que ofrecemos a una persona un sonido de 50 decibelios y que dicha persona puede detectar como más intenso un sonido de 55 decibelios, pero no uno de 54 decibelios: si el sonido que se le ofreciera fuera de 70 decibelios dicha persona necesitaría otro sonido de 77 decibelios para detectar la diferencia con el anterior; si un nuevo sonido ofrecido tuviera 30 decibelios, sería necesario un sonido de 33 decibelios, y si se ofreciera un sonido de 100 decibelios, sería necesario otro de 110 decibelios para que la persona detectase la diferencia entre ambos. En todos los casos el cociente es una constante 1:10. En estudios realizados a lo largo del decenio de 1940 fue posible determinar los valores de este cociente: respecto a la intensidad lumínica era de una diferencia del 1,2 por 100 y respecto al sabor salado de una intensidad del 20 por 100.

Métodos Los primeros especialistas en psicofísica, así como también los actuales, han desarrollado varios métodos adecuadamente validados para el estudio de esta cuestión. Uno de ellos es el método de los ajustes (o el método del error promedio), en el que la persona ajusta la intensidad del sonido, la intensidad lumínica o la intensidad olfatoria de manera que, desde su punto de vista, el estímulo sucesivo es igual al estímulo previo. En el método de los límites se le pide a la persona que determine si un estímulo es más intenso, menos intenso o igual que un estímulo previo. Con el método del estímulo constante, se le pide a la persona que intente reconocer un estímulo en una serie de pruebas diferentes.

Escalas Las mediciones tienen una importancia clave en el preciso mundo de la psicofísica y, por tanto, es fundamental el uso de escalas adecuadas que permitan evaluar los distintos fenómenos. Todas las escalas poseen cua-

Década de 1870	1961	1966
Los especialistas en psicofísica anuncian el inicio de la investigación científica	Ley de Stevens	Desarrollo de la teoría de detección de la señal

«El ojo no puede elegir, tiene que ver. No podemos ordenar al oído que deje de oír. Nuestros cuerpos sienten en cualquier circunstancia en la que se encuentren. Todo ello con independencia de que queramos o no queramos.»

W. Wordsworth, 1847

tro propiedades básicas: en primer lugar, indican las diferencias (hombre y mujer; caliente y frío); en segundo lugar, indican la magnitud (los perros gran danés son más grandes que los terrier Jack Russell); en tercer lugar, determinan la igualdad de los intervalos (las diferencias en una misma escala son idénticas, de manera que la diferencia entre 5 y 8 kg es la misma que entre 22 y 25 kg). La última propiedad es la de que existe un punto cero real que indica el punto en el cual no tiene lugar la característica medida.

Los psicólogos distinguen cuatro tipos de escalas: *nominal* (determina la diferencia), *ordinal* (determina la diferencia y la magnitud), *de intervalo* (determina la diferencia, la magnitud y los intervalos iguales) y *de proporción* (determina los tres componentes). Así, las marcas de evaluación son ordinales, aunque pueden aparecer a intervalos, mientras que la temperatura, el peso y la vista se miden en escalas de proporción.

Teoría de detección de la señal La teoría de detección de la señal (TDS) la utilizan los psicólogos cuando desean evaluar la forma con la que tomamos decisiones en condiciones de incertidumbre. Las personas deben decidir si han detectado o no un estímulo, lo que depende tanto de sus órganos de los sentidos como de sus expectativas respecto al estímulo y su motivación para conseguir un resultado preciso.

La TDS se aplica con frecuencia en la investigación actual y es quizá el legado principal de los primeros tiempos de la psicofísica. Un umbral no es un valor fijo debido a que en su detección actúan dos factores humanos. Uno de ellos es la *sensibilidad*, es decir, la manera con la que la persona puede ver u oír el estímulo. El otro es el *sesgo de respuesta*, esto es, la facilidad con la que la persona evaluada tiende a decir «sí» frente a un estímulo cuando no está segura de haberlo percibido. La TDS asume que la persona que toma la decisión no es un receptor pasivo de información sino un agente que elabora de manera activa razonamientos perceptuales difíciles en condiciones de incertidumbre, lo que hace que la detección de la señal sea más sistemática.

Respuesta	Evento: Señal	Evento: Ruido
«Sí»	Acierto	Falsa alarma
«No»	Fallo	Rechazo correcto

Para la definición de estos parámetros los investigadores realizaron lo que se denomina «pruebas trampa», en las que no se introduce ninguna modificación en el estímulo (ruido) y, después de ello, se comprueba la respuesta del participante (véase la tabla). En la terminología de la teoría de la detección de la señal el *acierto* es el «sí» ante un estímulo; el *fallo* es el «no» ante un estímulo; la *falsa alarma* es el «sí» frente a la ausencia de modificación y el *rechazo correcto* es el «no» apropiado. Si una persona quiere estar segura de detectar todas las modificaciones en un estímulo, corre el riesgo de presentar un número elevado de falsas alarmas en su intento de alcanzar el mayor número de aciertos. Por otra parte, las personas con temor a las falsas alarmas tienen más tendencia a cometer errores. El sesgo en la respuesta de una persona puede tener repercusiones obvias en la estimación del umbral de detección por parte del investigador. Para la corrección de este problema, los psicólogos manipulan deliberadamente el sesgo de respuesta de una persona y observan el resultado de estas manipulaciones respecto a las decisiones que toma la misma. Estos efectos se expresan de manera gráfica mediante la denominada curva de características de rendimiento (*receiver operating characteristic curve*).

Un estudio de la acupuntura en función de la TDS

Uno de los aspectos clave de la acupuntura es determinar si las agujas reducen el dolor o bien si los pacientes responden solamente por motivos de sugestión. Los críticos de la acupuntura se preguntan si los resultados que se consiguen con la misma se deben a un efecto analgésico real de las agujas o bien aparecen únicamente debido a que la acupuntura incrementa el umbral subjetivo del paciente respecto a la percepción del dolor. Es decir, podría ser que los pacientes se sintieran mejor ya que la acupuntura da lugar a un incremento del umbral para el dolor. En un estudio efectuado hace tiempo se evaluó esta hipótesis de elevación del umbral para el dolor. A los participantes se les aplicó un estímulo caliente sobre el antebrazo y se les pidió que evaluaran la intensidad del mismo de 1 a 12 (valores ausente e intolerable, respectivamente). Las valoraciones se llevaron a cabo antes, durante y después de la acupuntura. El tratamiento redujo el dolor, pero los resultados demostraron que los pacientes habían presentado un incremento de su umbral de dolor a consecuencia del tratamiento con acupuntura.

La TDS es el método más adecuado para determinar la sensibilidad de una persona frente a la aparición de una modificación perceptual. La persona decide si se produce un estímulo y, por tanto, en su decisión hay otros factores implicados como la motivación y la experiencia previa.

La idea en síntesis: es posible medir las sensaciones subjetivas y las percepciones

10 Alucinaciones

«¿No eres tú, visión fatal, sensible a los sentimientos como la vista? ¿No eres tú un puñal para la mente, una creación falsa procedente de un cerebro acalorado?»

Shakespeare, *Macbeth*, 1606

Definición El origen del término «alucinación» contiene dos rasgos: «soñar» y «estar turbado». Supuestamente deriva del latín *alucinari*, que significa «vagabundeo de la mente». En vez de decir que sufren alucinaciones, las personas sanas pueden señalar que su imaginación «les juega malas pasadas» cuando están muy preocupadas o interesadas por lo que ocurre a su alrededor.

Dicho de manera muy simple, una alucinación es la percepción de algo (un ruido, un olor o una visión) que realmente no está allí. La alucinación conlleva la percepción de algo que no está físicamente presente, por parte de una persona despierta y consciente. Es una sensación sin estímulo. Las alucinaciones sensoriales pueden consistir en escuchar voces de personas fallecidas hace mucho tiempo o de figuras míticas, o bien en sentir insectos arrastrándose por encima o por debajo de la piel. También se pueden percibir ángeles o hadas bailando sobre un fondo de luces brillantes. Algunas alucinaciones tienen un carácter fuertemente idiosincrásico y en muchos casos son transitorias, irreales y desconcertantes.

Es importante diferenciar las alucinaciones de las ilusiones y de las ideas delirantes. Una ilusión es una reacción real frente a una sensación real en la que la persona realiza una atribución errónea de causalidad. Por ello, la fascinación por las ilusiones artísticas o visuales, y también el interés por los «artistas de la ilusión o magos» que parecen hacer cosas imposibles como cortar a una persona por la mitad. Una idea delirante implica una reacción real frente a una sensación real pero la persona que la sufre atribuye a la sensación una causa irreal, imposible, extraña o excesivamente importante.

Tipos diferentes Las alucinaciones se asocian a muchas cosas, incluyendo el sueño (especialmente, los estados de privación del sueño), ciertos medicamentos y sustancias (los denominados obviamente alucinógenos), la enfermedad mental (especialmente la psicosis) y algunas enfermedades neurológicas muy concretas. Las alucinaciones tienen lugar a menudo en los episodios de esquizofrenia y los manuales de psiquiatría las describen como «comentarios sucesivos acerca de la persona y aparición de dos o más voces que conversan entre sí».

Cronología

Década de 1950
La estimulación cerebral eléctrica provocada por Penfield causa alucinaciones

Década de 1960
Las personas que experimentan con LSD señalan la percepción de alucinaciones de gran riqueza

Algunas alucinaciones son leves y frecuentes, como las denominadas alucinaciones *hipnagógicas*, que ocurren cuando la persona está empezando a coger el sueño, mientras que otras son lo contrario (alucinaciones *hipnopómpicas*) y aparecen al despertar. El uso de diversas sustancias muy específicas hace que las personas que las consumen presenten alucinaciones de carácter muy extraño. La *cromatopsia* consiste en ver a todas las personas y todas las cosas con el mismo color. Los pacientes que sufren alucinaciones *liliputienses* ven a personas imaginarias en miniatura y a menudo perciben sensaciones placenteras durante la alucinación. Por otra parte, las personas que sufren las denominadas alucinaciones de Brodnig ven personas, animales o cosas con un tamaño gigantesco.

«Alucinación. Una experiencia perceptual con todas las propiedades convincentes de una experiencia sensorial real pero sin el estímulo físico normal que la desencadena.»

A. Reber, 1985

También existen casos interesantes y poco habituales de pseudoalucinaciones. Las pseudoalucinaciones aparecen cuando la persona experimenta vívidamente una alucinación pero es consciente de que se trata precisamente de una alucinación; estas personas reconocen que la imagen que perciben no tiene ningún fundamento externo. Los episodios de alucinación pueden tener una evolución concreta. En primer lugar, hay un recuerdo o un sonido específicos que desencadenan la alucinación. Después, la persona intenta comprobar si es algo real y comienza a creer que sí lo es. La fantasía, la distorsión y la irrealidad siguen en aumento y se llegan a confundir con una percepción real.

Alucinaciones auditivas «Oír voces» es quizá uno de los «signos de locura» mejor conocidos, sobre todo en los pacientes con trastornos psicóticos como la esquizofrenia. Los pacientes escuchan voces de personas concretas o voces inidentificables en situaciones en las que otras personas que están presentes no las escuchan. Algunas personas que experimentan estas alucinaciones parecen hacer esfuerzos importantes para escuchar las voces; otras hablan consigo mismas, y realizan pausas ocasionales como si mantuvieran una conversación real. A veces gritan a personas que no están físicamente presentes.

El fenómeno de escuchar voces es menos frecuente cuando una persona mantiene una conversación con otra persona real. Por lo general, los pacientes escuchan voces cuando están solos. Otras formas de alucinación auditiva pueden manifestarse al escuchar música, a menudo una música con la que el paciente está muy familiarizado y respecto a la cual establece asociaciones emocionales intensas. Este tipo de alucinación musical puede aparecer cuando se escucha música a gran volumen y durante largos períodos de tiempo.

Década de 1980
Se describe la alucinosis

Década de 1980
Introducción de mejoras en el desarrollo de los medicamentos antipsicóticos

Década de 2000
Distinción entre los trastornos inducidos por alucinaciones y otros trastornos

Causas

Las alucinaciones persistentes y a menudo problemáticas tienen muchas causas diferentes. Así, es posible «inducir» alucinaciones en las personas. Parece que las personas que han sufrido experiencias de privación sensorial en desiertos o que han permanecido encarceladas en celdas vacías como método de «lavado de cerebro» presentan frecuentemente alucinaciones auditivas y visuales. De la misma forma, las personas con privación del sueño o que realizan tareas monótonas durante largos períodos de tiempo pueden llegar a presentar alucinaciones.

La causa principal de las alucinaciones es el consumo de drogas, como alcohol, marihuana, cocaína, *crack*, heroína y LSD. La segunda causa es la fiebre elevada, especialmente en los niños y en los ancianos. En tercer lugar, las alucinaciones pueden aparecer en personas que sufren problemas sensoriales muy específicos, como ceguera o sordera. Las personas con sordera señalan con frecuencia que escuchan voces. De la misma forma, es común que las personas a las que se ha amputado un miembro suelan experimentar el denominado fenómeno del «miembro fantasma», con el que pueden realizar todos los movimientos y en el que incluso experimentan dolor.

Por otra parte, las alucinaciones también pueden aparecer en personas con enfermedades físicas graves como el tumor cerebral o la insuficiencia renal o hepática. Asimismo aparecen alucinaciones en los pacientes que sufren el denominado *delirium tremens* asociado al alcoholismo y en los ancianos con demencia. Son frecuentes las alucinaciones relacionadas con diversos trastornos psicóticos concretos y graves, como el trastorno por estrés postraumático y la esquizofrenia. Las personas que sufren trastorno por estrés postraumático experimentan a menudo visiones retrospectivas. Cuando escuchan ciertos sonidos o detectan ciertos olores «vuelven» instantáneamente a los momentos en los que tuvo lugar el traumatismo psíquico (p. ej., la guerra o los accidentes) y sufren alucinaciones vívidas e intensas de acontecimientos específicos. Algunas personas sometidas a un estrés importante o en situación de duelo por el fallecimiento de un ser querido pueden escuchar voces que les tranquilizan.

Desde hace cincuenta años los neurocientíficos saben que la estimulación de ciertas partes concretas del cerebro puede inducir la aparición de alucinaciones como la percepción de entumecimiento, hormigueos, calor o frío, o agua corriente. Los pacientes con lesiones cerebrales o con alteraciones degenerativas de los tejidos neurales pueden experimentar alucinaciones olfatorias (casi siempre desagradables) o gustativas (pueden ser agradables o desagradables). De la misma forma, también se han asociado a la aparición de alucinaciones muy específicas y a menudo de carácter extraño problemas neurológicos frecuentes como la epilepsia y problemas neurológicos infrecuentes como la enfermedad de Ménière.

Alucinaciones visuales Las personas que sufren alucinaciones visuales señalan la contemplación de animales, objetos inanimados y personas que no están realmente presentes. Pueden ser «fantasmas» o «ángeles», y en algunos casos perciben escenarios muy complejos o situaciones extrañas. Algunas alucinaciones visuales son silentes, pero en otras las personas hablan, a menudo de manera directa a la persona que sufre la alucinación y, en estos casos, la voz que le habla al paciente le puede ordenar que haga cosas específicas. Hay una amplia gama de ilusiones visuales de gran especificidad respecto a las cuales se aplican etiquetas diagnósticas apropiadas. Así, la *dismegalopsia* consiste en la visualización de objetos con formas irregulares o extrañas y poco habituales; la *micropsia* y la *macropsia* consisten en visualizar objetos mucho más pequeños o más grandes, respectivamente, de lo que son. La *alestesia* es la percepción que cambia el lugar en el que se sitúan realmente los objetos, mientras que la *palinopsia* es la sensación de que un objeto que debería estar presente en el campo de visión ha desaparecido del mismo.

Diagnóstico y tratamiento Los psiquiatras realizan al paciente una entrevista clínica estructurada y sistemática para intentar determinar la causa primaria de las alucinaciones. En primer lugar, preguntan al paciente por las características específicas de las alucinaciones: cuál es su contenido, cuándo se iniciaron por primera vez, cuándo suelen aparecer y cuánto tiempo duran. Después hacen preguntas acerca del consumo de alcohol, sustancias y medicamentos. Además, indagan sobre la existencia de acontecimientos traumáticos o emocionales y también sobre la posible evidencia de signos físicos concomitantes de desasosiego, confusión, fiebre, cefalea y vómitos.

El tratamiento clínico comienza con el intento de especificar posibles causas médicas o neurológicas, o de reacciones frente a medicamentos o sustancias específicos «dentro del contexto de los fenómenos culturalmente validados» (p. ej., reuniones religiosas, conciertos de música, etc.). No se debe establecer ningún diagnóstico psiquiátrico importante antes de llevar a cabo una inspección muy detallada de la naturaleza de las alucinaciones y de los «síntomas» que podrían acompañar a las mismas.

Explicaciones Hay varias posibles explicaciones psicológicas respecto a las alucinaciones. Los especialistas de tendencia freudiana consideraban que las alucinaciones eran proyecciones de los deseos inconscientes. La idea era que la persona experimenta como «real» algo que siente, aunque no puede expresarlo debido a que queda por debajo de su nivel consciente.

Los psicólogos cognitivos destacan la existencia de problemas en el procesamiento de la cognición, especialmente de la metacognición que está implicada en el conocimiento de la interpretación de los acontecimientos por parte de los demás. Es decir, las alucinaciones serían interpretaciones erróneas del comportamiento de los demás.

Sin embargo, son los psicólogos de tendencia biológica los que se han centrado con mayor claridad en las causas. Estos especialistas contemplan las alucinaciones como déficits en los estados cerebrales secundarios a lesiones o a desequilibrios químicos. Han podido localizar las regiones cerebrales que dan lugar a la aparición de alucinaciones, así como identificar los procesos farmacológicos subyacentes a las mismas.

En cualquier caso, las razones por las que una persona concreta presenta alucinaciones de un tipo específico siguen siendo un misterio.

La idea en síntesis: existen muchos tipos y muchas causas de alucinaciones

11 Ideas delirantes

«El participante en un concurso de talentos musicales posee claramente ideas delirantes acerca de su capacidad para cantar.»

«Este político parece tener delirios de grandeza.»

«En lo que se refiere a su esperanza de ascenso, me temo que está delirando.»

¿Qué son las ideas delirantes? Una idea delirante es una creencia fija, inmutable, persistente y falsa que no tiene ningún fundamento en la realidad. Es una creencia mantenida por un individuo o por un grupo de individuos que es demostrablemente falsa, completamente descabellada o simplemente autoengañosa. Una persona con ideas delirantes manifiesta con frecuencia una certeza completa y una convicción absoluta respecto a sus creencias. Estas personas son incorregibles y rechazan los argumentos y las pruebas incontrovertibles de que están simplemente equivocadas.

Con respecto a algunas ideas delirantes de carácter religioso es imposible su verificación y, por tanto, su falsificación. De la misma forma, algunas ideas delirantes poseen un elemento de autorrealización; por ejemplo, cuando una persona celosa acusa a su pareja inocente y ésta abandona después a la persona celosa y toma otra pareja. En este sentido, el paciente convierte en realidad sus ideas delirantes.

Todo tipo de ideas delirantes Las personas pueden presentar ideas delirantes respecto a olores (delirio olfativo), gustos (delirio gustativo), temperaturas (delirio termoceptivo) y sensaciones táctiles (delirio táctil). Pueden experimentar olores muy desagradables, muy agradables o muy extraños cuando se encuentran con una persona concreta. También pueden percibir que los alimentos corrientes (naranjas, chocolate o leche) tienen un sabor muy distinto al que experimentan otras personas o bien al que experimentan ellas mismas en otras ocasiones. También pueden sentir que los objetos fríos están muy calientes, o bien que los objetos calientes están congelados. Por último, pueden percibir que los objetos generalmente lisos (como una pelota o la piel de un gato) son muy gruesos o irregulares.

El tipo de ideas delirantes sobre el que se ha escrito más es la paranoia, que se ha demostrado evoluciona a través de varias fases: sospecha general; percepción selectiva de otras personas o cosas; hostilidad; «iluminación» paranoide cuando todas las cosas empiezan a encajar, y —por último— ideas delirantes paradójicas relativas a la influencia y a la persecución.

Cronología

300 a. C. En la Grecia antigua se escribió acerca de las ideas delirantes paranoides

1880 Kraepelin describe la esquizofrenia paranoide

Con frecuencia, las ideas delirantes preocupan de manera importante a las personas que las sufren y hacen que presenten dificultades notables. Vale la pena destacar el hecho de que las ideas delirantes son diferentes de las ilusiones. Las personas normales pueden tener ilusiones visuales y auditivas; por ejemplo, la ilusión de que el Sol da vueltas alrededor de la Tierra o de que los muñecos de los ventrílocuos hablan realmente.

Psiquiatría y trastorno de delirio Los psiquiatras pueden establecer el diagnóstico de trastorno de delirio en diversas situaciones específicas. En primer lugar, el paciente tiene que manifestar una o más ideas delirantes no muy extrañas al menos durante un mes. En segundo lugar, el paciente no debe cumplir otros criterios conductuales que hagan que su problema sea clasificable como un cuadro de esquizofrenia. En tercer lugar, las alucinaciones auditivas y visuales no son prominentes, mientras que sí lo suelen ser las táctiles y olfativas. En cuarto lugar, a pesar de las ideas delirantes y de sus consecuencias comportamentales, el funcionamiento psicosocial del paciente no está alterado de manera prominente y, por ello, estas personas no son consideradas especialmente extrañas. En quinto lugar, incluso si las ideas delirantes específicas influyen sobre el estado de ánimo de un paciente, estas modificaciones del estado de ánimo no tienen una gran duración. En sexto y último lugar, el trastorno de delirio no se debe a ninguna enfermedad fisiológica o médica (p. ej., no se debe a los medicamentos que pueda estar tomando una persona).

«De aquí, las vanas alegrías delirantes, el caldo de la locura, sin origen ni causa.»

John Milton, 1631

En ocasiones, los psiquiatras señalan las dificultades para diferenciar el trastorno de delirio de otros problemas como la hipocondría (especialmente en las personas con un nivel de autoconsciencia bajo); el trastorno dismórfico corporal (la preocupación por defectos corporales imaginarios); el trastorno obsesivo-compulsivo y el trastorno de la personalidad paranoide.

Las ideas delirantes que presentan los pacientes con esquizofrenia suelen ser manifiestamente extrañas. Así, un esquizofrénico puede creer que su cerebro ha sido sustituido por el de otra persona, o bien que su estatura se ha reducido hasta 90 cm. Por otra parte, también son posibles en los esquizofrénicos las ideas delirantes no excesivamente extrañas. Por ejemplo, estos pacientes pueden creer que son perseguidos, fotografiados o grabados; que alguien está envenenándolos lentamente; que su pareja siempre les engaña, o que su jefe o su vecino se han enamorado de ellos.

Causa Básicamente, la causa de las ideas delirantes es desconocida. El interés actual por la neuropsicología ha llevado a algunos investigadores a proponer la existencia de características biológicas que en situaciones de alteración o trastorno pueden causar o exacerbar el problema. Algunos investigadores han descubierto que en este proceso intervienen estructuras cerebrales como

1911

Freud argumenta que las ideas delirantes de persecución se deben a la represión y la proyección

1942

El denominado trastorno psicótico compartido (*folie à deux*) se describe como un trastorno de delirio

Década de 1980

La paranoia se reclasifica como un trastorno de delirio

Tipos de ideas delirantes

Los psiquiatras han definido cinco tipos bien diferenciados de ideas delirantes.

Erotomanía. Estos pacientes creen que otra persona está locamente enamorada de ellos, aunque más en un sentido romántico e incluso espiritual que en un sentido sexual. A menudo, la persona que creen que se ha enamorado de ellos es famosa (una estrella cinematográfica o un deportista famoso), pero también puede ser una persona que está por encima de ellos en el ámbito laboral. A pesar de que muchos de estos pacientes mantienen en secreto sus ideas delirantes y no actúan con respecto a ellas, otros pueden dedicar una gran cantidad de energía a intentar establecer contacto con su amante ilusorio a través de correos electrónicos, visitas o incluso acecho. La mayor parte de estos pacientes son mujeres, pero los hombres que sufren ideas delirantes tienden a actuar de manera más audaz y a menudo tienen problemas de tipo legal, especialmente si creen que su «amante» está en peligro, tiene problemas o está en una situación de peligro inminente.

Grandiosidad. En ocasiones, estas ideas delirantes se denominan delirios de grandeza y se manifiestan cuando una persona cree (sin ninguna prueba que lo respalde) que es muy especial, por ejemplo, que posee capacidades asombrosas o una gran perspicacia, o bien que ha hecho un descubrimiento de importancia vital. A menudo, las ideas delirantes son de tipo religioso y las personas que las padecen creen que mantienen una relación única y privilegiada con «el Todopoderoso». El paciente cree en ocasiones que es una persona prominente y que mantiene relaciones especiales con otras personas prominentes.

Celos. Los celos se manifiestan a través de la creencia sólida y completamente infundada de que la pareja es infiel y engaña al paciente. El paciente llega a esta conclusión a partir de fragmentos extraños de «evidencia» que va encadenando. Puede contratar un detective privado, intentar encerrar a su pareja, o bien atacarla física y verbalmente.

Persecución. El delirio de persecución es la creencia por parte de un paciente de que hay una persona o un grupo de personas que están conspirando contra él. Estos pacientes creen que son engañados, espiados, acosados, sujeto de maledicencia, envenenados o drogados. A menudo manifiestan una actitud enfurecida y resentida, con sentimientos profundos de injusticia. Muchos intentan evitar la persecución que perciben utilizando para ello medios legales o solicitando la protección de las autoridades. Este es el tipo más frecuente de trastorno de delirio. Algunos pacientes incluso manifiestan un comportamiento violento y agresivo hacia las personas que ellos creen que les persiguen.

Problemas somáticos. Las ideas delirantes de tipo somático consisten en que el paciente cree que su propio cuerpo es algo extraño o que no funciona adecuadamente. Puede ser la percepción de olores extraños o la consideración de que diversas partes de su cuerpo (nariz, mamas o pies) son extrañas, deformes u horrorosas. A menudo, los pacientes que sufren este tipo de delirio consideran que pueden presentar alguna especie de bicho dentro de su cuerpo, como un insecto o un parásito, que destruye o altera alguna parte específica del mismo.

«Cuidarse mucho su señoría, que estas cosas que tenemos delante no son gigantes sino molinos de viento.»

Miguel de Cervantes, 1605

los ganglios basales, mientras que otros se refieren al sistema límbico o a el neocórtex. Por último, otros investigadores consideran que las explicaciones de tipo genético son las más adecuadas debido a que muchos pacientes con trastorno de delirio tienen familiares en primer grado que sufren esta y otras enfermedades relacionadas con ella.

No obstante, hay también investigadores que han señalado que una gran parte de este trastorno está relacionado con la existencia de una niñez «difícil» caracterizada por inestabilidad y sobresaltos, crueldad y frialdad. Por tanto, algunos psicólogos de orientación psicoanalítica han contemplado las ideas delirantes como una alteración del sistema de defensa del yo cuyo objetivo sería la protección y la reafirmación del propio yo. De esta manera, contemplan las ideas delirantes paranoides o de persecución como el intento de proyectar hacia los demás las cosas que al paciente no le gusta admitir en sí mismo. El tratamiento incluye la orientación y la psicoterapia, además del uso de medicamentos antipsicóticos.

Disimulo e ideas delirantes

Muchas personas señalan, con gran razón, que en las entrevistas y en los cuestionarios todo el mundo miente, finge o simplemente no dice la verdad. Los psicólogos denominan «disimulo» a esta actitud, pero recientemente han distinguido dos tipos muy distintos de disimulo. El primero se denomina *control de la impresión* y se refiere a la presentación de uno mismo bajo una perspectiva positiva, olvidando quizá de manera conveniente ciertas cosas y diciendo pequeñas «mentiras piadosas» respecto a los demás. El segundo es el denominado *autoengaño*. Desde un punto de vista estricto, el autoengaño no consiste en mentir sino más bien en una idea delirante. Si alguien dice que posee sentido del humor pero todas las personas que le conocen dicen que no es así, el paciente considera que todos los demás se están engañando a sí mismos. De la misma forma, si una persona se siente fea o aburrida mientras que todos los demás personas consideran que ello no es así, esto implica un autoengaño negativo. En la entrevista diagnóstica que se le realiza al paciente algunas formas de autoengaño son muy similares a las ideas delirantes, aunque estas últimas ofrecen mucha más resistencia al cambio. No obstante, ante un refuerzo positivo y constante es más probable la «curación» o al menos la reducción de las tendencias de autoengaño de una persona.

La idea en síntesis: las ideas delirantes pueden ser de muchos tipos diferentes

12 ¿Somos conscientes?

La mayor parte del tiempo somos conscientes de nosotros mismos, de nuestros cuerpos, de nuestras sensaciones y de nuestro pensamiento. Ser consciente significa percibir o notar con un cierto grado de razonamiento controlado u observación. Quiere decir estar despierto, estimulado y alerta.

Consideramos que cualquier criatura es consciente si parece capaz de responder ante el mundo que la rodea: se mantiene despierta y alerta, y tiene consciencia de sí misma. Algunos pensadores han diferenciado la *consciencia de acceso*, que es el pensamiento acerca del pensamiento o de las percepciones percibidas, y la *consciencia fenomenológica*, que es la posesión de ideas o de conceptos acerca de las características de las cosas. Los acontecimientos que tienen lugar en la mente o el cerebro y que son inaccesibles para nosotros mismos se denominan subconscientes. Sin embargo, la consciencia no depende del lenguaje ni tampoco es solamente una consciencia de sí mismo. Podemos perder la consciencia de sí misma cuando, por ejemplo, estamos escuchando música con atención, pero ello es diferente de la situación en la que un paciente sufre un estado de coma.

Tal vez sea mucho más fácil definir la situación de inconsciencia de una persona a causa del sueño, del efecto de diversos medicamentos o drogas, o por alguna enfermedad. Hablamos de las personas que han «perdido el conocimiento» o que «no son conscientes». Un motivo de perplejidad para muchos neurocientíficos interesados en la localización del «órgano de la consciencia» es el hecho de que una persona puede sufrir una lesión cerebral de carácter importante sin llegar a perder el conocimiento en términos generales. Ciertamente, las lesiones cerebrales pueden causar pérdidas específicas de algunos de los contenidos de la consciencia, pero no de la consciencia en sí misma. Se ha argumentado que la investigación de la neuropsicología de la consciencia es sencilla en comparación con el intento de comprender las razones por las que tenemos la experiencia en primer lugar.

> **«La consciencia es ... el fenómeno a través del que conocemos la existencia del universo.»**
>
> **Roger Penrose, 1888**

La experiencia de la consciencia La experiencia de la consciencia tiene varias propiedades diferentes. Es exclusiva de la persona; está relacionada con la experiencia de las cosas a través de muchos sentidos diferentes (tacto, gus-

Cronología

500 a. C.
Cicerón utiliza por primera vez el término consciencia

1688
Locke introduce el significado moderno

to, oído, vista); se refiere a las elaboraciones o resultados del pensamiento, más que a la forma con la que pensamos, y está constantemente en una situación de flujo o cambio. Hablamos del «flujo de la consciencia». Podemos ser conscientes de tener una experiencia y también podemos ser conscientes de haberla tenido antes.

«Entonces, la consciencia es nuestra forma de análisis del mundo exterior, lo que nos permite definir los objetos y las acciones.»

J. Bronowski, 1970

Los psicólogos están especialmente interesados en el estudio de las personas que han sufrido lesiones cerebrales y que son claramente conscientes de todos los fenómenos que las rodean, aunque son incapaces de acceder a recuerdos de experiencias iguales o similares que han tenido anteriormente. Muchos psicólogos creen que la consciencia se origina con la actividad cerebral. Algunos proponen un origen de tipo físico debido a que las lesiones cerebrales y la bioquímica cerebral influyen sobre la consciencia.

Especulaciones de carácter histórico Aunque en la Grecia antigua se escribió mucho acerca de numerosas cuestiones psicológicas, la consciencia no fue una de ellas. Fueron Rene Descartes (1640) («pienso, luego existo») y John Locke (1690) quienes consideraron que la consciencia era esencial para el pensamiento y para la identidad de la persona. Durante un largo período de tiempo dos términos etimológicamente similares, «consciencia» y «consciencia», fueron indistinguibles. El significado de ambos términos no se diferenció hasta el siglo XVII, cuando «consciencia» se aplicó para determinar las ideas de la identidad personal y «consciencia» se utilizó para abordar los juicios morales.

En la época inicial de la psicología científica en Alemania, los psicólogos emplearon de manera indistinta los términos «mente» y «consciencia», y aplicaron métodos de introspección para investigarlos. El conductismo intentó abolir la consciencia como una cuestión digna de ser investigada desde el punto de vista científico. Incluso los psicólogos cognitivos interesados la comprensión del lenguaje y la memoria prestaron también poca atención a esta cuestión. Sin embargo, a lo largo de los veinte últimos años ha empezado a resurgir como algo importante.

La nueva ciencia La nueva ciencia de la consciencia está intentando explicar la forma con la que la experiencia subjetiva se origina a partir de la actividad neural. Los investigadores pueden ser capaces de deducir lo que está pensando una persona a través de sus patrones de flujo sanguíneo cerebral. Además, mediante la estimulación eléctrica o farmacológica de diversas áreas cerebrales, así como a través de métodos quirúrgicos, los investigadores pueden inducir la percepción de olores, imágenes visuales y sonidos que son indistinguibles de los reales. Estos científicos está intentando comprender la

Décadas de 1960 y posteriores	**1991**	**1994**
Estudio de la cuestión por parte de la neurociencia cognitiva	Dennett, *La consciencia explicada*	Pinker, *El instinto del lenguaje*

forma de procesamiento de los datos que proceden de los sentidos y también las razones por las que algunos tipos de información son accesibles mientras que otros permanecen ocultos. Algunos científicos consideran que la identificación de los correlatos neurales exactos de la consciencia es completamente posible e incluso comparativamente sencilla. Lo que consideran más difícil es relacionar la actividad cerebral con la experiencia personal interna.

Funciones Inevitablemente, los psicólogos mantienen puntos de vista diferentes respecto a la función de la consciencia. Los aristotélicos argumentan que la consciencia es básicamente un estado cerebral. Los conductistas radicales consideran que la consciencia carece de objetivo y que es un epifenómeno (es decir, un fenómeno que no tiene una importancia primaria), de manera que prefieren hacerle caso omiso.

Los psicólogos contemplan la consciencia sobre todo en términos de procesamiento de la información. Captamos y procesamos la información. Somos muy eficientes para obtener y procesar todo tipo de información procedente de nuestro entorno. El conocimiento de la forma con la que lo hacemos, especialmente en lo que se refiere a la información nueva, difícil o compleja, es en efecto la consciencia. También podemos asumir que otras personas pueden tener experiencias conscientes muy diferentes de la nuestra respecto al mismo fenómeno. Uno de los problemas de la escuela funcionalista es el de que se puede argumentar a través de sus definiciones que las máquinas tienen consciencia.

Los psicólogos evolutivos son funcionalistas. Contemplan el desarrollo de la corteza cerebral como una función de supervivencia que facilita la planificación y el desarrollo del lenguaje y de la sociedad. Un criterio comportamental enigmático de la consciencia es su capacidad de autorreconocimiento: la capacidad de reconocernos a nosotros mismos en el espejo. Así, la consciencia evolucionó en forma de respuesta frente a una presión selectiva aplicada sobre un animal social e inteligente. La consciencia representa, almacena y clarifica las percepciones: su objetivo es el de dar sentido a las situaciones nuevas y ambiguas facilitando así la toma de las mejores decisiones. La consciencia es algo así como un *kit* de supervivencia para las especies de nivel superior, de manera que les permite la toma de decisiones razonadas y planificadas, así como las reacciones.

Inconsciencia consciente: el caso de la hipnosis ¿Hasta qué punto las personas sometidas a hipnosis son conscientes? Está claro que, las personas en situación de hipnosis profunda entran en un «estado diferente», un estado de relajación profunda y a menudo de autosugestión. Sabemos que algunas personas tienen una facilidad importante para ser hipnotizadas mientras que otros muestran una gran resistencia a la hipnosis. Las personas hipnotizadas son sugestionables e influenciables. Este efecto se manifiesta de manera más vívida cuando el hipnotizador intenta inducir una amnesia posthipnosis (es decir, una falta de recuerdo de todo lo relativo a la hipnosis) además de una sugestibilidad posthipnosis en la que la persona hipnotizada sigue la serie de instrucciones extrañas pero muy específicas que se le dieron durante la hipnosis.

Las técnicas de imagen cerebral han incrementado indudablemente nuestros conocimientos acerca del fenómeno de la hipnosis, que algunos consideran poco más que un espectáculo barato. En un estudio reciente se ha sugerido que la hipnosis es, en efecto, un estado alterado de la consciencia debido a que las áreas cerebrales que sabemos influyen en la consciencia están claramente influidas por el proceso de hipnosis. En la amnesia posterior a la hipnosis la persona hipnotizada puede haber recibido instrucciones para olvidar algo, a menudo muy importante, que sólo va a recordar en situaciones muy concretas. La analgesia por hipnosis ha atraído la atención sobre todo de los médicos y los dentistas debido a que su objetivo es el de reducir el dolor.

No obstante, algunos observadores han ofrecido explicaciones bastante prosaicas del éxito aparente de la hipnosis. Por ejemplo, la idea de que conseguir que las personas perciban el dolor como una sensación de calor o de disminución de la sensibilidad puede ser considerada una estrategia de superación muy eficiente. Asimismo, al individuo se le puede animar a que preste menos atención a algunas experiencias al tiempo que incrementa su atención respecto a otras. La teoría de la neodisociación sugiere que cuando somos hipnotizados nos hipnotizan el control central de nuestros pensamientos. La teoría de la ausencia de estado señala que la hipnosis es prácticamente igual que la actuación, la imaginación y la representación de papeles, y que, por tanto, no es un estado alterado de la consciencia. Las personas hipnotizadas y sugestionables hacen simplemente lo que se espera de ellas (lo que agrada al hipnotizador), lo que es distinto de caer en un estado especial similar al trance.

El inconsciente freudiano

Los psicólogos han manifestado durante mucho tiempo su interés no tanto por la consciencia como por su cara opuesta, la inconsciencia. Algunos han diferenciado la preconsciencia y la inconsciencia.

Las ideas, deseos y apetencias preconscientes pueden ser trasladados sin muchas dificultades hasta el nivel consciente. En efecto, el objetivo del tratamiento es el de pasar al estado preconsciente y, por último, al estado consciente diversas ideas y recuerdos que permanecen en el inconsciente oscuro y desconocido. La consciencia de sí mismo es, de hecho, una parte importante de la curación, lo que quiere decir el conocimiento de las razones por las que una persona se comporta de cierta manera. A través del análisis de los sueños, de los lapsos lingüísticos y de las asociaciones libres, los psicoanalistas creen que pueden ayudar a los pacientes a vislumbrar su inconsciente.

La idea en síntesis: la consciencia es un estado de vigilia y alerta

13 Psicología positiva

¿Se puede enseñar a las personas a ser felices? ¿Da el dinero la felicidad? ¿Por qué algunas personas son aparentemente más felices que otras? Estas preguntas frecuentes y fundamentales respecto a la condición humana fueron ignoradas de manera sistemática por los psicólogos hasta hace relativamente poco tiempo.

Psicología positiva La psicología positiva es el estudio de los factores y procesos que dan lugar a emociones positivas, comportamientos virtuosos y actitudes óptimas tanto en los individuos como en los grupos de individuos. A pesar de que algunos psicólogos (principalmente los denominados «psicólogos del yo» siempre estuvieron interesados en la salud, la adaptación y el rendimiento óptimo, el estudio de la felicidad se consideraba algo intrascendente e incluso trivial. Posiblemente esto sigue siendo todavía así: de cada cien libros y artículos serios de psicología, noventa y nueve se refieren a la depresión y solamente uno a la felicidad. No obstante, sabemos desde hace cincuenta años que la felicidad no es lo opuesto a la infelicidad: ambos estados están estrechamente relacionados entre sí.

El primer libro sobre psicología de la felicidad apareció en el decenio de 1980 y a partir de entonces se empezaron a publicar varias revistas académicas acerca de esta especialidad. Sin embargo, no fue hasta finales del siglo XX cuando el movimiento de la psicología positiva pasó a la acción y empezó a mover dinero. La psicología positiva se ha convertido en el objeto de investigación de muchos psicólogos famosos; hoy en día abarca a menudo un terreno muy superior al correspondiente al estudio de la felicidad.

«La felicidad es un misterio similar a la religión y, por tanto, nunca se debería racionalizar.»

G. K. Chesterton, 1920

Preocupaciones fundamentales La psicología de la felicidad persigue la respuesta a algunas cuestiones fundamentales que han sido abordadas durante siglos por filósofos, teólogos y políticos. La primera cuestión se refiere realmente a la definición y la cuantificación de la felicidad; la segunda está relacionada con la forma con la que ciertos grupos son felices o infelices, y la tercera cuestión se refiere a lo que tenemos que hacer (o dejar de hacer) para aumentar nuestra felicidad.

Cronología

1969
Bradburn, *The Structure of Psychological Well Being*

1987
Argyle, *La psicología de la felicidad*

La ciencia comienza con las definiciones. Así pues, ¿qué es la felicidad? En ocasiones se describe como un estado de bienestar, satisfacción, tranquilidad de ánimo o sensación de realización; en otras ocasiones, se define como algo que tiene que ver con la satisfacción o con la ausencia de problemas psicológicos. También se ha descrito en términos de placer, disfrute y alegría. Ser feliz es estar en un estado de flujo o cambio.

El término utilizado con mayor frecuencia por parte de los investigadores es el de «bienestar subjetivo», referido a la forma con la que las personas juzgan de manera general y personal sus propias vidas y su nivel de satisfacción. Es decir, es el propio individuo (no los consejeros, confesores, profesores, terapeutas o teóricos) el único que es capaz de juzgar su propio bienestar.

« Un hombre es feliz siempre y cuando quiera serlo. »

A. Solzhenitsyn, 1968

Estas autoevaluaciones se pueden sintetizar en dos partes: la satisfacción en los ámbitos laboral y doméstico, y la satisfacción con uno mismo y con los demás. Así, un individuo puede mantener un grado de satisfacción elevado en una de estas partes y un grado bajo en la otra, aunque se suelen correlacionar de manera estrecha. Las personas tienden a presentar una estabilidad relativa en sus evaluaciones de los distintos aspectos de sus vidas. No obstante, estas evaluaciones presentan fluctuaciones debido a la existencia de circunstancias concretas como el hecho de tener buena suerte (ganar un premio de lotería) o de estar implicado en un accidente terrible (p. ej., con resultado de tetraplejía), aunque al final vuelven al nivel habitual del individuo al cabo de un período relativamente breve de tiempo.

Medición de la felicidad La mayor parte de los métodos de cuantificación o medición de la felicidad está fundamentada en cuestionarios o entrevistas estandarizados. Estos cuestionarios y entrevistas los pueden aplicar personas que conozcan bien al individuo y que le vean de manera regular. También está el método del muestreo de experiencias, en el que las personas señalan su grado de felicidad en numerosos momentos del día, la semana o el mes, o bien, por ejemplo, cuando suena un avisador, de manera que al final se agrupan todas estas valoraciones. Otra forma de cuantificar la felicidad es la de analizar la memoria de una persona y comprobar si se siente predominantemente feliz o infeliz respecto a su pasado. Por último, hay otra estrategia básica fundamentada en mediciones de carácter físico que van desde los estudios de imagen cerebrales hasta la determinación de las concentraciones de cortisol en la saliva. En realidad, no es muy difícil medir de manera fiable y válida la felicidad.

¿Tiene importancia la felicidad? En efecto, la felicidad es muy importante. La evidencia obtenida en la investigación sugiere que las personas felices poseen sistemas inmunitarios fuertes de manera que son más sanas y viven más tiempo que las personas infelices. Tienden a tener más éxito en

1998 Fecha oficial de aparición de la psicología positiva

1999 Buckingham y Clifton, *First Break all the Rules*

2002 Seligman, *Felicidad auténtica*

el trabajo y a mantener relaciones personales mejores. Son más atractivas para los demás. Se gustan a sí mismas más que las personas infelices y generalmente superan mejor todo tipo de obstáculos. Las personas felices toman decisiones mejores y tienden a ser más creativas. Por su parte, las personas infelices parecen perder el tiempo y la energía en vigilar los signos de peligro o de fracaso, de manera que malgastan sus recursos.

Hay pruebas de la transmisión hereditaria de la sensación subjetiva de bienestar. En estudios realizados sobre gemelos se ha demostrado que de la misma forma que las personas heredan la propensión o predisposición a la depresión, también heredan la tendencia a la felicidad. Sin embargo, los factores ambientales desempeñan un papel inevitable, sobre todo en lo que se refiere al contexto familiar durante la niñez. También sabemos que a pesar de que las personas pueden experimentar acontecimientos que causan una felicidad o una infelicidad extremas, tienden a volver al punto de partida con bastante rapidez.

«Si quieres ser feliz, selo.»

Lev Tolstói, 1900

También hay pruebas de que algunos grupos sociales y algunos individuos son simplemente más felices que otros. Así, las personas de los países latinos parecen más felices que las de los países nórdicos. Hay dos aspectos que parecen estar relacionadas con la felicidad nacional global: por un lado, la riqueza, la estabilidad y la naturaleza democrática de la sociedad en la que viven las personas; por otro, las normas y convenciones sociales que deciden la idoneidad de la percepción de las emociones positivas y del rechazo de las emociones negativas. La evidencia señala que la pobreza grave hace ciertamente que las personas sean infelices, al tiempo que la riqueza importante influye poco sobre la sensación subjetiva de bienestar. En diversos estudios también se ha demostrado que cuanto mayor es el materialismo, menor es la felicidad. Las personas más felices parecen tener buenos amigos.

Aprender a ser felices Hay muchas cosas sencillas que podemos aprender para aumentar nuestra felicidad. La primera de ellas es la de no confundir el éxito con la felicidad. La siguiente es la de mantener el control de nuestras vidas y nuestros horarios o agendas. Se ha demostrado que si una persona actúa de manera feliz (sonríe, expresa optimismo, es sociable y extravertida) hace que las demás personas reaccionen de manera diferente y, finalmente, la persona que actúa así acaba siendo feliz de verdad. Tiene una gran importancia en este sentido encontrar actividades laborales y de ocio que realmente nos atraigan y nos permitan expresar nuestras capacidades e intereses. La realización regular de ejercicio físico y los buenos hábitos del sueño y de la alimentación también son muy importantes para mantener un buen estado de ánimo. Una característica de gran importancia respecto a la felicidad es la dedicación de tiempo y atención a las relaciones interpersonales. La afirmación positiva de los demás, ayudar a los demás y expresar regularmente gratitud por la vida son actitudes que incrementan la felicidad, así como también la posesión de un sentido de intención y esperanza que se puede describir como fe.

La psicología positiva ha desplazado el centro de atención desde la exploración y el intento de corregir modificar las debilidades personales hasta el estudio de los puntos fuertes y de las virtudes. Su objetivo es el de promover una felicidad auténtica y una buena vida, además de estimular la salud. Un punto de partida para la psicología positiva tanto por parte de los escritores populares como de los investigadores ha sido el de intentar definir una lista de puntos fuertes y de valores. Finalmente se ha creado dicha lista, aunque no sin controversia.

- Inteligencia y conocimiento: creatividad, curiosidad, actitud libre de prejuicios, amor al aprendizaje y perspectiva.
- Coraje: valentía, persistencia, integridad y vitalidad.
- Humanidad: amor, amabilidad e inteligencia social.
- Justicia: ciudadanía, juego limpio y liderazgo.
- Moderación: olvido y compasión, humildad y modestia, prudencia y autocontrol.
- Trascendencia: apreciación de la belleza y la excelencia, gratitud, esperanza, sentido del humor y espiritualidad.

La psicología positiva ha atraído en la actualidad el interés de los economistas e incluso de los teólogos y de los expertos en finanzas. Es un movimiento que ha crecido rápidamente y que se ha convertido en algo esencial para analizar desde el punto de vista científico la más esencial de la condición humana.

Mitos acerca de la felicidad

Los investigadores han elaborado una lista de los mitos que atañen a la naturaleza y la causa de la felicidad. Entre estos mitos están los que se citan a continuación, que son falsos a pesar de que mucha gente cree en ellos.

- La felicidad depende sobre todo de la calidad y la cantidad de las cosas que nos pasan.
- Ahora somos menos felices que antes.
- Las personas que sufren una discapacidad física importante siempre son menos felices.
- Los jóvenes siempre son más felices que los ancianos.
- Las personas que experimentan una gran felicidad también experimentan una gran infelicidad.
- Las personas más inteligentes son generalmente más felices que las menos inteligentes.
- Los niños son un elemento significativo en la felicidad de las parejas casadas.
- Ganar mucho dinero hace que las personas sean más felices a largo plazo.
- En conjunto, los hombres son más felices que las mujeres.
- Paradójicamente, la búsqueda de la felicidad da lugar a su pérdida.

La idea en síntesis: podemos aprender a ser felices

14 Inteligencia emocional

«La inteligencia emocional es un marco organizado para la clasificación de las capacidades relativas al conocimiento, el control y el uso de los sentimientos.»

P. Salovey y J. Mayer, 1994

El término de «inteligencia emocional» (IE) tiene al menos cuarenta años de antigüedad, aunque pasó al primer plano de la atención tras la publicación de un artículo de gran influencia en 1990 y de la publicación del popular libro de Daniel Goleman *Inteligencia emocional* (*Emotional Intelligence*) en 1995. La IE ha generado una industria de volumen enorme, especialmente entre las personas interesadas en el éxito en el ámbito laboral. En muchos libros se han recogido afirmaciones de carácter espectacular; por ejemplo, el hecho de que las habilidades cognitivas y la inteligencia académica tradicional solamente aportan el 20 por 100 al éxito general en la vida (académico, personal y laboral) mientras que el 80 por 100 restante es atribuible directamente a la IE.

Componentes de la IE No hay acuerdo acerca de las características, los factores y las habilidades o capacidades que forman parte de la IE. A medida que se diseñan cada vez más pruebas relativas a la IE y se publican más libros acerca de la misma, la situación es también cada vez más confusa. Aunque no todas, la mayor parte de las teorías y sistemas incluye ideas acerca de la consciencia y la regulación emocional.

Una cuestión clave que aún no ha sido resuelta es la que se refiere a los componentes de la IE. En los primeros modelos se diferenciaba entre la percepción, la valoración y la expresión de la emoción en uno mismo y en los demás; el uso de la emoción para facilitar el razonamiento; la aplicación del conocimiento emocional para comprender y analizar las emociones, y la regulación refleja de las emociones para estimular el crecimiento personal. Algunos autores han hablado de *cultura emocional* (el conocimiento y la comprensión de las emociones propias y de su funcionamiento), *ajuste emocional* (honradez y flexibilidad emocional), *profundidad emocional* (crecimiento e intensidad emocionales) y *alquimia emocional* (utilización de las emociones para el descubrimiento de oportunidades creativas). Sin embargo, otros autores han clasificado la IE en factores como la consciencia de sí mismo, la autorregulación, la automotivación, la empatía y las habilidades sociales. Otro modelo de gran popularidad incluye 15 componentes.

Cronología

1920
Introducción del concepto de «inteligencia social»

1990
Primera publicación científica relativa a la IE

Estos componentes se pueden combinar en cuatro factores diferentes e independientes denominados bienestar, capacidad de autocontrol, habilidades emocionales y habilidades sociales.

Componentes más habituales en los modelos principales de inteligencia emocional

Componente	Las puntuaciones elevadas indican la percepción de que uno mismo es, está o tiene...
Adaptabilidad	Flexibilidad y voluntad para adaptarse a las nuevas situaciones
Asertividad	Una actitud directa, franca y bien dispuesta para luchar por sus derechos
Expresión emocional	Capacidad para comunicar sus sentimientos a otras personas
Control emocional (hacia otros)	Capaz de influir en los sentimientos de otras personas
Percepción emocional (hacia uno mismo y hacia los demás)	Claridad de ideas respecto a los sentimientos propios y los de otras personas
Regulación emocional	Capacidad para controlar las emociones propias
Impulsividad (baja)	Capacidad para reflexionar y para evitar los impulsos
Habilidades de relación interpersonal	Capacidad para mantener relaciones personales satisfactorias
Autoestima	Éxito y confianza en uno mismo
Automotivación	Capacidad de no abandonar frente a la adversidad
Competencia social	Capacidad para relacionarse mediante habilidades sociales excelentes
Control del estrés	Capacidad para resistir las presiones y soportar el estrés
Rasgo de empatía	Capacidad para ponerse en el lugar de los demás
Rasgo de felicidad	Alegre y satisfecho con su vida
Rasgo de optimismo	Confiado y con tendencia a ver el lado bueno de las cosas

Cuantificación La IE se valora a menudo a través del cociente de inteligencia emocional (CIE). Los expertos en psicometría diferencian los parámetros de rendimiento máximo (p. ej., los test del cociente de inteligencia en los que se pregunta si la respuesta es verdadera o falsa) y los parámetros de respuesta típica (p. ej., los cuestionarios de la personalidad en los que se solicitan respuestas de preferencia), un aspecto que tiene implicaciones importantes. La cuantificación de la autovaloración lleva a la idea de la IE como un rasgo básico de la personalidad («rasgo de IE» o «autoeficacia emocional»), mientras que el parámetro denominado rendimiento máximo potencial daría lugar a la idea de la IE en forma de habilidades cognitivas («habilidad de IE» o «habilidad cognitiva-emocional»).

No existe acuerdo acerca de la posibilidad de que la IE pueda ser cuantificada realmente mediante test de capacidad cognitiva debido a la naturaleza subjetiva de la experiencia emocional. Algunos investigadores señalan que el rasgo IE incorpora tendencias comportamentales y capacidades autopercibidas, en

1995
Goleman, *Inteligencia emocional*

1997
Desarrollo del primer cuestionario de autovaloración

2003
Diseño del primer test para determinar las capacidades

El CIE en la práctica

¿Cómo se correlaciona el CIE con el éxito en los negocios? Vamos a considerar algunas de las explicaciones respecto a la forma con la que el CIE influye en el contexto laboral y respecto a las razones por las que las personas con una IE mayor tienen supuestamente más éxito. En primer lugar, las personas con un CIE elevado son mejores en lo que se refiere a la comunicación de sus ideas, intenciones y objetivos. Expresan sus ideas con mayor claridad y muestran una actitud más perceptiva y sensible. En segundo lugar, el CIE está estrechamente relacionado con las capacidades sociales para el trabajo en equipo, de gran importancia en el ámbito laboral. En tercer lugar, los directivos con un CIE elevado establecen contextos y ámbitos de carácter comprensivo que incrementan el compromiso de los individuos con la organización, lo que, a su vez, conduce al éxito. En cuarto lugar, los líderes con un CIE elevado son perceptivos y conocen los puntos fuertes y débiles tanto propios como del equipo, lo que les permite actuar sobre los primeros y compensar los segundos. En quinto lugar, el CIE está relacionado con las habilidades de superación efectivas y eficaces que permiten a las personas manejar mejor las exigencias, las presiones y el estrés a los que se ven sometidas. En sexto lugar, los líderes con un CIE elevado pueden identificar con precisión lo que sienten y necesitan los componentes de su equipo, y también infunden más motivación y apoyo. Generan más interés, entusiasmo y optimismo. En séptimo y último lugar, a diferencia de los gestores con un CIE bajo, los que poseen un CIE elevado tienen menos tendencia a los estilos de superación y de toma de decisiones negativos, defensivos y destructivos.

oposición a las capacidades cognitivas reales, y que pertenece al ámbito de la personalidad. Por el contrario, la habilidad de IE, que incorpora las habilidades reales, pertenece principalmente al dominio de la capacidad cognitiva. Hay más de una docena de test para la evaluación del rasgo IE y sus características son básicamente similares a las de los test de la personalidad.

Por otra parte, están los investigadores que contemplan la IE como una inteligencia «real» o bien como una capacidad que debe ser cuantificada como tal. El test más utilizado en este sentido es el test de inteligencia emocional de Mayer, Salovey y Caruso (MSCEIT, *Mayer-Salovey-Caruso Emotional Intelligence Test*), que evalúa cuatro factores: percepción e identificación de las emociones (capacidad para reconocer los sentimientos de uno mismo y de los demás); uso de las emociones para facilitar el razonamiento (capacidad para generar emociones y para razonar respecto a las mismas); comprensión de las emociones (capacidad para comprender las emociones complejas y las «cadenas» emocionales, así como la forma de evolución de las emociones), y control de las emociones (capacidad para controlar las emociones propias y las de los demás).

En el MSCEIT se pide a la persona evaluada que:

- Identifique las emociones expresadas por una cara o una imagen.
- Simule un estado de ánimo y resuelva problemas con dicho estado de ánimo.
- Defina las causas de las diferentes emociones.
- Comprenda la progresión de las emociones.
- Determine la manera de incluir las emociones en su razonamiento, en situaciones en las que están implicadas la persona evaluada y otras personas.

Por tanto, hay dos formas muy distintas de cuantificar la IE. Una de ellas tiene características similares a las de los test de la personalidad y, en efecto, contempla la IE como un tipo de rasgo de la personalidad. La otra es más parecida a un test de capacidad o habilidades. La aplicación del primer método es mucho más sencilla y barata que la del segundo. Sin embargo, la duda real se plantea acerca de cuál de estos dos métodos es más preciso y fiable. Se han efectuado estudios en los que se ha demostrado que las puntuaciones obtenidas con ambos test muestran una correlación positiva modesta. En el centro del debate tenemos la posibilidad de que la IE no sea nada más que otro rasgo de la personalidad o bien que forme realmente parte de la inteligencia.

«La inteligencia emocional es un componente clave de la habilidad mental que se ha pasado por alto durante mucho tiempo y que ha dado lugar a una idea confusa de la que se ha llevado a cabo una comercialización masiva.»

A. Furnham, 2001

Trabajo emocional

Muchas actividades laborales requieren un trabajo físico y mental, pero en algunas sólo es necesario el trabajo emocional. A las personas que trabajan en el área de servicios se les pide que expresen emociones que no necesariamente sienten. Se les pide que sonrían, que mantengan una actitud positiva y que aparezcan relajadas con independencia de lo que sientan realmente. Esto se denomina «representación superficial». En algunos trabajos prácticamente se requiere sentir las emociones que se manifiestan y esto es lo que se denomina «representación profunda». Algunos clientes puedan percibir la manifestación falsa de una emoción, de manera que el trabajador tiene que aprender a «sonreír de dentro afuera».

Algunas personas que trabajan en servicios y cuyas emociones son dirigidas y controladas por el empresario sufren un proceso de alienación respecto a sus sentimientos reales. Las emociones de este tipo son, por ejemplo, mostrar paciencia, amistad y curiosidad, al tiempo que se suprime la expresión de emociones como el aburrimiento, la frustración y la rabia. Una manera de conseguirlo es a través del uso de guiones. A los empleados en actividades de servicio se les anima a actuar: aprenden su papel y representan un personaje, lo que les enseña cuáles son las emociones apropiadas. De la misma forma, los uniformes pueden actuar como vestuario de representación. Pueden informar y proteger.

Todas las personas que trabajan en actividades de servicio poseen un «espacio entre bastidores» cerca del lugar en el que desempeñan su actividad laboral, tal como puede ser una cocina o incluso un lavabo o un guardarropa, en donde pueden volver a ser ellos mismos, dejar la representación y reaccionar de la forma en que lo harían de manera natural. Cuando están «entre bastidores» pueden burlarse de los clientes difíciles. También pueden ser ellos mismos y disfrutar de la camaradería del oprimido. Las pausas en el trabajo son momentos para volver a ser uno mismo; para quitarse el maquillaje; para recuperar la sensación de autoestima y para dejar por un rato el trabajo emocional.

La idea en síntesis: ¿tiene más que ver la IE con la personalidad que con la habilidad cognitiva?

15 ¿Cuál es el objetivo de las emociones?

Las emociones son señales sociales poderosas. Los términos «emoción» y «motivación» tienen la misma raíz latina, que significa «movimiento». Las emociones nos envían mensajes rápidos, potentes y de carácter físico que nos permiten responder a nuestro entorno. También nos facilitan la comunicación voluntaria o involuntaria.

La evolución ha aportado al ser humano un conjunto de programas de carácter fuertemente adaptativo cuyo objetivo es el de resolver problemas específicos de supervivencia. Todos heredamos programas macro y microemocionales que son el resultado de muchos encuentros que tuvieron lugar en el pasado. Hemos tenido que aprender a determinar en quién podemos confiar, cómo detectar la infidelidad sexual, cómo superar el fracaso y la pérdida de estatus, y cómo reaccionar frente a la muerte. La expresión automática e involuntaria de muchas emociones es una característica clave del éxito en la vida social en nuestra especie, caracterizada precisamente por lo social. Poseemos un rico repertorio descodificador de señales emocionales que facilitan la interacción social. Las emociones galvanizan y activan muchos sistemas que actúan simultáneamente sobre el problema.

«Las emociones son mecanismos mentales para mantener un compromiso.»

Mark Ridley, 1996

Temor Muchas personas sienten miedo a ser perseguidas o atacadas por la noche. Este temor pone en marcha un conjunto completo de circunstancias o rutinas. En primer lugar, por la noche nos mantenemos muy atentos a cualquier dato visual o auditivo; en segundo lugar, cambian nuestras prioridades y objetivos: se suprimen las sensaciones de hambre, dolor y sed en aras de la seguridad. En tercer lugar, nuestros sistemas dedicados a la obtención de información se centran en aspectos muy concretos. En cuarto lugar, algunos conceptos simples pasan de ser sencillos o difíciles a peligrosos o seguros. En quinto lugar, aparecen los recuerdos de situaciones anteriores similares a la actual. En sexto lugar, la persona puede intentar comunicarse de forma poco habitual, como emitiendo gritos o mediante el llanto, o bien —por el contrario— se puede sentir paralizada por el temor e incapaz de emitir un solo sonido. En séptimo lugar, se evoca un sistema de inferencia o de evaluación de hipótesis que hace que muchas personas intenten determinar lo que está ocurriendo y qué es lo que puede ocurrir a continuación. En últi-

Cronología

1872 Darwin, *La expresión de las emociones en el hombre y los animales*

1967 Morris, *El mono desnudo*

mo lugar, se activan los sistemas de aprendizaje y, más tarde, los sistemas fisiológicos. La activación de estos sistemas puede dar lugar a una respuesta de lucha o huida que, finalmente, desemboca en una serie de reglas de decisión comportamentales. En última instancia, la persona decide huir o atacar.

Reconocimiento de las emociones A pesar de que no existe un acuerdo completo, muchos investigadores han aceptado la existencia de tres emociones básicas y distinguibles entre sí. Son las siguientes:

- felicidad
- tristeza
- sorpresa
- rabia
- indignación
- temor

Charles Darwin, que redactó el primer tratado científico sobre las expresiones emocionales no verbales, señaló que es posible reconocer las expresiones faciales distintivas que se corresponden con los estados emocionales básicos. Son las *emociones manifiestas*, que forman parte de nuestro fondo evolutivo y que no son aprendidas. Las personas ciegas muestran una expresión facial de las emociones similar a la de las personas sin problemas visuales. La cara posee diferentes partes muy expresivas y todas pueden indicar una emoción. Los ojos pueden estar bien abiertos o entrecerrados, las pupilas dilatadas o constreñidas, y las cejas levantadas o con el ceño fruncido. El individuo puede parpadear mucho o mantener la mirada fija. La boca puede estar abierta o cerrada, y se puede dirigir hacia arriba o hacia abajo; los dientes y la lengua pueden estar visibles o permanecer ocultos. La piel puede presentar rubor o no, con o sin signos de sudación. La nariz puede presentar aleteo en las fosas nasales. La cara enfadada muestra el ceño fruncido y los párpados superiores elevados, los orificios nasales abiertos, los labios abiertos y los dientes expuestos, y los párpados bien abiertos.

«Las emociones aparecen de manera precisa en las situaciones en las que, por cualquier razón, está amenazada la adaptación.»

E. Claparède, 1928

Las expresiones faciales y otras expresiones no verbales actúan como un correlato del estado emocional. Sin embargo, vale la pena considerar dos cuestiones a este respecto. La primera se refiere al *control* y a la posibilidad de que podamos controlar fácilmente y con precisión nuestras manifestaciones físicas de las emociones. El hecho de ser sorprendido, asustado o atacado desencadena reacciones inmediatas e intensas por parte del sistema nervioso autónomo. Algunas emociones parecen estar bajo control más que otras. Así, podemos controlar de forma relativamente sencilla nuestros gestos y movimientos corporales, aunque en diversos estudios de investigación se ha demostrado que a menudo «se nos escapan» las emociones a través de gestos concretos o de movimientos con los pies cuando estamos estresados. De la misma forma, la

1975
Argyle, *Bodily Communication*

Década de 1990
Introducción del concepto de la ciencia de las emociones

2003
Collett, *The Book of Tells*

mayor parte de nosotros consideramos que tenemos poco control sobre la dilatación de las pupilas y la frecuencia cardíaca.

La segunda cuestión se refiere a la consciencia respecto a las emociones. En ocasiones tanto el emisor como el receptor son plenamente conscientes, tal como ocurre con el rubor. De la misma forma, ni el emisor ni el receptor son conscientes de los pequeños cambios de la mirada, los movimientos de los párpados o la dilatación de la pupilas. Hay expertos especialmente formados para detectar los correlatos no verbales específicos de los estados emocionales, tal como las sonrisas «congeladas», los bostezos y los movimientos de la cabeza. Por último, los emisores de mensajes adicionales pueden ser conscientes de su mensaje, pero los receptores pueden no serlo cuando intentan ocultar algo.

Codificación y descodificación de las emociones Las personas se comunican emocionalmente: muestran sus emociones a través de la expresión facial, los cambios de la voz, los movimientos corporales y la postura. La estimulación fisiológica inicia reacciones específicas que dan lugar a expresiones características. Así, el temor induce una disminución del flujo sanguíneo hacia la piel y los músculos (y, por tanto, causa palidez) mientras que la rabia da lugar al efecto opuesto (la «rabia congestiva»).

Desde una edad muy temprana, los lactantes detectan las diferentes emociones de su cuidador y responden a las mismas. Manifiestan reacciones características frente a la rabia, la indignación y el temor. Más adelante también presentan estados emocionales característicos y detectables: dificultad (llanto, mano en la boca); rabia (gritos, berrinches) o frustración (rascado del cuerpo, rechinar de los dientes, movimientos de masajes en los pies).

De la misma manera que nos han programado y enseñado a codificar las emociones específicas, también hemos aprendido a descodificarlas. En estudios realizados hace tiempo se mostró a un grupo de personas imágenes correspondientes a caras que expresaban claramente emociones como alegría, temor, sorpresa y rabia. Algunos de los participantes en el estudio vieron las imágenes sin sonido, otros vieron las imágenes con sonido y un tercer grupo tan sólo escuchó el sonido. La sorpresa y el desprecio fueron las emociones de reconocimiento o descodificación más difícil, mientras que el temor, la rabia y la alegría fueron las más fáciles de reconocer y descodificar.

Las personas utilizamos muchas pistas para descodificar las emociones de los demás. Son pistas que indican contradicción, tal como

El hombre que observa

El libro de Desmond Morris, *El mono desnudo* (*The Naked Ape*), publicado en 1967, constituyó un relato evolutivo del comportamiento humano. Su argumento es que somos animales (una especie de primates) y que, por lo tanto, somos también un fenómeno biológico que depende de reglas biológicas. Su método fue la observación del *Homo sapiens* como zoólogo, en el intento de comprender el significado del comportamiento y de las acciones específicas. La idea es la de que la formación en la teoría evolutiva zoológica y la observación estrecha nos pueden permitir establecer las coordenadas básicas del comportamiento humano. Ello explica muchas de las acciones, gestos y señales que enviamos y recibimos de manera cotidiana, y que poseen un contenido emocionalmente relevante.

La causa del gran interés que suscitó este libro fue la descripción precisa de comportamientos concretos como la mirada, los contactos con el propio cuerpo, la ostentación del estatus y la explicación del significado y la función de todo ello desde una perspectiva evolutiva.

una persona que sonríe pero cuyos ojos son inexpresivos. Así, se asume que la comunicación no verbal es mucho más poderosa que la verbal o vocal debido a que es más sincera y difícil de falsificar.

Cuantificación de las emociones Los psicólogos utilizan generalmente cuatro métodos para cuantificar las emociones. El primero es la información que ofrece la persona acerca de sí misma; para ello, se emplea una entrevista o un cuestionario. El segundo es la observación o lo que dicen los demás acerca de una persona que conocen o a quien miran. El tercer método es evaluar el comportamiento de la persona mientras realiza una tarea. El cuarto método es de tipo fisiológico e incluye medidas como la obtención de muestras de sangre y saliva, la determinación de las frecuencias cardíaca y respiratoria, o el análisis de las señales eléctricas cerebrales.

«La aflicción es el recuerdo de la tranquilidad en la emoción.»

Dorothy Parker, 1939

De esta manera, podemos pedir a alguien que describa sus emociones, por ejemplo, cómo se siente o cómo se ha sentido. También podemos pedir a un observador o a un grupo de personas que nos digan cómo vieron a una persona que habló en público. Asimismo se puede determinar la rapidez con la que la persona habló o movió su cuerpo en una situación concreta, en comparación con la forma con la que lo hace «normalmente». Igualmente es posible determinar la frecuencia cardíaca de una persona, su frecuencia respiratoria o su concentración de cortisol poco tiempo después de un episodio concreto o durante el mismo.

Parte del problema es la escasa concordancia entre las diferentes mediciones. Así, una persona puede señalar que estaba muy nerviosa, pero los observadores no lo detectaron. De la misma forma, una persona puede señalar que no experimentó nada de ansiedad durante una actuación, aunque las diferentes mediciones de carácter fisiológico mostraron niveles muy importantes de estimulación. Otro problema relacionado es el hecho de que existen marcadores fisiológicos distintos para cada emoción. Las mediciones fisiológicas pueden ser demasiado groseras y es difícil describir con certeza lo que siente una persona teniendo en cuenta únicamente los datos fisiológicos.

La idea en síntesis: las emociones tienen un objetivo evolutivo

16 Terapia cognitiva

«Los procesos de atribución deben ser entendidos no sólo como un medio de proporcionar al individuo una perspectiva verídica de su mundo, sino también como una forma de facilitar y mantener su ejercicio efectivo de control de dicho mundo.»

H. H. Kelley, 1972

Pioneros de la terapia cognitiva A menudo se asume que la terapia cognitiva (TC) se inició en la década de 1960. Se acepta que la figura pionera de esta forma de psicoterapia fue Aaron Beck, quien escribió *Depresión: causas y tratamiento* (*Depression: Causes and Treatment*) en 1967 y *Terapia cognitiva y trastornos emocionales* (*Cognitive Therapy and the Emotional Disorders*) en 1976. Un segundo pionero de esta estrategia fue Albert Ellis (1914-2007), quien desarrolló lo que se conoce como terapia comportamental emotiva racional. Este investigador definió lo que denominó el abecé de las creencias irracionales: el acontecimiento activador, la creencia asociada al mismo y las consecuencias (emocionales y comportamentales) del mismo. Su técnica fue denominada reformulación o reinterpretación, y con la misma se persigue una nueva interpretación de los acontecimientos además del desarrollo de estrategias de superación adecuadas. Como terapia ha demostrado ser especialmente eficaz en las personas con niveles muy elevados de autoexigencia y en las personas que muestran mericismo o rumiación psíquica y se sienten culpables respecto a las insuficiencias que perciben en ellas mismas.

Terapia de razonamiento La terapia cognitiva estuvo precedida por la terapia comportamental, que en ocasiones se denomina terapia de modificación del comportamiento. En esta estrategia, una persona con fobia puede ser expuesta lenta y deliberadamente a las mismas situaciones que le causan temor, con objeto de que llegue a darse cuenta de que sus temores carecen de un fundamento objetivo. En la terapia de modificación del comportamiento también se utiliza la terapia aversiva, que pone en relación una experiencia desagradable con una actividad concreta; por ejemplo, ofrecer a un alcóholico un medicamento que hace que vomite cada vez que consume alcohol, o bien aplicar una pintura de uñas con sabor muy amargo a una persona que se muerde las uñas. En los centros hospitalarios se utilizan de manera frecuente los sistemas de premios, en los que un paciente recibe un premio (que puede intercambiar por diversos regalos o privilegios) si se comporta de la manera prescrita. Se fomentan los comportamientos adecuados como sonreír o charlar a través del ofrecimiento de un premio cada vez que el paciente manifiesta voluntariamente dicho comportamiento.

Cronología

1965
Los conductistas admiten que los pensamientos privados son comportamientos

1967
Beck, *Depression: Causes and Treatment*

El concepto central es que los terapeutas deben investigar cómo las personas perciben e interpretan su mundo; cómo razonan acerca de su mundo y recuerdan los acontecimientos, y —especialmente— con su atribución de causas. De aquí, el término «cognitivo»: la idea del tratamiento es la de explorar en primer lugar los aspectos cognitivos para modificarlos más adelante.

Los terapeutas cognitivos hablan de *esquemas*, que son como una especie de filtros a través de los cuales contemplamos el mundo. Todos nosotros desarrollamos sesgos cognitivos que son como filtros selectivos a través de los cuales vemos e interpretamos los acontecimientos. Así pues, podemos recordar de manera muy selectiva nuestra etapa escolar, diversos recuerdos del acoso sufrido en la época colegial y también los episodios de fracaso e infelicidad; por otra parte, también podemos recordar los logros, la amistad y los objetivos alcanzados. Al parecer, en los recuerdos del pasado parece que somos arbitrarios, selectivos y tendentes a la generalización, así como también ocurre con nuestras perspectivas del momento presente y del futuro.

«La terapia cognitivo-conductual es un tratamiento de gran utilidad para las personas que desean hacer todo lo posible para sentirse mejor.»

***British Medical Journal*, 2000**

La terapia cognitiva persigue la desestructuración y modificación posterior de un patrón de comportamiento a través de los cambios en el razonamiento. El objetivo es sustituir los círculos viciosos por círculos virtuosos a través de la interpretación de los acontecimientos. Así, una persona puede asistir a una fiesta pero no habla con los demás, lo que hace que los demás la consideren aburrida o poco atractiva y, a su vez, ello hace que la persona se sienta deprimida y que, por lo tanto, evite las fiestas futuras o rechace las invitaciones, lo que finalmente da lugar a la desaparición de las propias invitaciones. El efecto resultante es que la persona se siente socialmente inútil, inepta o rara. El tratamiento comenzaría en primer lugar con la consideración de las razones por las que son pocas las personas que hablan con el paciente en una fiesta concreta para después modificar la denominada «lógica» que sigue a continuación.

Terapia cognitiva frente a la depresión La TC considera que la mayor parte de las personas con depresión ha aprendido una perspectiva o un esquema intensamente negativo del mundo durante su niñez y adolescencia. Ello puede haber ocurrido por muchas razones: depresión de los padres, críticas o rechazo de los padres o los amigos, fallecimiento de un progenitor, o divorcio de los padres. Estas personas sienten una sensación de fracaso, indefensión y desesperanza, y consideran que hacen mal todo lo que intentan. Utilizando la terminología de la TC, un esquema negativo (una perspectiva pesimista del mundo) da lugar a sesgos cognitivos (creencias erróneas) que son el origen del esquema negativo y que, finalmente, conducen al fracaso a través de predicciones de imposibilidad de cumplimiento.

1970	1980	2000
Ellis, *Razón y emoción en psicoterapia*	Descripción de la terapia de inoculación del estrés	La TC se convierte en la terapia más utilizada

Las personas que padecen depresión desarrollan un estilo específico de atribución o explicación respecto a lo que les ocurre a ellas mismas y a los demás. Este estilo tiene tres componentes: interno-externo (si la causa es interna al paciente o externa al mismo), estable-inestable (si la causa es temporal, como puede ser un estado de ánimo, o bien tiene más estabilidad como puede ser una capacidad) y global-específico (si afecta a todos los aspectos de la vida de la persona o bien solamente a partes muy específicas de la misma).

«Las encuestas realizadas a los terapeutas indican que la TC se está convirtiendo con gran rapidez en la orientación terapéutica prioritaria de los psicólogos clínicos.»

Brandon Gaudiano, 2008

De esta manera, el estilo de atribución negativo o depresivo explicaría el fracaso (en un examen, a la hora de conseguir un ascenso o al iniciar una relación) como algo interno («la culpa es mía»), estable (debido a mi falta de capacidad, a mi personalidad extraña) y global (afecta a todos los aspectos de mi vida). Por otra parte, el paciente también puede explicar el fracaso en el examen de conducir como algo externo (la culpa es del profesor de la autoescuela o del tiempo que hacía el día del examen), inestable (que cambia o puede ser cambiado) y específico (solamente influye en el carné de conducir del paciente).

Terapia cognitivo-comportamental (TCC)

Posiblemente, la TCC sea en el momento presente la terapia más utilizada frente a una amplia gama de trastornos. Esta forma de terapia se originó a partir de la terapia cognitiva, de la terapia comportamental emotiva racional y de la terapia de modificación del comportamiento. La TCC se fundamenta en cuatro premisas. En primer lugar, las personas suelen interpretar los acontecimientos más que considerar lo que realmente les ocurre a ellas. En segundo lugar, los pensamientos, los sentimientos y los comportamientos están entrelazados entre sí e interrelacionados. En tercer lugar, para que el tratamiento dé buenos resultados, lo primero que hay que aclarar es la forma en que el paciente se considera a sí mismo y a los demás, para intentar después modificar dicha perspectiva. En cuarto y último lugar, el tratamiento debe perseguir la modificación de las creencias y los comportamientos debido a que los efectos beneficiosos del mismo son mayores cuando ambos elementos se abordan de manera simultánea.

Las fases típicas de esta forma de terapia son la realización de un diario detallado del comportamiento en el que se recogen los acontecimientos cotidianos significativos así como todos los pensamientos, sentimientos y comportamientos asociados a los mismos, y la consideración de todas las creencias y comportamientos que indican una adaptación inadecuada o inútil; después, se intentan abordar las situaciones específicas con un esquema mental muy distinto y evitando al mismo tiempo todos los esquemas inadecuados. También se pueden enseñar al paciente otras técnicas, como la relajación. Se anima al paciente a que realice una actividad de autovigilancia y a que lleve a cabo la introspección: que analice cómo reflexiona realmente acerca de las distintas cuestiones y de la manera con la que reacciona tanto frente a sus propias características como a las de los demás y a las del mundo en general.

El centro de interés está siempre en las cogniciones y en la modificación de los sesgos y las distorsiones para conseguir creencias más realistas y positivas.

El objetivo es conseguir la desaparición de los pensamientos automáticos e irracionales que conducen a menudo a la depresión. La TC parece ser especialmente efectiva en las personas que sufren ansiedad, depresión, trastorno obsesivo-compulsivo y crisis de angustia.

Eficacia

Los defensores de la TC señalan que es un tratamiento económicamente rentable, adaptable y útil. En algunos estudios se ha señalado que permite conseguir una «tasa de curación» del 50 por 100 en su aplicación a corto plazo, lo que indica que es muy útil. Así pues, si una persona asiste a 16 sesiones individuales (una a la semana) tiene una probabilidad del 100 por 100 de conseguir la eliminación de sus síntomas psiquiátricos y de evitar la recidiva. En los casos graves, cuando la TC se utiliza junto con el tratamiento medicamentoso apropiado parece ser el mejor método para ayudar a un paciente, especialmente en los casos de depresión.

La terapia cognitivo-conductual es más eficaz que la terapia cognitiva. No obstante, ambas estrategias sólo tienen una efectividad modesta en los pacientes con enfermedades psicóticas graves como la esquizofrenia. Los psicoterapeutas cognitivos tienden a subestimar los factores físicos y los procesos fisiológicos, aunque en el momento presente se está empezando a comprender que ambos desempeñan un papel muy importante en la depresión, las dificultades psicológicas y muchas enfermedades mentales. Por otra parte, se ha demostrado que la TC puede modificar realmente los razonamientos irracionales y distorsionados de ciertos pacientes, sin influir de manera importante o modificar su comportamiento inadaptado.

Es difícil por muchas razones determinar la eficacia real de cualquier tratamiento concreto. Los pacientes presentan diferencias en la gravedad de su enfermedad. Una parte importante de ello depende de la personalidad, la capacidad y las habilidades del terapeuta, así como de la «química» que se establezca entre el paciente y el terapeuta. Los efectos a corto plazo pueden desaparecer y es posible que tengan lugar diversas recidivas, de manera que siempre es necesario realizar evaluaciones a lo largo de períodos prolongados de tiempo. Algunas personas abandonan el tratamiento y no es posible determinar con antelación cuáles van a hacerlo ni las razones de ello. Además, muchos pacientes inician otras formas de tratamiento como la medicina complementaria y alternativa, el yoga, los suplementos vitamínicos y los métodos de autoayuda, sin ponerlo en conocimiento del terapeuta. Por tanto, es difícil determinar los efectos que se deben a cada una de estas formas de tratamiento.

La idea en síntesis: la terapia cognitiva puede modificar los razonamientos y los comportamientos

17 El cociente intelectual (CI)

«En muchas ocasiones, el cociente intelectual indica lo lista que habría sido una persona si no se hubiera realizado la prueba necesaria para determinarlo.»

L. Peter, 1968

A algunas personas las consideramos inteligentes, astutas, brillantes, geniales, competentes, agudas e ingeniosas. A otras las percibimos como lerdas, insípidas, medio tontas, lentas o estúpidas. Las primeras tienden a ser analíticas y a expresarse con claridad: aprenden rápido, recuerdan bien las cosas y pueden explicar cuestiones complejas. Las segundas son lo contrario. Las personas inteligentes tienden a conseguir buenos resultados en los ámbitos docente y laboral.

El significado del CI

Sir Francis Galton fue el primer defensor decidido de los test de inteligencia. Este investigador consideró que la inteligencia era una capacidad de tipo general que tenía un origen principalmente hereditario y que se podía cuantificar mejor en términos de la velocidad de resolución de los problemas y de otros procesos mentales similares.

A pesar de que los expertos aún no se han puesto de acuerdo con respecto a la definición precisa de la inteligencia, las líneas básicas más habituales en las definiciones propuestas son las de que la inteligencia es la capacidad de aprender a partir de la experiencia y la capacidad de adaptarse al entorno.

Puntos de vista populares «La inteligencia es lo que determina el test de inteligencia y nada más que ello.» Muchas personas de la calle expresan un gran escepticismo acerca del uso de los test de inteligencia. ¿Tienen razón?

Se considera que la persona inteligente resuelve bien los problemas, razona con claridad, piensa de manera lógica y posee una buena cantidad de información, además de que es capaz de equilibrar la información y de demostrar inteligencia en los contextos cotidiano y académico. Las personas normales tienden a quitar importancia a las capacidades analíticas al tiempo que otorgan más valor a las formas de razonar y actuar poco convencionales. Además, el sentido estético, la imaginación, la curiosidad y la intuición forman parte de las teorías que podemos llamar vulgares, la mayor parte de las cuales va más allá de los test psicológicos convencionales correspondientes a la creatividad.

En muchos estudios se ha demostrado que los hombres presentan puntuaciones de autovaloración superiores a las mujeres en lo relativo a la inteligencia

Cronología

1903
Binet desarrolla en Francia un test de inteligencia para su aplicación en el contexto escolar

1904
Thorndike, *An Introduction to the Theory of Mental and Social Measurements*

(capacidad cognitiva), sobre todo en lo que se refiere a la inteligencia espacial y matemática; sin embargo, con respecto a las estimaciones de la inteligencia emocional son las mujeres las que muestran puntuaciones mayores en la pruebas de autovaloración. En conjunto, las personas no son muy buenas en la estimación de sus puntuaciones reales y, así, algunas muestran humildad (es decir, una estimación insuficiente de su capacidad real), mientras que otras muestran orgullo y arrogancia con autovaloraciones de las puntuaciones excesivas respecto a las que realmente alcanzan en las pruebas al efecto.

Historia de los test En 1904, el Ministerio de Educación francés solicitó al psicólogo Alfred Binet que diseñara un método que sirviera para identificar a los niños con dificultades para seguir las clases convencionales. Binet elaboró un test para medir la capacidad de razonamiento y discernimiento de una persona. Los elementos que lo constituían se definieron a través de la identificación de las preguntas que podían responder niños de inteligencia media y de distintas edades.

«Algunos hombres nacen mediocres, otros alcanzan la mediocridad y algunos la llevan incorporada profundamente en sí mismos.»

Joseph Heller, 1961

Para comenzar, al niño se le realizaban preguntas correspondientes a un nivel ligeramente inferior al de su edad y después se le efectuaban preguntas de dificultad cada vez mayor. La evaluación se interrumpía cuando el niño dejaba de responder a todas los preguntas correspondientes a un nivel de edad concreto. El test de Binet se puntuaba indicando el nivel de edad al que el niño había respondido correctamente todas las preguntas y añadiendo después dos meses más por cada respuesta adicional correspondiente al siguiente nivel. Así, un niño que respondía correctamente todas las preguntas del nivel de los nueve años y, además, a tres preguntas correspondientes al nivel superior a los nueve años era considerado con una «edad mental» de nueve años y seis meses.

El test de Binet fue introducido en Estados Unidos por Lewis Terman. Sin embargo, en vez de calcular la edad mental como lo hacía Binet, Terman utilizó un parámetro denominado cociente de inteligencia (CI), que se calcula dividiendo la edad mental por la edad cronológica y multiplicando el resultado por 100. Así, un niño de ocho años de edad cronológica y con una edad mental de diez años tendría un CI de 125 (diez dividido por 8 es 1,25, y 1,25 multiplicado por 100 es 125). Esta forma de calcular el CI se utilizó hasta 1960, cuando fue sustituida por un parámetro denominado desviación del CI, que se calculaba comparando la puntuación de una persona con la distribución de las puntuaciones obtenidas en la población general. La desviación del CI indica cómo está una persona en relación con las demás personas de su edad y grupo (racial, religioso y nacional).

1916
Publicación del test de Stanford-Binet

1923
Spearman, *The Nature of Intelligence and the Principles of Cognition*

1939
Desarrollo de la Escala de inteligencia del adulto de Wechsler (*Wechsler Adult Intelligence Scale*)

Con el CI sabemos que el 66 por 100 de los personas tiene una puntuación entre 85 y 115, y que el 97 por 100 la tiene entre 70 y 130. Hay muy pocas personas superdotadas (más de 130) o retrasadas (menos de 70). En diversos estudios se ha demostrado que la mayor parte de los profesionales presenta una puntuación superior a 120, al tiempo que la mayor parte de los trabajadores no cualificados tiene una puntuación de entre 91 y 110.

Resumen de lo que los psicólogos piensan acerca de la inteligencia La publicación de un libro muy controvertido acerca de la inteligencia (*La curva en campana* [*The Bell Curve*], de Richard J. Herrnstein y Charles Murray) y la aparición de un debate acalorado (aunque no necesariamente documentado de forma adecuada) hicieron que más de cincuenta expertos mundiales indicaran lo que ellos consideraban que es una definición excelente y clara de lo que los psicólogos creen acerca de la inteligencia.

Significado y medición de la inteligencia

- La inteligencia es una capacidad mental general que se refiere a la habilidad para razonar, planificar, resolver problemas, pensar de manera abstracta, comprender ideas complejas, aprender con rapidez y aprender de la experiencia.
- La distribución de las personas en el espectro continuo del CI, desde los valores más bajos hasta los más altos, se puede representar adecuadamente mediante una curva en campana («la curva normal»).
- Los test de inteligencia no están sesgados culturalmente en contra de ningún grupo racial.
- Los procesos cerebrales subyacentes a la inteligencia son prácticamente desconocidos.

Diferencias de grupo

- En todos los grupos raciales nacionales hay personas pertenecientes a todos los niveles del CI.
- La curva en campana correspondiente a las personas de raza blanca se centra en un CI en torno a 100; la curva en campana de las personas afroamericanas y africanas de raza negra se centra en un CI en torno a 85.

Importancia práctica

- El CI está muy relacionado con muchos aspectos educativos, laborales, económicos y sociales importantes, y esta relación es intensa en algunos aspectos de la vida (educación, entrenamiento militar), moderada aunque sólida en otras (competencia social) y modesta pero constante en otras (cumplimiento de la ley).
- Cualquiera que sea el valor del CI, su importancia práctica y social es relevante.
- El CI elevado es una ventaja en la vida debido a que la práctica totalidad de las actividades se fundamenta en procesos de razonamiento y de toma de decisiones. No hay nada que garantice el fracaso en la vida, pero las posibilidades de éxito en nuestra sociedad son mayores en las personas con un CI elevado.
- La posesión de un CI elevado es más importante cuanto más compleja (novedosa, ambigua, cambiante, impredecible o multifactorial) sea la tarea o el trabajo que realizan las personas.
- Está claro que las diferencias en la inteligencia no son los únicos factores que influyen en las variaciones observadas en la educación, la formación y

los aspectos laborales, aunque a menudo la inteligencia es el factor más importante.

- Los rasgos de la personalidad, el talento, las actitudes y la capacidad física son fundamentales en muchos trabajos, pero menos que la inteligencia.

Origen y estabilidad de las diferencias intragrupales

- Las estimaciones relativas a la transmisión hereditaria de la inteligencia oscilan entre 0,4 y 0,8 (en una escala de 0 a 1); la genética desempeña un papel más relevante que el ambiente al establecer diferencias en el CI entre los individuos.
- Los miembros de una misma familia pueden presentar diferencias sustanciales en su inteligencia, tanto por razones genéticas como por motivos ambientales.
- En el CI influyen el ambiente y la persona. Las personas no nacen con un nivel de inteligencia fijo e inmodificable.
- Los expertos desconocen la forma de manipular la inteligencia para incrementar o disminuir de manera permanente el CI.
- Las diferencias de origen genético no tienen por qué ser irremediables.

Origen y estabilidad de las diferencias intergrupales

- Los CI de los diferentes grupos raciales y étnicos tienden a la convergencia.
- Las diferencias raciales en el CI son las mismas cuando los adolescentes terminan el colegio que cuando lo inician.
- Las razones que explican las diferencias en el CI entre las personas de raza negra son las mismas que las correspondientes a las personas de raza blanca.
- No hay una respuesta definitiva para explicar las diferencias entre los distintos grupos raciales y étnicos.
- Las diferencias raciales son más pequeñas entre los individuos del mismo contexto socioeconómico, aunque siguen siendo sustanciales.
- Dado que la investigación sobre la inteligencia está fundamentada en la autoclasificación racial, los distintos hallazgos se refieren a una mezcla poco clara de distinciones sociales y biológicas entre los grupos (ningún experto ha señalado lo contrario).

«La inteligencia es la rapidez de aprendizaje y se diferencia de la habilidad, que es la capacidad de actuar inteligentemente sobre lo aprendido.»

A. N. Whitehead, 1960

Implicaciones respecto a la política social

- Los hallazgos obtenidos en los estudios de investigación no imponen ni excluyen ninguna política social concreta.

La idea en síntesis: ¿qué es el cociente intelectual?

18 El efecto Flynn

¿Son cada vez más listos los estudiantes? Aparentemente, en muchos países las notas que consiguen los escolares y los estudiantes universitarios son cada vez más elevadas. Año tras año los gobiernos alardean de estos resultados y consideran que se deben a factores como la mejor enseñanza y la inversión económica en los colegios. Algunas personas argumentan que lo que ocurre es mucho más simple: los exámenes son cada vez más fáciles. También podría suceder que los estudiantes fueran cada vez mejores y más conscientes. ¿Es posible que los estudiantes sean cada vez más inteligentes?

¿Cuán inteligentes son nuestros familiares? Imaginemos que existiera realmente un test de inteligencia fiable y preciso. Este test nos ofrecería una valoración clara y específica de nuestra capacidad intelectual total. De la misma forma que los demás test de inteligencia, ofrecería una puntuación a incluir en una curva en campana cuyo promedio sería 100 (véase el capítulo 17). Sabemos que el 66 por 100 de las personas tiene una puntuación entre 85 y 115, y que la puntuación del 97 por 100 está entre 70 y 130. De esta manera, seríamos muy inteligentes si nuestra puntuación fuera, por ejemplo, 135, debido a que nos encontraríamos en el 1 por 100 de la población con una puntuación mayor.

¿Puede el lector recordar su propia puntuación del CI? Seamos sinceros ahora, y dejemos aparte las fanfarronadas y la falsa humildad. Y ¿qué ocurre con sus padres? ¿Cuál sería la puntuación alcanzada por la madre o por el padre? ¿Cuáles serían las puntuaciones de la abuela o el abuelo? ¿Podría estimar el lector la puntuación de sus hijos? ¿Ha existido alguna modificación en las puntuaciones a lo largo de las generaciones?

«El término CI está relacionado con el mito de que la inteligencia es algo unitario, fijo y predeterminado.»

O. Reschly, 1981

La investigación realizada en esta área demuestra que las personas creen que cada generación parece ganar entre 4 y 6 puntos en el CI. Así, los padres son más inteligentes que los abuelos y los nietos más inteligentes que los padres. Cada 10 a 15 años vemos un salto hacia adelante en el CI nacional.

El descubrimiento Realmente, lo que se acaba de señalar puede ser lo que cree la gente, pero ¿es verdad? Fue un estudioso de las ciencias políticas esta-

Cronología

1987
Flynn, *Incrementos masivos del CI en 14 países*

Década de 1990
Confirmación del efecto Flynn en muchas muestras evaluadas

dounidense que ejercía en Nueva Zelanda, James Flynn, quien dio su nombre a este «efecto». Dicho investigador observó dos cosas al evaluar los famosos y respetados manuales relativos al test del CI. Una de ellas fue que con mucha frecuencia había que cambiar las normas que describen las puntuaciones típicas relativas a las diferentes edades, sexos y grupos raciales. La otra fue que cada pocos años aumentaban las puntuaciones en las personas del mismo grupo de edad. En resumen, las personas incrementaban su inteligencia con el paso del tiempo. Los test parecían ser cada vez más fáciles o bien nosotros, como especie, éramos cada vez más inteligentes; también eran posibles ambas cosas. Esto quiere decir que una puntuación buena en 1990 era una puntuación brillante en 1970 y tan sólo una puntuación media en 2005.

Lo primero que se comprobó fue que este efecto era cierto en muchos países y respecto a muchos test. En la actualidad se han examinado los datos correspondientes a más de veinte países como Estados Unidos, Australia, Austria, Bélgica, Brasil e Inglaterra. Por otra parte, también se demostró que este efecto era cierto respecto a los distintos tipos de test: los test de inteligencia en la fluidez correspondiente a la resolución de los problemas, los test de vocabulario basados en el conocimiento o los test de inteligencia asentada. Una buena y abundante fuente de datos fue la correspondiente a los ámbitos militares, en los que se evaluaba el CI de los reclutas para determinar si podían convertirse en pilotos de vuelo, submarinistas, cocineros o policías militares. Los datos demuestran que la gráfica del CI promedio correspondiente a muchos miles de hombres jóvenes pertenecientes al mismo país parecía desplazarse de manera constante e implacable hacia arriba con el paso del tiempo.

«Flynn tiene mucha razón cuando dice que los profesores universitarios realmente no están muy contentos por los niveles de comprensión y creatividad de sus estudiantes.»

Chris Brand, 1996

Parecían existir pruebas incontrastables de un «incremento masivo del CI», tal como señaló Flynn. Sin embargo, la pregunta clave era la siguiente: ¿por qué? ¿Somos realmente cada vez más inteligentes? Estas preguntas llevaron a poner en duda la posibilidad de que estos test midieran realmente la inteligencia, o bien alguna otra cualidad relacionada con la inteligencia. Flynn nunca puso en duda la fiabilidad, validez y utilidad de los test del CI en los contextos educativos y laboral.

Al principio se sugirió que había dos razones para explicar el hecho de que las puntuaciones del CI eran cada vez mayores, aunque el CI real no lo era:

- A lo largo del tiempo se evaluaba con una frecuencia cada vez mayor a personas cada vez más inteligentes.

1999
Flynn, publicación del artículo «Searching for justice» en *American Psychologist*

2005
Demostración de que el incremento del CI alcanzó su nivel máximo en la década de 1990

2007
Flynn, *What is intelligence?*

- Las personas realizaban cada vez mejor los test debido a que estaban acostumbradas a hacer pruebas de este tipo en el colegio, lo que constituía la evidencia de un efecto práctico.

Otros investigadores han señalado que el efecto Flynn es real y han puesto como ejemplo la estatura física como un factor similar que también se incrementa a lo largo de las generaciones. Dado que cada vez somos más altos, ¿por qué no podríamos ser cada vez más inteligentes? Sin embargo, en los colegios o universidades, las oficinas de patentes o los archivos de los comités de los premios Nobel no existe ningún dato que demuestre la evidencia real de que a lo largo de este (relativamente breve) período de tiempo se haya producido un incremento del CI.

El efecto Flynn es un fenómeno que aún necesita una explicación.

Lo que la investigación ha demostrado claramente es que hay que estandarizar los test de manera regular y sistemática, con objeto de evitar muchas interpretaciones erróneas que hagan que las personas sean clasificadas de forma equivocada. Por ejemplo, se supuso que las personas pierden capacidad para resolver los problemas a medida que envejecen. Ahora bien, a esta conclusión se llegó tras la comparación con las personas jóvenes actuales. Sin embargo, si

Causas

Se han propuesto diversas explicaciones en distintas áreas.

Educación. En la mayor parte de los países cada generación dedica cada vez más tiempo a la educación escolar y hace uso de instalaciones mejores. La escolarización es obligatoria y las personas de todas las clases se han acostumbrado a aprender y a ser evaluadas. La inteligencia está relacionada con el aprendizaje, de manera que cuanto mejor y más generalizada es la educación, mayores son las puntuaciones de la inteligencia.

Nutrición. En la actualidad las personas están mejor nutridas, especialmente durante la niñez, lo que reduce la incidencia del «atraso» en la población. Es cada vez menor el número de personas con mala nutrición durante su juventud, de manera que se desplaza el extremo inferior de la curva de distribución y ello significa un aumento de las puntuaciones promedio.

Tendencias sociales. Todos estamos mucho más acostumbrados en la actualidad a los test que se deben realizar en un período de tiempo determinado y también a la lucha contra el reloj. Las personas están familiarizadas con los test y con las evaluaciones, de manera que sus puntuaciones globales son mejores.

Implicación de los padres. La idea es que los progenitores proporcionan entornos domésticos cada vez más ricos a sus hijos y también expresan más interés por su educación, en comparación con épocas anteriores. Tienen más expectativas y se implican más. La tendencia a formar familias más pequeñas en las que los padres invierten más recursos en sus hijos también puede ser un factor importante.

Entorno social. A medida que pasa el tiempo, el mundo es cada vez más complejo y estimulante. La modernización y las nuevas tecnologías hacen que las personas puedan ser capaces de manipular mejor los conceptos abstractos, que es lo que miden básicamente los test de inteligencia.

esta comparación se efectuara con las personas jóvenes de hace cincuenta años sería aparente que estos cambios son mínimos.

El efecto Flynn sugiere que las causas de la modificación de la inteligencia son más ambientales que genéticas. A pesar de que es perfectamente asumible la argumentación de que las personas inteligentes establecen ambientes más estimulantes tanto para ellas mismas como para sus hijos, lo que incrementa su CI, esta cuestión vuelve a plantear los tradicionales argumentos acerca de lo genético y lo ambiental. Así, para que tenga lugar el efecto Flynn los efectos ambientales pueden actuar a través de ambas líneas. Un entorno estimulante y un esfuerzo sostenido pueden dar lugar a un incremento del CI. De la misma forma, un entorno pobre y dañino en el que el interés de la gente por el desarrollo personal sea escaso crea el efecto opuesto.

«De la misma forma que la estatura física media se ha incrementado a lo largo de las generaciones, la gente también se ha preguntado si se está produciendo un aumento en la inteligencia.»

Chris Brand, 1996

¿El final del aumento de la inteligencia? También se han planteado dudas acerca de la posibilidad de que el efecto Flynn esté comenzando a desaparecer; es decir, la posibilidad de que en el momento presente se esté reduciendo el incremento que se había observado con anterioridad. Ello quiere decir que la próxima generación no va a presentar puntuaciones mayores que la actual. En efecto, hay un escepticismo creciente a medida que se publican estudios en distintos países en los que se demuestra que las puntuaciones del CI están disminuyendo, y también a medida que los profesores señalan con más frecuencia que no hay pruebas de que los niños sean cada vez más inteligentes pese a que obtienen mejores resultados en los exámenes. La evidencia actual parece indicar que si, en verdad, el efecto Flynn fue cierto, el incremento de la inteligencia no sólo se ha interrumpido sino que está invirtiéndose. Algunos expertos argumentan que en la actualidad existen buenas razones para creer que, en conjunto, se está produciendo una disminución de la inteligencia de la población, más que un aumento.

A decir verdad, el debate relativo al efecto Flynn, o el efecto Lynn (en referencia a Richard Lynn), que es el efecto opuesto, ha estimulado un debate tanto en la calle como en el contexto académico acerca de la definición y la cuantificación de la inteligencia, especialmente en el ámbito educativo pero también en el ámbito laboral. Los gobiernos, las familias y los profesores están asimismo interesados en los métodos para «estimular» la inteligencia de los niños, de manera que se puedan enfrentar mejor a la vida. Todo ello ha hecho que los editores de test de aptitud estudien con detalle las normas y formen parte del lucrativo (y esencial) negocio de modificar los test de manera regular.

La idea en síntesis: parece que todo el mundo es cada vez más inteligente

19 Inteligencias múltiples

«Es innegable que la habilidad con las matemáticas es uno de los talentos más especializados y también lo es que los matemáticos, como grupo, no se distinguen especialmente respecto a sus capacidades generales.»

G. H. Hardy, 1940

¿Una o muchas inteligencias? ¿Es la inteligencia una característica única o bien hay diferentes inteligencias? Desde la década de 1920 los psicólogos hablan de «inteligencias sociales», en referencia a las competencias sociales más que académicas.

Unitarios y disgregadores Los «unitarios» apoyan el concepto «g» (inteligencia general), mientras que los «disgregadores» argumentan que la inteligencia está constituida por habilidades específicas muy diferentes que no muestran demasiada relación entre sí. Los unitarios destacan la evidencia que sugiere que cuando a las personas se les realizan diferentes test de capacidad (razonamiento verbal, inteligencia espacial y memoria) las puntuaciones que obtienen en los mismos muestran una gran correlación entre sí. Es decir, las personas brillantes tienden a hacer bien todos estos test; las personas promedio los realizan de manera promedio y las personas menos inteligentes obtienen malos resultados. Los disgregadores señalan por su parte que hay muchos casos individuales de personas con una gran capacidad en un área y con una capacidad muy escasa en otras.

La mayor parte de los psicólogos académicos son unitarios debido a que creen que la evidencia existente demuestra que las personas tienden a obtener puntuaciones similares en test muy diferentes. Así, esta es la suposición en la que se fundamenta la evaluación mediante el test convencional de inteligencia.

Qué determinan los test Los test del CI varían en todas sus dimensiones: algunos de ellos inciden en el razonamiento y otros en la memoria, el conocimiento o la aplicación de reglas. Estos test evalúan el conocimiento de las palabras, los números, las formas, la memoria y la explicación de las acciones prácticas. Entonces, ¿qué correlación existe entre las puntuaciones de los distintos test aplicados a una muestra grande de personas? La respuesta apoya en términos generales a los que creen en la inteligencia general, es decir, a los

Cronología

1904
Spearman y el factor de inteligencia general (g)

1981
Jensen, *Straight Talk about Mental Test*

unitarios. Todas las correlaciones son positivas, algunas de ellas con un coeficiente de 0,8; el coeficiente promedio es de 0,5. Esto quiere decir que, a pesar de la gran variabilidad existente entre los distintos test, las personas con puntuaciones elevadas en un test tienden a presentar también puntuaciones altas en los demás test.

«Juzgar adecuadamente, comprender adecuadamente y razonar adecuadamente son actividades esenciales de la inteligencia.»

A. Binet y T. Simon, 1916

No obstante, estas correlaciones se observan en grupos grandes y es perfectamente posible que haya personas que presenten puntuaciones muy elevadas en algunos test y puntuaciones bajas en otros. En segundo lugar, es inevitable que algunos test se correlacionen más estrechamente que otros hasta conformar subgrupos identificables. Si se correlacionan las puntuaciones de estos subgrupos, las puntuaciones son incluso mayores. Entonces, las personas que realizan el test obtienen puntuaciones muy elevadas, promedio o bajas en todos ellos. Los resultados indican la existencia de una capacidad mental general que podemos denominar inteligencia o habilidad cognitiva. Esta conclusión se ha alcanzado en al menos 400 estudios.

Inteligencia fluida e inteligencia asentada Los psicólogos argumentan que es posible determinar la capacidad en diferentes niveles. Así, una persona puede poseer conocimientos generales muy específicos que le permitan, por ejemplo, rellenar un crucigrama, y esto es parte de lo que los psicólogos denominan *inteligencia asentada* que, a su vez, forma parte de la inteligencia general. De la misma forma, una persona puede resolver un problema abstracto, tal como un sudoku, lo que indica su *inteligencia fluida*, es decir, su eficacia en la resolución de problemas. La consecuencia que se puede extraer de ello es que cuanto más variados son los test que aplicamos a un individuo mejores resultados obtenemos debido a que conseguimos una definición clara y fiable de su nivel específico de inteligencia.

Inteligencias múltiples El concepto de inteligencia múltiple ha sido cada vez más aceptado desde su introducción por Howard Gardner (1983), quien definió la inteligencia como «la capacidad para resolver problemas o para crear productos que son valorados en uno o más contextos culturales», especificando al mismo tiempo la existencia de siete tipos de inteligencia. Este investigador argumentó que en el contexto educativo se valoran característicamente las inteligencias *lingüística/verbal* y *lógica/matemática*. La inteligencia lingüística implica la sensibilidad respecto al lenguaje hablado y escrito, y también la capacidad para aprender idiomas. La inteligencia lógica/matemática implica la capacidad para analizar problemas desde un punto de vista lógico, resolver problemas matemáticos e investigar las cuestiones desde un punto de vista científico. Estos dos tipos de inteligencia son los predominantes en los test de inteligencia.

1983 Gardner, *Frames of Mind*

1985 Sternberg, *Beyond CI*

1999 Gardner, *Intelligence Reframed*

Otros tres tipos de inteligencia son los relacionados con las actividades artísticas: inteligencia *musical*, referida a la capacidad para ejecutar, componer y apreciar patrones musicales; la inteligencia *cinestésica corporal*, que se fundamenta en el uso del cuerpo o de sus partes para resolver problemas o diseñar productos, y la inteligencia *espacial*, que es la capacidad de reconocer y manipular los patrones en el espacio.

Hay también dos tipos de inteligencia personal: la inteligencia *interpersonal*, que es la capacidad de comprender las intenciones, motivaciones y deseos de los demás, y de trabajar eficazmente con ellos, y la inteligencia *intrapersonal*, la capacidad de comprenderse a uno mismo y de utilizar esta información de manera efectiva para regular la propia vida.

«Basta con que ataques al CI y serás famoso y popular; da igual lo absurdo del ataque y la debilidad de la evidencia presentada respecto a tus propios sistemas.»

Hans Eysenck, 1998

Tres inteligencias más En su último libro (*Reformulación de la inteligencia* [*Intelligence Reframed*], 1999), Gardner define la inteligencia como un «potencial biopsicológico para procesar información que puede ser activado en un contexto cultural para la resolución de problemas o para la creación de productos que son valorados en una cultura». En este libro, Gardner propone otras tres posibles nuevas inteligencias. Sin embargo, sólo añade una nueva, que denomina inteligencia *naturalista* y que se refiere a la experiencia en el reconocimiento y la clasificación de las numerosas especies (flora y fauna) que existen en el entorno de la persona. En realidad, es la capacidad para establecer clasificaciones taxonómicas: reconocer los miembros de un grupo, diferenciar los miembros de una especie y establecer formal o informalmente las relaciones existentes entre las distintas especies. Las otras dos propuestas de inteligencia rechazadas finalmente fueron la inteligencia *espiritual* y la inteligencia *existencial*.

Inteligencia práctica Otro modelo multidimensional es la denominada teoría «triple» de la inteligencia «exitosa» por Robert Sternberg. Este modelo propone que la inteligencia humana incluye tres aspectos: *componentes*, *experiencia* y *contexto*. El aspecto de los componentes se refiere a la capacidad de una persona para aprender cosas nuevas, para razonar de manera analítica y para resolver problemas. Este aspecto de la inteligencia se manifiesta a través de un rendimiento mayor en los test de inteligencia estándar, que requieren un conocimiento y una capacidad generales en áreas como la aritmética y el vocabulario. El aspecto de la experiencia se refiere a la capacidad de una persona para combinar experiencias diferentes y generar así una experiencia unitaria y creativa. La experiencia está relacionada con el razonamiento original y la creatividad tanto en las artes como en las ciencias. Por último, el aspecto de contexto se refiere a la capacidad de una persona para abordar con éxito los aspectos prácticos de su entorno y para adaptarse a los contextos nuevos y cambiantes. Este aspecto de la inteligencia es similar a lo que la gente de la calle denomina «sabiduría popular».

El entusiasmo por las inteligencias múltiples ha dado lugar a la proliferación de «descubrimientos» de nuevas inteligencias. De aquí, la «inteligencia sexual» que supuestamente se refiere a la selección de la pareja. El problema de la perspectiva de las inteligencias múltiples radica en que es imposible de-

Inteligencia para los negocios

¿Necesita el lector una capacidad especial para tener éxito en su trabajo? La mayor parte de las personas considera que el CI cognitivo o académico, además de la inteligencia emocional, sería suficiente. Sin embargo, algunos psicólogos han propuesto la existencia de otros tipos de capacidades especiales que, inevitablemente, son más controvertidas.

El *CI político* es la capacidad para obtener recursos aplicando el poder político en situaciones en las que los niveles de ambigüedad y de responsabilidad permiten la configuración de actitudes y reputaciones.

El *CI para los negocios* es el conocimiento para hacer las cosas mediante políticas, procedimientos, procesos de planificación y auditorías. En efecto, es el conocimiento de las reglas oficiales formales de la organización y también la capacidad para conseguir objetivos en un contexto organizativo específico.

El *CI sociocultural* es realmente un conocimiento y una habilidad culturales para traducir o integrar la información específica relativa a la cultura. Se refiere al reconocimiento y la comprensión de las normas, los motivos y el trabajo corporativos.

El *CI de red* se refiere básicamente a la gestión intraorganizativa y a la obtención de cosas a través de otras unidades.

El *CI organizativo* se relaciona con el conocimiento detallado y preciso sobre cómo «se deben hacer las cosas» en la organización.

De nuevo, aunque esta idea resulta muy atractiva para todo tipo de consultores y gestores, se fundamenta en un concepto erróneo: denominar «inteligencias» a estas capacidades. Tal vez sea más adecuado denominarlas competencias susceptibles de ser aprendidas.

mostrar que estas nuevas «inteligencias» son realmente inteligencias y no meras habilidades aprendidas o factores de la personalidad; un aspecto de mayor importancia es que tampoco es posible demostrar si estas inteligencias son independientes entre sí. Podemos analizar la premisa implícita de que las inteligencias múltiples están relacionadas entre sí (correlacionadas) o bien si son realmente independientes las unas de las otras. De hecho, los datos demuestran lo contrario y apoyan la existencia de una habilidad mental general.

La idea en síntesis: hay diferentes tipos de inteligencia

20 Diferencias cognitivas

La corrección política significa que uno tiene que ser muy valiente, inocente o estúpido para hablar de diferencias sexuales respecto a la inteligencia e incluso para hablar de diferencias sexuales respecto a cualquier cosa. Muchas personas quieren creer que los hombres y las mujeres son iguales no sólo en su potencial sino también en sus capacidades. Argumentan que incluso si hubiera diferencias pequeñas no deberíamos evaluarlas ni explicarlas debido a la división que generaría en ambos sexos. «No toquen esta cuestión», se ha advertido a los investigadores.

La discusión de las diferencias entre los distintos grupos de seres humanos, así como la creencia en las mismas y el intento de explicarlas pasaron pronto al terreno de lo ideológico. Estas diferencias parecen asociadas inevitablemente con las ideas relativas al binomio genética-ambiente que, a su vez, es fácil relacionar con las políticas de izquierdas y de derechas. A lo largo del último siglo ha habido períodos en los que han prevalecido las teorías que aseguran que existen diferencias y otros en los que han predominado las que defienden que no hay diferencias. El crecimiento del «pensamiento verde» y del feminismo a partir de la década de 1960 dio lugar a la perpetuación de la idea de que cualquier diferencia observable entre los dos sexos era el resultado de la socialización y del aprendizaje. Sin embargo, a partir de la década de 1990 el péndulo ha empezado a desplazarse hacia el extremo de la perspectiva más biológica y evolutiva que reconoce y «explica» las diferencias sexuales.

> **«A lo largo de los diez últimos años la inteligencia se ha convertido por primera vez en algo socialmente correcto en lo que se refiere a las mujeres.»**
>
> **Tom Wells, 1987**

Sexo y género Los psicólogos han diferenciado la *identidad sexual* (fundamentada en el sexo biológico), la *identidad de género* (fundamentada en la consciencia relativa al sexo), el *rol sexual* (las expectativas sobre cómo se deben comportar las personas de cada sexo) y el *comportamiento de tipo sexual* (el comportamiento señalado por una cultura para cada uno de los sexos).

Diferencias a lo largo de la vida Existen diferencias sexuales reconocidas en todas las etapas de la vida. Así, durante la lactancia sabemos que

Cronología

1928
Las mujeres británicas consiguen el reconocimiento de su derecho al sufragio

1972
Money, *Man and Woman, Boy and Girl*

los niños son más activos y pasan más tiempo despiertos, mientras que las niñas están físicamente más desarrolladas y muestran una coordinación mayor; por su parte, las niñas prefieren usar la mano derecha a los cinco meses de edad (lo que no ocurre con los niños), poseen una audición mejor, vocalizan más, establecen más contacto con la mirada y manifiestan un interés mayor por los estímulos sociales y emocionales; a su vez, los niños están más interesados por los objetos y por los sistemas.

Durante el período preescolar sabemos que los niños tienen más interés en los juegos de construcción con bloques y por los vehículos, mientras que las niñas prefieren jugar con muñecas, dibujar y realizar actividades de tipo doméstico; a los niños les gustan los juegos bruscos mientras que las niñas son más sensibles y sedentarias; los niños muestran intereses más específicos y las niñas manifiestan un rango de intereses muy amplio, incluyendo los correspondientes a las actividades típicas de los niños (interés sexual asimétrico). La segregación por sexos (juegos realizados únicamente con los niños de su sexo) es una tendencia que se observa tanto en los niños como en las niñas. Sin embargo, los grupos de niños son más grandes y manifiestan más interés por las cuestiones de dominación, mientras que las niñas juegan en grupos de dos o tres individuos, muestran un interés mayor por compartir y se preocupan por aspectos relacionados con la justicia.

«Lo más importante y casi lo único agradable de ser mujer es que alguien puede pretender ser siempre más estúpido que una y nadie se sorprende.»

Freya Stark, 1970

Las niñas desarrollan un vocabulario más amplio, utilizan construcciones lingüísticas más complejas y vocalizan y leen mejor que los niños. A su vez, los niños son menos comunicativos y utilizan el lenguaje de forma instrumental (para conseguir lo que desean); los niños pueden presentar problemas en situaciones de desarrollo bilingüe (p. ej., déficits de memoria), algo que no parece afectar a las niñas. En promedio, los niños son mejores en el razonamiento matemático, en el lanzamiento de dardos y en el descubrimiento de formas geométricas en patrones complejos y en objetos en rotación. Por su parte, las niñas son mejores respecto al recuerdo de qué objetos se han cambiado, la evocación de historias y a las tareas de precisión que exigen una buena coordinación motora. Es frecuente que los niños atribuyan cualquier fracaso a su falta de interés, mientras que las niñas lo hagan a su falta de habilidad. Las niñas muestran una preocupación mayor por los sentimientos de los demás y suelen«adivinar» mejor el pensamiento de los otros. Los niños se ven más afectados por el fallecimiento de un familiar, la separación de los padres, la depresión materna, etc., aunque tienen tendencia a negar el sentimiento de pérdida y la pena.

1974
Sandra Bern introduce el término de androginia

1975
Promulgación de la Ley de discriminación sexual (*Sex Discrimination Act*) en Inglaterra

2003
Baron-Cohen, *The Essential Difference*

Seis puntos de vista acerca de las diferencias sexuales en el CI

1. La inteligencia no se puede cuantificar con precisión y, por tanto, es difícil demostrar la existencia o la inexistencia de diferencias sexuales. Este punto de vista se utiliza con mucha frecuencia y suele verse perpetuado por profesores, periodistas o políticos que se oponen ideológicamente a la evaluación de este asunto.
2. No existen diferencias en absoluto, y ello por dos razones. En primer lugar, no se han propuesto teorías evolutivas o ambientales adecuadas ni tampoco razones que apoyen la existencia de diferencias. En segundo lugar, los primeros test se desarrollaron para demostrar la inexistencia de diferencias. Es decir, se incluyeron y excluyeron subtest para que ninguno de los sexos apareciera por encima del otro.
3. No hay diferencias entre ambos sexos en lo relativo a los valores medios o promedio, pero sí las hay en los extremos. Así, los hombres tienden a estar más representados en los dos extremos de la curva en campana (véase el capítulo 17). Los hombres son más inteligentes y, por tanto, también son los más evaluados, lo que implica que no existen diferencias promedio pero que la distribución de los valores es más amplia en el caso de los hombres.
4. Hay numerosas diferencias sexuales demostrables y reproducibles en una amplia gama de capacidades que conforman en conjunto la inteligencia. Estas diferencias se deben a una razón evolutiva explicable.
5. Las diferencias sexuales manifiestas no son reales, y ello por tres razones. A las niñas se les enseña la humildad y a los niños la arrogancia, y este mensaje social hace que realicen los test de manera diferente. En segundo lugar, la inteligencia no es un requisito social (especialmente en lo que se refiere a la selección de la pareja) respecto a las niñas, por lo que invierten menos esfuerzos en educación y en el desarrollo de habilidades. En tercer y último lugar, las mujeres poseen una estabilidad emocional menor que los hombres y su ansiedad se refleja en su rendimiento. Por tanto, cualquier diferencia que pueda aparecer no refleja la realidad subyacente.
6. Existen diferencias reales entre los dos sexos; los hombres llevan entre 4 y 8 puntos de ventaja y ello se manifiesta a partir de los quince años. Antes de la adolescencia son las mujeres las que van por delante. La diferencia entre sexos es mayor en lo relativo a la inteligencia espacial. La diferencia entre los hombres y las mujeres se refleja en el tamaño del cerebro (corregido respecto al tamaño corporal). Además, esta diferencia «real» «explica» la superioridad masculina en las actividades artísticas, los negocios, la educación y la ciencia.

Por supuesto, todas estas diferencias están fundamentadas en valores promedio y no permiten identificar las diferencias individuales.

Hay una diferencia Algunos expertos señalan que la diferencia sexual respecto a la inteligencia es importante y real, y suelen utilizar cinco argumentos.

- Se han observado diferencias similares a lo largo del tiempo y en las distintas culturas y especies animales (por lo tanto, es poco probable que estas diferencias sean aprendidas).
- Las diferencias específicas son predecibles en función de la especialización evolutiva (cazador/guerrero frente a agricultor/cuidador/educador).

- Las diferencias cerebrales se deben al efecto de las hormonas sexuales en la etapa prenatal; más tarde, las hormonas influyen en los perfiles de habilidad (la habilidad espacial está dificultada por los estrógenos mientras que el tratamiento hormonal sustitutivo mantiene la memoria verbal).
- Las diferencias de tipo sexual aparecen antes de la conscienciación acerca del rol de género. A los dos años las niñas hablan mejor y los niños son mejores en las tareas de construcción. Ello quiere decir que estas diferencias no están fundamentadas en lo aprendido.
- Los efectos del entorno (p. ej., las expectativas, las experiencias, la formación) son mínimos. Quizá puedan exagerar (o reducir) las diferencias.

Genética o ambiente Hay expertos que rechazan la idea de las diferencias sexuales aunque aceptan la posibilidad de que existan diferencias de género que, según señalan, son totalmente aprendidas. El argumento es el de que son aprendidas en todas las culturas y que, por tanto, representan diferencias culturales destacadas. Por otra parte, las modificaciones en nuestra forma de pensar acerca de la cultura dan lugar a cambios en las diferencias de género.

En la mayor parte de las culturas se considera que los hombres tienen una tendencia instrumental (confían en sí mismos, son competitivos e independientes), mientras que las mujeres tienen una tendencia expresiva (colaboración, sensibilidad y comprensión). Pero, esto no siempre es así. Se argumenta que ciertas diferencias culturales se pueden deber a diferencias biológicas que después han sido anuladas por los factores sociales. La biología no es el destino. Los medios de comunicación han sido acusados de influir demasiado en el desarrollo del rol de género.

«Si una mujer tiene la desgracia de saber algo, debe ocultarlo lo mejor que pueda.»

Jane Austen, *Northanger Abbey*, 1803

En los treinta o cuarenta últimos años se han propuesto varias teorías para explicar las diferencias de género. La *teoría del aprendizaje social* señala que los niños aprenden el comportamiento apropiado de rol sexual a través de tres tipos de aprendizaje y en ciertas etapas clave de su vida: enseñanza directa, imitación y aprendizaje por observación. La *teoría del esquema de géneros* propone que a todos los niños se les enseña a desarrollar un conjunto claro de creencias o ideas que se denomina esquema relativo al género y que les ayuda a interpretar el mundo y a comportarse en él.

En su comportamiento de rol, las personas pueden ser muy masculinas, femeninas o ambas (andróginas), y también pueden no ser masculinas ni femeninas (indiferenciadas). Durante mucho tiempo se consideró que la androginia era la actitud «mejor» o «más sana». Hoy en día esta idea ha reaparecido en forma del concepto de «metrosexual».

La idea en síntesis: los hombres no piensan igual que las mujeres

21 El test de las manchas de tinta de Rorschach

En los casos en los que las personas no desean exponer sus temores, esperanzas u objetivos más íntimos, o bien son incapaces de hacerlo, ¿podríamos llegar a conocerlos pidiéndoles que nos digan lo que ven en ciertas imágenes? ¿Podrían «proyectar» sus sueños y fantasías inaceptables, y quizá prohibidos, a través de historias o de comentarios acerca de las imágenes que les mostramos? Esta idea, que es habitual en la psicología de carácter popular, se fundamenta en que las alternativas que se seleccionan y las descripciones que se hacen «nos dicen mucho acerca de una persona». Sin embargo, fue un psicólogo suizo, Hermann Rorschach, quien diseñó un famoso test para ello hace más de ochenta años. La idea había sido propuesta en 1895 por Binet, el psicólogo que más adelante se hizo famoso por introducir el primer test de cociente intelectual (CI).

La versión mejor conocida del test de las manchas de tinta de Rorschach incluye diez tarjetas distintas que muestran manchas de tinta simétricas en las que la mitad de cada imagen está coloreada y la otra mitad es monocroma. Estas manchas de tinta fueron diseñadas para mostrar las configuraciones que eran más diagnósticas. El evaluador le muestra a la persona una tarjeta cada vez y le pide que diga lo que ve, repitiendo después lo mismo con las demás tarjetas. El evaluador anota lo que dice el paciente, cuánto tiempo pasa mirando cada tarjeta, de qué manera la coloca para mirarla, etc.

«Si la persona evaluada describe cualquier mancha de tinta de Rorschach como una mancha de tinta, ello se considera una respuesta defensiva.»

Paul Kline, 1993

Puntuación del test En términos estrictos, la aplicación ortodoxa del test pasa por cuatro fases. La fase de actuación requiere que la persona evaluada diga espontáneamente lo que ve en cada tarjeta y el evaluador anota todo lo que dice la persona. La segunda es la fase de preguntas, que está más estructurada. En esta fase, el evaluador intenta conseguir información acerca de dos cosas y, para ello, vuelve sobre cada tarjeta. Le pregunta al paciente por la localización y los detalles

Cronología

1921
Rorschach, *Psicodiagnóstico*

1939
Introducción del concepto de las técnicas proyectivas

y, después, comprueba si la persona evaluada está contemplando la mancha de tinta en su conjunto o bien si su atención se ha centrado en distintas partes de la misma. El evaluador también le pregunta al paciente por las razones que hacen que la mancha de tinta se parezca al objeto que ha señalado: forma, movimiento, sombreado y color.

La tercera es la denominada fase de analogía, en la que el evaluador analiza las alternativas que ha seleccionado la persona evaluada e intenta determinar lo que pueden significar o indicar dichas alternativas. En la fase final, la de determinación de los límites, el evaluador ofrece otras interpretaciones «populares» de las manchas de tinta y le pregunta al paciente si él también puede contemplar dichas interpretaciones.

Después, comienza la fase de interpretación, que es sorprendentemente complicada y en la que se usan varias letras para puntuar diversos parámetros. Así, «M» se refiere a imaginación y a la intensidad con la que las interpretaciones del paciente son «convencionales». «K» se refiere a ansiedad y está en relación con el color y el movimiento. La letra «D» le permite al evaluador determinar cuánto sentido común tiene el paciente. «S» se refiere a las tendencias de oposición de la persona evaluada y se determina a través de la interpretación del espacio blanco o de los detalles muy pequeños. El sistema de puntuación puede parecer una mezcla extraña entre un libro de cocina y un libro de magia.

Las siguientes son interpretaciones típicas.

Respuesta	Interpretación
Respuestas frecuentes a partes pequeñas y claramente definidas de los patrones de la mancha de tinta	Personalidad obsesiva con rasgos de perfeccionismo y de meticulosidad intensa
El paciente ve con frecuencia animales en movimiento	Es impulsivo y exige una gratificación inmediata
Las respuestas están determinadas puramente por el color (de manera exclusiva)	Una persona emocionalmente descontrolada y explosiva
El paciente ve a menudo animales pequeños e inmóviles	Personalidad y actitudes pasivas y dependientes
Tendencia a ver mapas	Personalidad cautelosa y evasiva
A menudo ve caras o máscaras faciales	El paciente se resiste a mostrar su yo real

Hay diferentes sistemas eficientes que permiten establecer la puntuación de este test, pero muchos de ellos se aplican sobre aspectos distintos de las tarjetas. La idea es establecer un diagnóstico o definir un perfil del individuo real. Uno de los argumentos señalados es que las personas no pueden o no quieren hablar con detalle de sus motivaciones, esperanzas y ambiciones reales. No pueden hacerlo debido a que no poseen información sobre sus poderosos motivos inconscientes o simplemente porque no pueden articularlos. Por otra parte, muchas personas no desean realmente decir la verdad acerca de sus deseos, esperanzas y ambiciones más íntimos. Los psicólogos están preocupados por dos formas de simulación o mentira: el control de la impresión ofrecida (que es decir de uno mismo solamente aquello que ofrece una impresión positiva) y el autoengaño (la persona cree que está diciendo la verdad sobre sí misma cuando es evidente que, en realidad, sucede todo lo contrario). En teoría, las técnicas de proyección, como el análisis de las manchas de tinta, permiten solucionar estos problemas.

Los test de las manchas de tinta no son la única *técnica proyectiva* en psicología. Su denominador común es el hecho de que representan un estímulo para la persona (generalmente una imagen, aunque también podría ser un sonido o un olor) y después se anima a la persona a que se proyecte en sus pensamientos, sentimientos y deseos inmediatos, profundos e intensos. La persona evaluada indica su forma de reacción frente a un estímulo ambiguo. Cuanto más confuso, ambiguo o vago es un estímulo, más probable es que la persona se proyecte en el mismo.

La hipótesis proyectiva se ha mantenido activa en psicología durante un largo período de tiempo, debido en parte a que los psicólogos parecen tener poca capacidad para descubrir las motivaciones ocultas de las personas, especialmente sus motivaciones para conseguir éxito y logros. Así, David McClelland (un psicólogo que trabajó de manera importante en el segundo test proyectivo más famoso en psicología [el test de apercepción temática —*Thematic Apperception Test*— que se lleva a cabo mediante la presentación de una serie de dibujos más que de manchas de tinta) señaló que esta hipótesis permite

Cinco categorías de test proyectivos

Imágenes de manchas de tinta o abstractas. Estas imágenes se pueden crear con mucha facilidad aplicando una gota de tinta sobre la parte media de una hoja de papel y plegando después la hoja por su mitad para visualizar después el patrón resultante.

Sonidos. La persona evaluada escucha sonidos (canciones, el llanto de un recién nacido, el golpe de un coche en un accidente) o música y describe su reacción.

Finalización de frases. La persona evaluada completa las frases siguientes: «Me gustaría que nunca...», «Yo soy...», «Lo que más temo es...», «Me siento muy orgulloso de...».

Dibujo libre. A la persona evaluada se le pide que dibuje ciertos objetos (una casa, un coche, su padre o su madre) y, después, que responda a diversas preguntas sobre los dibujos que ha realizado.

Objetos sólidos. A la persona evaluada se le pide que juegue con un objeto sólido (una muñeca, un conjunto de bloques, arena) o que lo construya o lo manipule, describiendo al mismo tiempo lo que hace.

descubrir tres de los estímulos o necesidades más importantes y fundamentales: la necesidad de obtención de logros, la necesidad de conseguir poder y la necesidad de afiliación. La idea es que la persona cuente historias respecto a las imágenes que se le muestran, dado que ello ofrece una información muy precisa sobre los aspectos acerca de los cuales la persona no es capaz de hablar libremente.

Críticas a estos test Hay cuatro objeciones acerca del uso científico de estos test, y algunos especialistas consideran que dichas críticas son definitivas. En primer lugar, los resultados que se consiguen no son fiables debido a que los diferentes expertos y las distintas puntuaciones dan lugar a interpretaciones muy desiguales. A decir verdad, si los evaluadores no se pueden poner de acuerdo acerca de los significados, no podemos ir muy lejos con estos test. En segundo lugar, no son válidos debido a que las puntuaciones no predicen nada. En pocas palabras, las puntuaciones no miden lo que se supone que deberían medir. En tercer lugar, el elemento que establece realmente la diferencia es el contexto. El estado de ánimo de la persona evaluada, las características del evaluador y el contexto en el que se realiza el test son elementos que influyen en los resultados, lo que sugiere que, en realidad, los factores evaluados no son esenciales. En cuarto lugar, los evaluadores no se pueden poner de acuerdo sobre lo que cuantifican los distintos test: actitudes, capacidades, mecanismos de defensa, motivación y deseos profundos. A decir verdad, al intentar cuantificar todo es posible que no se esté cuantificando nada.

«En pocas palabras, no hay ningún significado único e inevitable para una respuesta dada; todas las cosas son relativas y su interpretación requiere una formación y una experiencia considerables.»

E. J. Phares, 1984

Entonces, ¿por qué se utilizan todavía? ¿Son los periodistas perezosos, los psicólogos charlatanes o los gerentes inocentes los únicos que utilizan estos test (desacreditados)? ¿Por qué se utilizan a pesar de sus limitaciones?

- Porque ofrecen a menudo y con una sencillez relativa datos exclusivos y enigmáticos que no se pueden obtener de forma barata, rápida y sencilla por ningún otro medio.
- Los psicólogos con experiencia parecen obtener con ellos una información impresionante, fiable y de gran importancia que no pueden conseguir con otros test o formas de entrevista.
- La riqueza de los datos que se consiguen hace que los datos obtenidos con otros test parezcan demasiado incorrectos y poco informativos.
- Los datos obtenidos pueden complementar y confirmar otros hallazgos e ideas.

Por tanto, tras casi cien años de uso, algunos psicólogos todavía utilizan las manchas de tinta para intentar comprender la personalidad, aunque lo cierto es que, en la actualidad, es un método poco aceptable para aquellos especialistas interesados en el desarrollo de métodos válidos y fiables.

La idea en síntesis: ¿pueden ayudar las manchas de tinta a entender la personalidad?

22 Detección de las mentiras

La idea del diseño de un método fiable y fundamentado en aspectos fisiológicos que permita detectar las mentiras ha tenido siempre un gran atractivo que se ha incrementado en el siglo xx a consecuencia del interés suscitado por la ciencia ficción. El detector de mentiras es un elemento que persigue detectar la mentira o la simulación. Algunos expertos han intentado diseñar métodos de tipo farmacológico y también la búsqueda de la «droga de la verdad», con resultados limitados.

El conocimiento de la verdad Las primeras nociones acerca de los detectores de mentiras pueden corresponder a los métodos hindúes antiguos y de la Iglesia medieval utilizados para conocer la verdad. A los sospechosos se les pedía que masticaran diversas sustancias y que después las escupieran. La dificultad para escupir lo masticado y la elevada viscosidad de lo escupido indicaban la existencia de culpa. Lo que se había observado es que el temor da lugar a una disminución de la secreción de saliva y, por tanto, al aumento de la viscosidad de cualquier cosa masticada y a las dificultades para escupirla. Hoy en día diríamos que la ansiedad influye en la actividad del sistema nervioso autónomo, que controla la salivación.

A lo largo del siglo XIX varios científicos intentaron evaluar otros supuestos correlatos físicos del temor. Se utilizaron varios instrumentos para investigar a los sospechosos, incluido el «pletismógrafo», que registraba el pulso y la presión arterial en un miembro, el temblor de los dedos de las manos, el tiempo de reacción, las asociaciones de palabras, etcétera.

La historia del polígrafo El detector de mentiras, o polígrafo, fue diseñado en la década de 1930 aunque hasta mediados de la década de 1970 no fue estudiado seriamente por los psicólogos, que rechazaron unánimemente su uso. La Ley de protección frente al polígrafo (Polygraph Protection Act) de 1988 prohibía a los empresarios estadounidenses evaluar a sus trabajadores a través del polígrafo. Sin embargo, hoy en día todavía se aceptan las pruebas que proporciona el detector de mentiras en la mitad de los estados de la Unión. Los polígrafos se utilizan en la actualidad en todo el mundo, desde Canadá hasta Tailandia, desde Israel hasta Taiwán, a pesar de que su utilidad es limitada.

La validez del detector de mentiras Para que pueda ser aceptable como prueba, el detector de mentiras debe cumplir un número mínimo de

Cronología

1938
Marston, *The Lie Detector Test*

Década de 1960
Los detectores de mentiras se utilizan de manera generalizada en el ámbito de las empresas

criterios. En primer lugar, tiene que existir un método estandarizado de aplicación que haya sido descrito con detalle y que sea claro y reproducible. En segundo lugar, la puntuación del resultado debe ser objetiva. En tercer lugar, hacen falta criterios externos válidos que demuestren que el detector de mentiras es capaz de diferenciar la verdad de la mentira en todos los casos y con toda precisión.

Los investigadores señalan que la evaluación debe tener en consideración cuatro factores:

- La diferencia entre *precisión* y *utilidad*; es decir, la forma con la que el polígrafo podría ser útil incluso si su resultado no fuera preciso.

Cómo funcionan los polígrafos

El polígrafo mide la actividad del sistema nervioso autónomo a través de sensores colocados sobre diversas partes del cuerpo: el tórax, el estómago y los dedos de las manos. Estos sensores miden las modificaciones en la respiración (profundidad y frecuencia), en la actividad cardíaca (presión arterial) y en la sudoración. También es posible evaluar la actividad eléctrica cerebral. Los indicadores sólo muestran los cambios fisiológicos, que suelen estar inducidos por las emociones. La máquina amplifica las señales procedentes de los sensores colocados en diversas partes del cuerpo. Este dispositivo no detecta las mentiras sino las modificaciones físicas que son el resultado de emociones concretas (temor, rabia, culpa), aunque no está claro a qué emociones específicas se deben los cambios físicos observados. A las personas evaluadas se les hacen preguntas «calientes» o relevantes, así como también preguntas «frías» o de control. Se asume que en las personas inocentes no hay diferencias de carácter físico en la forma con la que responden a las preguntas relevantes y a las preguntas control. Sin embargo, algunas personas muestran una reactividad mayor que otras.

Se pueden utilizar medicamentos para inhibir la actividad del sistema nervioso autónomo e impedir de esta manera que cualquier registro fisiológico pueda ser concluyente. Lo más preocupante es que se puede entrenar a alguien para que engañe a la máquina utilizando diversas técnicas. Por todo ello, las pruebas realizadas no sólo carecerían de toda validez sino que su resultado sería contraproducente: daría lugar a una alienación y clasificación errónea del inocente y permitiría que el culpable quedara libre.

El detector de mentiras se sigue utilizando en tres contextos distintos: la investigación criminal, la seguridad y la selección de personal. Algunos especialistas han señalado que los valores basales de los mentirosos son demasiado bajos como para que el resultado sea preciso. Otros han sugerido que la prueba en sí misma causa una impresión negativa en la persona evaluada. Sin embargo, otros han argumentado que la realización de esta prueba o la amenaza de realización de la misma hacen que las personas admitan cosas importantes que no admitirían de otra manera. Por lo tanto, la prueba correspondiente al detector de mentiras puede tener utilidad incluso aunque no sea precisa.

1988
En Estados Unidos se aprueba la Ley de protección frente al polígrafo (Polygraph Protection Act)

2000
Vrij, *Detecting Lies and Deceit*

2001
Todavía se realizan en Estados Unidos más de un millón de pruebas anuales con el polígrafo

«Fugas» emocionales

Muchas de las pistas relativas a las mentiras se fundamentan en el análisis de los datos emocionales y verbales (el lenguaje hablado).

- La *latencia de la respuesta* es el tiempo que transcurre entre el final de una pregunta y el comienzo de la respuesta. Los mentirosos tardan más tiempo en responder.
- *Frecuencia y duración de las pausas*, o bien el número de veces que una persona parece presentar incertidumbre acerca de lo que tiene que decir o de lo que ha estado diciendo.
- *Distancia lingüística*, es decir, cuando la persona evaluada no utiliza los pronombres personales «yo», «él» o «ella», sino que habla en sentido abstracto o indirecto incluso cuando recuerda incidentes en los que estuvieron implicadas personas concretas.
- *Errores en el habla*: dudas, lapsus *linguae*, uso excesivo de carraspeos y de expresiones introductorias, y cambios súbitos en la velocidad con la que se habla.
- *Habla lenta pero desigual*, como si la persona evaluada intentara pensar al mismo tiempo que habla, pero tuviera dificultades para ello. La modificación de la velocidad del habla en función de una pregunta concreta indica que algo no va bien.
- *Ansiedad por evitar los silencios*, es decir, cuando la persona habla todo el rato y de manera innecesaria. Los mentirosos se sienten a menudo incómodos con las pausas breves e intentan ocuparlas.
- *Demasiadas «subidas de tono»*; es decir, en vez de disminuir el tono de la voz al final de una contestación, la persona evaluada aumenta dicho tono. Ello puede sonar como una expresión del tipo «¿Me cree usted ahora?».
- *Pérdida de resonancia de la voz*; la voz se hace más aplanada, menos profunda y más monótona.

También hay algunos datos no verbales.

- *Movimientos excesivos en la silla.* Se refiere a la realización de movimientos abundantes y extraños con la cabeza, las piernas, los pies y el tronco.
- *Demasiado contacto con la mirada*, dado que los mentirosos tienden a presentarlo.
- *Microexpresiones* de sorpresa, afectación, rabia, que son difíciles de visualizar a menos que se estudien con atención.
- *Aumento del número de gestos de autotranquilidad* como el contacto de las manos con la cara y con la parte superior del cuerpo.
- *Cambios en la expresión facial*, especialmente patrones de sonrisas, de parpadeo y de seguimiento con la mirada.

- La búsqueda de una *verdad basal*; es decir, la dificultad para determinar la precisión del resultado conseguido con el polígrafo cuando no tenemos una certeza absoluta de quién está mintiendo.

«...una mentira que es realmente una mentira puede ser descubierta y atacada de forma frontal. Sin embargo, una mentira que sea una verdad parcial es mucho más difícil de contrarrestar.»

Alfred Lord Tennyson, 1859

> **«La cara puede ofrecer muchas pistas respecto al engaño: microexpresiones, expresiones insinuadas, gestos con los músculos faciales, parpadeo, dilatación de las pupilas, lagrimeo, sonrojo y palidez, asimetría, errores en la cronología de los movimientos, errores en la localización de los movimientos y sonrisas falsas. Algunos de estos datos ofrecen mucha información y traicionan la información que se quiere ocultar; otros indican engaño y el intento de ocultar algo, aunque no sabemos qué; por último, otros señalan que una expresión es falsa.»**
>
> **Paul Ekman, 1976**

- La *tasa basal de mentiras*; es decir, la forma con la que un test de gran precisión puede dar lugar a muchos errores cuando en el grupo de sospechosos hay muy pocos mentirosos.
- La *disuasión respecto a la mentira*; es decir, el hecho de que la amenaza que implica el ser evaluado podría hacer que algunos mentirosos no mintieran, incluso si el procedimiento de evaluación es simulado.

En condiciones experimentales se produce la clasificación errónea de muchas personas: un porcentaje sorprendentemente elevado de culpables son declarados inocentes, y viceversa. La cuestión es la siguiente: ¿por qué y cuánto? ¿Cuáles son las consecuencias de la clasificación errónea? La tasa de clasificación errónea puede ser del 2 al 10 por 100. Lo que ha llevado a los gobiernos y a las sociedades avanzadas a prohibir el uso del detector de mentiras, o al menos a legislar contra su aplicación, son las consecuencias de considerar que las personas con ansiedad, pero sinceras, están mintiendo mientras que los mentirosos psicópatas dicen la verdad.

Engañar a la máquina ¿Podemos engañar al detector de mentiras? Básicamente hay dos métodos generales para ello: físicos y mentales. Los métodos físicos pueden hacer que nos provoquemos dolor a nosotros mismos (p. ej., morderse la lengua, colocar una china en el zapato, tensar y relajar los músculos). Los métodos mentales pueden consistir en contar números hacia atrás o incluso mantener pensamientos o fantasías de tipo erótico. Los métodos físicos de engaño del polígrafo dan lugar a lecturas reales y espectaculares, pero completamente erróneas.

La idea en síntesis: los detectores de mentiras se pueden utilizar bien y mal

23 Personalidad autoritaria

¿Qué tipo de personas aceptaron la ideología nazi y tomaron parte en el Holocausto? ¿Qué hace que las personas estén tan seguras de que lo que creen ellas es cierto mientras que lo que crean los demás es un error? ¿Por qué podemos ser tan fundamentalistas respecto a tantas cuestiones?

Personalidad y nazismo Tras la segunda guerra mundial un grupo de sociólogos estadounidenses dirigidos por Theodor Adorno planteó esta cuestión. El resultado fue un libro titulado *La personalidad autoritaria* (*The Authoritarian Personality*) publicado en 1950.

La teoría de estos investigadores se centraba en el individuo como causa de todos los males sociales. El argumento básico era el siguiente: quienes introducían el autoritarismo eran los padres, al castigar y avergonzar a sus hijos de manera frecuente y grave incluso por infracciones pequeñas. Esto hacía que los hijos manifestaran hostilidad hacia sus padres y hacia las figuras de autoridad y de poder. Sin embargo, los niños no podían reconocer conscientemente esta agresividad debido a que ello les podía acarrear más castigos. Además, dependían de sus padres, que se suponía les amaban. Por tanto, estos investigadores señalaban que el antagonismo reprimido quedaba desplazado y proyectado hacia los miembros más débiles de la sociedad. Las personas autoritarias son casi siempre egocéntricas en el sentido de que tienen cierta idea de la superioridad simple e inconmovible de su grupo racial, cultural y étnico, con un desprecio intenso por el resto de los grupos. Ello puede conducir fácilmente a la crueldad, la agresión y los prejuicios de todo tipo.

A pesar de que la idea de estos sociólogos llegó a calar, fue criticada debido a que en el desarrollo de la personalidad y el comportamiento autoritarios había otros muchos factores importantes, y debido también a que el comportamiento basado en los prejuicios se relaciona con otros factores de situación de gran importancia (véanse los capítulos 24 y 25).

Se ha demostrado que las personas autoritarias evitan las situaciones que conllevan cualquier tipo de ambigüedad o incertidumbre, y que son reacias a creer que las «personas normales» poseen atributos tanto buenos como malos. Además, a menudo parecen poco interesadas en los cuestiones políticas, par-

Cronología

1950	1954
Adorno *et al.*, *The Authoritarian Personality*	Eysenck, *The Psychology of Politics*

ticipan poco en las actividades políticas y comunitarias, y tienden a preferir líderes fuertes.

Evaluación del autoritarismo Hay varios métodos para evaluar el autoritarismo; el más conocido (y, por tanto, el más utilizado) es la escala F de California (*California F Scale*), recogida inicialmente en *La personalidad autoritaria* (*The Authoritarian Personality*), con la que se intentan evaluar los prejuicios y el razonamiento rígido. En el recuadro se identifican nueve factores y afirmaciones que reflejan las distintas partes de esta escala.

Etnocentrismo y evitación de la ambigüedad Hay varios conceptos diferentes relacionados con el autoritarismo. Entre ellos, conservadurismo, dogmatismo y etnocentrismo. Algunos de estos conceptos se refieren al estilo de razonamiento y otros a los prejuicios. La mayor parte de los investigadores considera que este «síndrome de actitud» (más que rasgo de la per-

La escala F de California

Convencionalismo. Seguimiento estricto de los valores convencionales de la clase media. («La obediencia y respeto por la autoridad son los valores más importantes que deberían aprender los niños».)

Sumisión autoritaria. Aceptación acrítica de la autoridad. («Los jóvenes tienen en ocasiones ideas de rebeldía, pero a medida que se hacen mayores deberían superarlas y sentar la cabeza».)

Agresión autoritaria. Tendencia a condenar a cualquier persona que viole las normas convencionales. («Lo más probable es que una persona con malas maneras, malos hábitos y mala educación no sea decente».)

Sexo. Preocupación exagerada por el comportamiento sexual apropiado. («Los homosexuales no son mejores que los criminales y deberían ser castigados con las penas más fuertes».)

Antiintracepción. Rechazo de la debilidad y de los sentimientos. («El hombre de negocios y el fabricante son mucho más importantes para la sociedad que el artista o el profesor».)

Superstición y estereotipia. Creencia en los determinantes místicos de la acción y razonamiento rígido y categórico. («Algún día se demostrará que la astrología puede explicar muchas cosas».)

Poder y resistencia. Preocupación por la dominación de los demás. («No hay ninguna debilidad o dificultad que nos haga retroceder si tenemos la voluntad suficiente».)

Destructividad y cinismo. Un sentimiento generalizado de hostilidad y rabia. («Tal como es la naturaleza humana, siempre habrá guerras y conflictos».)

Proyección. Tendencia a la proyección de emociones e impulsos internos. («La mayor parte de la gente no se da cuenta del grado con el que nuestras vidas están controladas por conspiraciones que se están incubando en lugares secretos».)

1960
Rokeach, *The Open and Closed Mind*

1973
Wilson, *The Psychology of Conservatism*

1981
Altmeyer, *Right-Wing Authoritarianism*

sonalidad) se debe tanto a factores genéticos/hereditarios como a factores ambientales. En el centro de estas teorías está la idea de la existencia de una susceptibilidad generalizada a la ansiedad y al sentimiento de amenaza cuando estas personas se enfrentan a la ambigüedad y a la incertidumbre.

Así, por distintas razones (capacidades y personalidad, acontecimientos en la vida temprana y circunstancias actuales) las personas autoritarias se sienten inferiores e inseguras, y temen la falta de claridad. Por tanto, su motivación principal es la evitación de la incertidumbre. A las personas autoritarias les disgustan cualquier cosa y cualquier persona que defiendan la complejidad, la innovación, la novedad, el riesgo por el cambio. Tienden a rechazar las discrepancias y las tomas de decisiones, así como a someter sus sentimientos y necesidades personales a diversas autoridades externas. Obedecen las reglas, las normas, las convenciones y, lo más importante, exigen que los demás también lo hagan.

«La existencia de cierto sistema de autoridad es imprescindible en todo tipo de vida comunitaria y tan sólo el solitario no está forzado a responder mediante el desafío o la sumisión a las órdenes de otros.»

Stanley Milgram, 1974

Por todo lo señalado, las personas conservadoras y autoritarias se sienten obsesionadas por el ordenamiento y el control de sus mundos interno y externo. Les gustan las tareas simples, rígidas e inflexibles, las leyes, los preceptos morales, las obligaciones y las normas. Esta actitud influye en todas sus actividades, desde sus preferencias artísticas hasta el partido político al que votan.

Las personas autoritarias, dogmáticas y de mente cerrada se caracterizan por tres cosas: un fuerte rechazo a todas las ideas que se opongan a las suyas; un grado bajo de relación con las personas de otras creencias, y la posesión de ideas mucho más complejas y positivas acerca de las cosas y las cuestiones en las que creen, en oposición a las que no creen.

Autoritarismo de derechas El trabajo más reciente en esta área se ha llevado a cabo de manera exclusiva respecto al autoritarismo de derechas (RWA, *right-wing authoritarianism*). Esta distinción es coherente debido a que reconoce implícitamente que las personas de izquierdas, como los estalinistas y los trotskistas, también pueden ser autoritarias. La idea es que las personas con RWA pertenecen a tres grupos con actitudes y comportamientos bien definidos. El primero es una sumisión total a las autoridades establecidas; el segundo se caracteriza por una agresión generalizada a todos los «enemigos» de estas autoridades, y el tercero se define por una adhesión ciega a las normas y convenciones sociales establecidas. De esta manera, las personas con creencias intensas en el RWA son absolutistas, intimidatorias, dogmáticas, hipócritas y fanáticas. Son defensoras entusiastas de los castigos de todo tipo y se plantean dudas acerca de las actitudes liberales y libertarias. No son capaces de criticar aquello que representan y, en ocasiones, manifiestan ideas incoherentes y contradictorias. Están claramente expuestas a la crítica de mantener una doble moral y, al mismo tiempo, presumen de superioridad moral y carecen de sentimientos de humildad y de autocrítica.

Las personas autoritarias están en todas partes, aunque generalmente se sienten atraídas por actividades laborales e ideas religiosas que coinciden con sus

Dogmatismo

Los conceptos de cerrazón de mente y dogmatismo están estrechamente relacionados con el de autoritarismo. No es una cuestión de inteligencia, pero las personas de mente abierta parecen resolver las cuestiones con mayor rapidez debido a que sintetizan más rápidamente la información con creación de nuevas ideas. Por este motivo parecen más felices con las novedades y con los problemas difíciles y extraños. Por su parte, las personas de mente cerrada tienden a mostrar agresividad o retraimiento cuando se enfrentan a ideas nuevas.

Hay muchos cuestionarios dogmatizados. He aquí, algunas de las afirmaciones recogidas en los mismos.

- En este mundo complicado la única forma de saber lo que está ocurriendo es la de confiar en los líderes o expertos que son fiables.
- Me hierve la sangre cuando una persona rechaza tercamente admitir que está equivocada.
- Hay dos tipos de personas en este mundo: las que están a favor de la verdad y las que están en contra de la verdad.
- La mayor parte de las personas no sabe lo que es bueno para ellas.
- De todas las filosofías diferentes que hay en el mundo, posiblemente sólo una de ellas es cierta.
- La mayor parte de las ideas que se imprimen hoy en día no valen ni siquiera el papel en el que están impresas.

valores concretos. Se podrían describir a sí mismas como de «pensamiento correcto», morales, racionales, educadas y honestas, más que autoritarias. Sin embargo, sus creencias políticas y religiosas hacen que sea relativamente fácil descubrirlas.

La idea en síntesis: ¿los dictadores nacen o se hacen?

24 Obediencia a la autoridad

«La psicología social de nuestro siglo revela una lección de gran importancia: a menudo no es tanto el tipo de persona lo que determina cuál va a ser su forma de actuar, sino el tipo de situación en la que se encuentra la persona.»

Stanley Milgram, 1974

Cuando Adolf Eichmann fue juzgado por su participación en el Holocausto, su defensa se basó en el hecho de que él «tan sólo obedecía órdenes». Los soldados estadounidenses que actuaron en My Lai, en la guerra de Vietnam, y que siguieron las órdenes del teniente Calley utilizaron el mismo argumento de defensa. Es fácil pretextar que los hombres enloquecidos por la guerra realizaron este tipo de actos que no llevaríamos a cabo nunca personas como el lector y yo mismo. Sin embargo, los psicólogos han demostrado que esto es posible y que realmente sucede.

Un estudio famoso Quizá el experimento más interesante de psicología llevado a cabo en el siglo XX fue el de Stanley Milgram (1974), cuyo libro

Conformidad frente a obediencia

¿Por qué las personas acatan y obedecen las órdenes de los demás? Los conceptos de obediencia y conformidad (capítulo 25) no son iguales sino que difieren en los siguientes aspectos:

- **Explicitud.** En la obediencia la imposición de la acción (una orden) es explícita, mientras que en la conformidad la exigencia de seguir al grupo es implícita.
- **Jerarquía.** La conformidad regula el comportamiento de personas con un estatus similar, mientras que la obediencia iguala el estatus de uno con el de los demás.
- **Imitación.** La conformidad es un acto de imitación, lo que no ocurre con la obediencia.
- **Voluntarismo.** Dado que la conformidad es una respuesta frente a una presión implícita, la persona interpreta su propio comportamiento como voluntario. Sin embargo, la situación de obediencia se define públicamente como carente de voluntarismo y, por tanto, la persona puede quedarse atrás en la definición pública de la situación como explicación completa de su acción.

Cronología

1965
Primeros estudios de Milgram acerca de esta cuestión

1968
Matanza de My Lai en la guerra de Vietnam

causó una auténtico revuelo. Lo que se demostró en este estudio fue el hecho de que los estadounidenses agradables, normales y de clase media eran perfectamente capaces de aplicar descargas eléctricas hasta la muerte a un hombre inocente por el mero hecho de ser incapaz de memorizar dos palabras relacionadas entre sí.

A los voluntarios se les dijo que iban a participar en un experimento sobre el aprendizaje humano. Su tarea concreta consistía en aplicar descargas eléctricas a un alumno cada vez que cometiera un error en el aprendizaje de asociaciones entre palabras emparejadas. Los voluntarios veían a su «alumno» atado a una silla; también veían los electrodos que estaban colocados en su brazo. En algunos casos escuchaban a su «alumno» decir al voluntario que tenía un ligero problema de corazón, pero el evaluador les tranquilizaba señalando que a pesar de que las descargas podrían ser dolorosas no iban a causar ninguna lesión tisular permanente.

«Todo lo bueno de lo que es capaz la humanidad está comprendido en la obediencia.»

John Stuart Mill, 1858

Los evaluadores llevaron al «profesor» (el voluntario inocente) a otra habitación y le enseñaron la máquina con la que debía aplicar el «castigo». Era una máquina de aspecto impresionante que podría administrar entre 15 y 450 voltios en incrementos de 15 voltios. Debajo de las etiquetas numéricas había otras etiquetas que definían las descargas. Estas etiquetas señalaban «descarga ligera» en el extremo inferior, «descarga intensa» en la parte media, «peligro: descarga muy intensa» y, finalmente, una simple leyenda que indicaba «xxx» bajo los dos últimos conmutadores.

El profesor debía aplicar al alumno una descarga de 15 voltios en su primera respuesta incorrecta y después de nuevo descargas cada vez que cometía un error. Además, debía incrementar la intensidad del castigo en un nivel de descarga (15 voltios) por cada respuesta errónea. De hecho, el alumno estaba compinchado con el evaluador y la única descarga real que se aplicaba era la descarga de muestra que había recibido el profesor. Sin embargo, el profesor no conocía este detalle.

Las sesiones se iniciaron de manera bastante inocente; el alumno emparejaba adecuadamente algunas palabras pero cada vez que cometía un error recibía una descarga leve de 15 voltios. Hasta los 75 voltios, el profesor no tenía ninguna indicación de que estuviera causando mucho dolor al alumno. Sin embargo, a partir de los 75 voltios el alumno gruñía de dolor. Entonces, el profesor podía escuchar el gruñido a través de la pared que les separaba. A los 120 voltios el alumno gritaba al evaluador diciéndole que las descargas eran dolorosas. A los 150 voltios el alumno daba alaridos y decía: «¡Sáquenme de aquí! ¡No quiero seguir participando en el experimento!». El alumno seguía gritando y sus chillidos eran cada vez más intensos, de manera que adquirían un carácter agonizan-

1974	2000	2007
Milgram, *Obediencia a la autoridad*	Repetición de los experimentos con efectos similares	Zimbardo, *El efecto Lucifer*

te cuando las descargas llegaban a los 270 voltios. El investigador y el profesor estaban llevando a cabo a partir de entonces una auténtica tortura.

Tortura y muerte A los 300 voltios, el alumno gritaba desesperado que ya no podía responder a las preguntas sobre el emparejamiento de palabras. El investigador (nuestra gélida y férrea figura de autoridad) informaba fríamente al voluntario de que la «falta de respuesta» se consideraba un error y que, por tanto, conllevaría la aplicación de una descarga. A partir de ese momento el profesor ya no escuchaba más al alumno, y realmente no sabía si estaba vivo o muerto. Lo cierto era que los voluntarios podían ver que la tortura ya no servía de nada, fuera lo que fuera lo que estuviera ocurriendo: dado que el alumno ya no respondía nada, lo más seguro era que no estuviera participando en el experimento de aprendizaje. Cuando el voluntario alcanzó el nivel último en la intensidad de las descargas se le dijo que siguiera utilizando el último conmutador para todos los «errores» siguientes. Por supuesto, los voluntarios tenían libertad para abandonar el experimento y aliviar así el sufrimiento de la víctima; la víctima estaba atada a la silla pero nada impediría que escapara.

«Nunca des una orden a menos que quieras ser obedecido.»

Anónimo

En conjunto, 26 de los 40 voluntarios de sexo masculino que participaron en el experimento continuaron hasta el final, y el número de participantes de sexo femenino que llegaron hasta el final fue exactamente el mismo (26 de 40). Estas personas completamente obedientes sólo dejaron de aplicar descargas de 425 voltios a la víctima una vez que el investigador les ordenó que interrumpieran las descargas.

Estudios adicionales Los resultados de esta investigación fueron reproducidos en otro estudio en el que se modificaron diversas características con el objetivo de comprobar el efecto sobre la obediencia. En este nuevo estudio se observó lo siguiente:

- *Proximidad a la víctima:* los participantes obedecen más cuando se sienten más próximos a una víctima que sufre.
- *Proximidad a la autoridad:* los participantes obedecen menos cuanto más lejos estén de la autoridad que les da órdenes.
- *Contexto institucional:* la realización de los experimentos en un edificio de oficinas disminuyó sólo ligeramente el grado de obediencia.
- *Presiones de conformidad:* la obediencia de los compañeros incrementa la obediencia de uno mismo; los compañeros rebeldes reducen en gran medida la obediencia de los demás.
- *Función de la persona que da las órdenes:* las personas obedecen más cuando las que dan las órdenes son percibidas como autoridades legítimas; en los estudios de Milgram se observó que los participantes obedecen generalmente al investigador, pero no a otras personas.
- *Rasgos de la personalidad:* en los estudios de Milgram los rasgos de la personalidad se correlacionaron débilmente con la obediencia.
- *Diferencias culturales:* la replicación transcultural muestra algunas variaciones entre las distintas culturas, pero la obediencia tiende a ser elevada con independencia de la cultura.
- *Factores de actitud e ideológicos:* las personas religiosas tienen más posibilidades de obedecer los experimentos como el de Milgram.

En el experimento de Milgram, la obediencia no requiere que los voluntarios dejen de hacer su voluntad para seguir la del investigador; se trata más bien de que el investigador convenza a los participantes en el sentido de que tienen una obligación moral para continuar. El aspecto «moral» de la relación entre el investigador y el voluntario se mantiene en parte por la naturaleza impersonal del comportamiento del investigador.

Los investigadores han dirigido su atención hacia el conocimiento y el aprendizaje de las formas y las razones que hacen que una persona se resista. El experimento de Milgram es quizá el más famoso del mundo de la psicología, y no es difícil comprender por qué.

Explicaciones alternativas

Identificación con la evaluación. Cuando las personas participan en un proyecto de investigación a menudo sienten que el investigador las está evaluando. Para mostrarse útiles y «normales» van a hacer cualquier cosa que les pida el investigador a pesar de que estas personas no harían necesariamente eso en una situación real.

Funciones de rol. Los participantes en un estudio de investigación también se pueden comportar de manera diferente según el rol que representen en el contexto del estudio. Algunas personas intentan cumplir el papel del «buen participante» siguiendo cuidadosamente las instrucciones y realizando conscientemente todos los requisitos del estudio. Otras pueden adoptar el rol de un participante malo o negativo: se quejan de que el investigador es insignificante y carente de interés, por lo que rechazan colaborar con él.

Influencia del investigador. Las características de exigencia son típicas de la situación en la que los voluntarios consideran que son demandas (o exigencias) respecto a que se comportan de una forma concreta. El investigador en el estudio de Milgram era una figura «clave en grado supremo».

La idea en síntesis: ¿por qué debo acatar, conformarme y obedecer?

25 Conformidad

Todos los textos de sociología incluyen algunos capítulos acerca de la desviación; los textos de psicología, acerca de la conformidad. Los sociólogos están interesados y perplejos por las personas rebeldes, que se apartan de las reglas o que no aceptan las normas y los dictados de la sociedad, y consideran que la «unidad de análisis» son los grupos y las sociedades.

Los psicólogos, que tienen como unidad de análisis al individuo (o, como mucho, a los grupos pequeños de individuos), también están muy interesados por las razones de la conformidad de las personas. ¿Por qué los adolescentes que luchan por no utilizar el uniforme escolar luego visten todos igual? ¿Por qué tenemos a las «víctimas de la moda» siguiendo ciegamente a la multitud en algo que les cuesta tanto dinero?, ¿qué presiones sociales reales o imaginarias hacen que las personas imiten el comportamiento o sigan las órdenes de otros?

Experimentos Hay dos estudios famosos en el análisis de la conformidad: uno de ellos consiste en la adivinación en la oscuridad y el otro, en la toma de decisiones en situaciones tan claras como la luz del día. En un estudio efectuado hace ochenta años (por Muzafer Sherif) se pedía a los estudiantes que se sentaran en una habitación completamente a oscuras y que observaran sólo un punto luminoso. Se les pidió que indicaran cuándo, hacia dónde y cuánto se movía la luz. De hecho, el punto luminoso estaba fijo pero en la habitación había otros investigadores o «cómplices» del investigador principal que decían en voz alta que veían cómo se movía el punto luminoso. El resultado fue la demostración de que las personas normales quedaban influidas por las opiniones de los cómplices del investigador y tendían a estar de acuerdo con las mismas. Finalmente, el participante «real» parecía convencido de que el movimiento del punto luminoso permanecía fijo. Así, en situaciones ambiguas y poco claras las personas tienden a seguir el comportamiento de otras personas que se manifiestan confiadas y consecuentes. Miramos a los demás para que nos iluminen acerca de lo que está ocurriendo.

El segundo estudio lo llevó a cabo en 1952 el psicólogo Solomon Asch. A los estudiantes se les pidió que participaran en un estudio de la percepción, distribuidos en grupos de cinco individuos. Se les mostró unos treinta pares de tarjetas: una «tarjeta estándar» y una «tarjeta de comparación». La tarjeta estándar tenía una línea y la tarjeta de comparación tres líneas denominadas A, B y C, de longitud claramente distinta. Cada participante debía decir simplemente cuál de las tres líneas tenía la misma longitud que la línea que apa-

Cronología

1936
Sherif, *The Psychology of Social Norms*

1952
Asch publica su estudio más famoso

recía en la tarjeta estándar. La comparación era obvia y clara, pero lo que el participante no sabía era que los otros cuatro supuestos voluntarios de su grupo eran cómplices de la investigación y que siempre repetían la respuesta después de haberla dicho en varias ocasiones. Gritaban sus respuestas: A, A, A, A..., pero A era obviamente una respuesta incorrecta. ¿Qué decían las personas evaluadas: la respuesta equivocada (conformista) A; la respuesta correcta B, o la otra respuesta equivocada (inconformista, incorrecta) C?

«La conformidad es una de las caras del hombre, el individualismo la otra.»

Carl Jung, 1960

Más o menos un tercio de los participantes se adaptó a las respuestas de su grupo. Algunos ofrecieron la respuesta correcta, pero aparecían claramente incómodos al hacerlo. Fue una demostración importante de la conformidad.

Otros estudios El experimento de Asch ha sido repetido en muchas ocasiones con variación de las diferentes características para detectar el efecto que tienen sobre la conformidad.

- *Dificultad de la tarea y ambigüedad:* cuanto más difícil es la tarea o más ambiguo es el estímulo, con mayor intensidad contemplan las personas a los demás como fuentes de información, especialmente en sus opiniones y habilidades relacionadas con la realidad social.
- *Naturaleza del estímulo:* el comportamiento de conformidad varía considerablemente en función del tipo de juicio que se solicita a las personas, de manera que cuanto más real y claro es el problema, menor conformidad manifiestan.
- *Certidumbre respecto a la fuente:* cuanto más certeza tiene una persona de la fiabilidad y la veracidad de la fuente de influencia (otras personas que toman las decisiones), más posibilidades tiene de seguir sus indicaciones.
- *Tamaño del grupo:* los investigadores no se han puesto de acuerdo sobre si la relación existente entre el tamaño del grupo y el grado de conformidad es lineal (cuanto mayor es el tamaño mayor es también la conformidad) o bien curvilínea (el tamaño del grupo alcanza un nivel óptimo a partir del cual disminuye su influencia), aunque parece que existe un tamaño del grupo que es óptimo respecto a la inducción de conformidad.
- *Unanimidad en la opinión del grupo:* cuanto más unánime es la opinión del grupo, mayor conformidad se suscita; las desviaciones de pequeña intensidad respecto a la mayoría dan lugar a una reducción importante en las respuestas de conformidad.

«Al fin y al cabo, el ideal estadounidense es que todo el mundo sea lo más parecido posible.»

James Baldwin, 1955

1955	Década de 1960	Década de 1980
Primeros estudios acerca de la personalidad de los conformistas	Estudios sobre las diferencias culturales en el conformismo	Aplicación de los conceptos de conformismo en los métodos de venta y publicidad

- *Composición del grupo y atracción entre sus componentes:* los grupos cohesionados y de estatus elevado, así como los hombres de prestigio, tienden a suscitar más conformidad; cuanto más atractivo es el grupo, más posibilidades hay de que una persona sea influida por el mismo.
- *Aceptación del grupo:* las personas de estatus elevado poseen un «crédito idiosincrásico» y se pueden desviar, cosa que también ocurre con los miembros de estatus bajo o rechazados por un grupo; las personas de estatus intermedio tienden a presentar más conformidad.
- *Comportamiento privado o público:* las personas suelen presentar más conformidad cuando se les pide que den su opinión en público o bien que se comporten en público, más que en situaciones privadas. El anonimato influye de manera muy importante sobre la conformidad.
- *Antecedentes de éxito o fracaso del grupo:* una persona va a presentar más conformidad con un grupo que tenga antecedentes de éxito, en comparación con un grupo con antecedentes de fracaso.
- *Coherencia de la minoría:* una minoría convencida y coherente que establece un subgrupo representativo de individuos puede influir de manera importante en la opinión de la mayoría. Es más importante que la minoría sea coherente en su posición si quiere influir en la opinión de la mayoría.

¿Por qué seguir a otros? Después de lo señalado, la pregunta fundamental es ¿por qué son conformistas las personas? La primera respuesta es que todas las personas quieren hacer bien las cosas y que también desean ser aceptadas por los demás. Responden a la influencia de carácter informativo y también a la influencia de carácter normativo.

Las personas buscan pistas en los demás acerca de cómo comportarse. ¿Cuál es la actitud correcta? Cuanto menos informados consideramos que estamos y cuanto más informados consideramos que están los que nos rodean, con mayor facilidad «seguimos a la multitud». Este parece un proceso racional. También somos conformistas debido a que nos gusta «encajar» para ser aceptados socialmente. Esta es la auténtica esencia de la presión social. Hacemos todo esto por nuestra necesidad de pertenencia a algo. La mayor parte de nosotros nos consideramos miembros de un grupo social. Sin embargo, para pertenecer a un grupo tenemos que cumplir sus reglas y normas. Así, la conformidad social nos ayuda a mantener nuestra pertenencia al grupo autopercibida y también real. De esta manera, en diferentes épocas y en diferentes lugares respondemos positiva o negativamente a las normas del grupo. Incluso es posible que lleguemos a convertirnos en inconformistas.

« ¿Por qué hay que ser un inconformista como todo el mundo? »

James Thurber, 1948

> **«Seguir la cuerda de las personas que nos rodean.»**
>
> **El conde de Chesterfield,** 1747

Por supuesto, existen elementos predictivos culturales y de la personalidad que influyen en el conformismo. Las personas con un nivel bajo de autoestima y con una actitud más autoritaria tienden a presentar más conformismo. Las personas más maduras y con un *yo* más fuerte muestran menos conformidad o conformismo. También existen pruebas del efecto de los factores culturales en el conformismo. Las culturas que fomentan el individualismo ejercen una presión menor para el conformismo, en comparación con las culturas de carácter colectivo. De la misma forma, las personas que siguen fielmente una religión o una ideología política tienden a ser más conformistas.

Búsqueda de la obediencia

Los políticos y los padres, los vendedores y los profesores utilizan diversas técnicas para conseguir que los demás les obedezcan.

Método del «pie en la puerta». Pedimos algo muy pequeño o de carácter menor (firma de una petición, solicitud de un cambio) y después pedimos algo más importante, que es lo que queremos realmente. Este método funciona si la primera solicitud es lo suficientemente importante como para que las personas a las que se dirige crean en lo que están haciendo y también si creen que tienen «toda la libertad» para rechazarlo. La idea es conseguir que las personas crean que son útiles y, después, obedecen a la segunda solicitud que generalmente es la que importa realmente.

Método de la «puerta en la cara». Con este método, el solicitante empieza con una solicitud muy exigente («por favor, deme 100 euros»; «¿podría prestarme su coche?») Y después —cuando el solicitado rechaza esta petición— el solicitante pide algo mucho más pequeño. Esta solicitud de concesión y conciliación invertidas desencadena la reciprocidad. Para que funcione, la primera solicitud debe ser rechazada y la segunda solicitud debe ser efectuada por la misma persona, de manera que la persona solicitada sienta la presión dela reciprocidad.

Método del «esto no es todo». El solicitante hace una oferta a una persona y antes de que responda eleva favorablemente su propuesta. Puede ser una disminución del precio, un aumento de la cantidad o la oferta de extras. Este mecanismo utiliza fundamentos similares a los de los métodos anteriores. La persona solicitada se siente útil y aceptada, y el solicitante también.

La idea en síntesis: ¿qué haremos para conformarnos?

26 Sacrificio o egoísmo

¿Por qué algunas personas son héroes osados mientras que otras se desentienden de los apuros y las súplicas de las que están en peligro? ¿Por qué algunas personas son felices al renunciar a su vida por su familia pero no por sus amigos? ¿Existe el desinterés verdadero?

En la vida cotidiana aceptamos el intercambio social y la economía social. Damos y recibimos, recíprocamente. Unas personas ayudan a otras y se ofrecen voluntarias para hacer cosas con la esperanza de disfrazar su interés propio. Algunos voluntarios «altruistas» tienen como objetivo aprender habilidades, potenciar sus perspectivas laborales, conseguir la aceptación o aprobación de un grupo, reducir su culpa, potenciar su autoestima o expresar sus valores personales.

El buen samaritano ¿Hay algún tipo identificable de personas que pudieran ser descritas de manera precisa como poseedoras de una personalidad de tipo altruista? En un estudio fueron identificados los individuos concretos que eran bien conocidos por sus actos altruistas. En el análisis de los mismos se evaluaron sus características comunes y se observó que el factor más importante en la historia vital de todos ellos era haber padecido una experiencia traumática como el fallecimiento de una persona querida (p. ej; alguno de los padres), con una expo-

Ayuda y altruismo

Hay una diferencia entre la ayuda y el altruismo. La esencia del altruismo es el hecho de que las personas ayudan sin ningún objetivo de recompensa externa por haber prestado ayuda.

Los psicólogos hablan de un comportamiento prosocial, que es cualquier acto que se lleva a cabo con el objetivo de ayudar a otra persona.

El motivo puede ser altruista o no, considerando el altruismo como el impulso a ayudar a los demás incluso si ello conlleva un coste para uno mismo. Para algunas personas el altruismo quiere decir hacer algo por «bondad de corazón» debido a que sienten empatía por una persona que está en situación de necesidad.

Cronología

100 a. C.
Parábola del buen samaritano

Década de 1950
Estudios del comportamiento altruista de las personas que rescataron a los judíos en la Alemania nazi

sición casi simultánea e inmediata a alguien que había rescatado al paciente. Los resultados de este estudio indicaron que el altruismo en épocas posteriores al acontecimiento traumático era utilizado como un método para solucionar los dolorosos sentimientos de dependencia y también los sentimientos de rabia y ansiedad respecto al fallecimiento del ser querido.

«El "altruista" espera una reciprocidad para él mismo y para sus familiares más próximos, por parte de la sociedad.»

Andrew Marvell, 1650

Todos hemos visto coches pasando a toda velocidad ante un motorista parado en la carretera, pero también hemos visto siempre a alguien que se detiene para ayudar. ¿Por qué algunas personas ayudan más que otras? Hay evidencia de diferencias sexuales, pero parece que están relacionadas con el tipo de altruismo más que con la intensidad del mismo. Los hombres predominan en lo que se refiere a los comportamientos caballerosos, audaces, heroicos y prosociales, mientras que las mujeres actúan más en situaciones en las que son necesarios los cuidados y la alimentación.

Las personas tienden a ayudar a otras de su propio grupo cultural. Así, es más probable que cualquiera de nosotros ayude a personas que pertenecen a su mismo grupo étnico, religioso, lingüístico y demográfico, más que a personas de otros grupos. En estudios transculturales se ha observado generalmente que las personas de las culturas de carácter colectivo ayudan más que las pertenecientes a culturas de carácter individualista. Otro hallazgo se refiere al término español «simpático», que significa «amigable», «servicial» o «cortés». En algunos estudios se ha observado que las personas que hablan español y las que proceden de países hispanoamericanos muestran niveles mayores de altruismo.

«Los sentimientos de culpa, los impulsos de autodestrucción, la tendencia sexual y los conflictos respecto a la homosexualidad constituyen las fuerzas fundamentales que subyacen a la generosidad y el altruismo.»

Sigmund Freud, 1930

En una línea de investigación se ha demostrado el factor «sentirse bien: hacer el bien». También se ha observado que cuando las personas están de buen humor tienen muchas más posibilidades de ayudar a otras. Si ofrecemos a una persona un pequeño regalo, le ponemos música agradable y optimista, y le hacemos cumplidos, esta persona va a ofrecer voluntariamente más ayuda a los demás. Sin embargo, también hay evidencia respecto a la hipótesis del altruismo en la tendencia negativa, que señala que en ocasiones las personas deprimidas y con dificultades ayudan a los demás para sentirse mejor y reducir su abatimiento. Asimismo, se ha comprobado que las personas que se sienten culpables pueden ser más altruistas, presumiblemente para disminuir su sentimiento de culpa. Todo ello quiere decir que en nuestra actitud de ayudar a otras personas juegan un papel factores de

1968
Estudios relativos a la intervención de los espectadores o testigos

1980
Dawkins, *El gen egoísta*

Década de 1990
Las instituciones benéficas estudian la forma de explotar el altruismo

carácter completamente aleatorio que influyen en nuestro estado de ánimo y que pueden determinar la ayuda que prestamos a quienes la necesitan.

Especulaciones freudianas Los psicoanalistas siempre intentan encontrar significados profundos al comportamiento, especialmente cuando consideran que expresan algún conflicto subyacente. Así, contemplan el comportamiento altruista como la manifestación de dos tendencias de significados muy distintos. Algunos actos generosos de ayuda tienen lugar debido a la identificación con la «víctima». Las personas altruistas se identifican con las figuras de ayuda que existieron en su pasado, tal como los padres o los profesores.

Sin embargo, los seguidores de Freud también consideran que el altruismo puede ser un mecanismo de defensa frente a un impulso negativo: un síndrome neurótico para superar la ansiedad, el sentimiento de culpa y la hostilidad. Así, un niño con privación emocional puede convertirse en un donante generoso. En vez de sentir indefensión respecto a las personas que necesitan algo, las ayuda y se convierte tanto en donante como receptor.

Otras personas pueden superar sus sentimientos de culpa respecto a su propia codicia y envidia ayudando a los demás. Hay quien asume algún tipo de deuda en el intento de aliviar sus sentimientos de culpa. Sin embargo, de manera paradójica, los psicólogos freudianos hablan de una actitud de ayuda de carácter reactivo y fundamentada en la hostilidad, de forma que el donante enmascara su agresión al manifestar actitudes de ayuda.

«Habría sacrificado mi vida por dos hermanos o por ocho primos.»

J. B. S. Haldane, 1974

Psicología evolutiva de la ayuda Un principio clave de esta estrategia es el concepto de *selección de las personas genéticamente más próximas*. Cuanto más comparte una persona (un familiar) sus genes con nosotros mismos, más posibilidades tenemos de ayudarla. De esta manera, potenciamos la supervivencia de nuestros propios genes al ayudar a las personas que también son portadoras de los mismos. Esta regla de gran importancia biológica está muy arraigada en el comportamiento humano y no es consciente.

No obstante, los evolucionistas proponen la *norma de reciprocidad*, un comportamiento de «toma y daca» que presupone que el hecho de ayudar a los demás incrementará las posibilidades de que los demás le ayuden a uno en compensación. En términos estrictos, este es un comportamiento de ayuda, más que de altruismo. Sin embargo, se ha señalado que las personas que aprenden y practican las normas y las culturas de la sociedad sobreviven mejor debido a que las culturas enseñan habilidades de supervivencia y comportamientos de colaboración. Así, las personas están programadas genéticamente para aprender las normas culturales del altruismo. En cualquier caso, la capacidad de la teoría evolutiva para explicar el altruismo heroico y sacrificado respecto a personas completamente extrañas parece muy poco convincente.

Contexto y decisiones Los factores de situación pueden ser más importantes que los factores personales. Las personas que residen en ciudades pequeñas y en el campo tienen más posibilidades de ofrecer ayuda, en comparación con las personas que residen en grandes ciudades. La hipótesis de la *sobrecarga urbana* señala que las personas que viven en ciudades grandes y hacinadas se reservan para sí mismas y ayudan menos a los demás —en comparación con las personas que viven en el contexto rural— debido a que están bombardeadas continuamente y a menudo abrumadas por estímulos de todo tipo.

Cuanto más tiempo vive una persona en una zona y se identifica más con la comunidad en la que reside, más posibilidades tiene de ayudar. Cuanto mayor es el factor de movilidad residencial, menos estable es la persona respecto a la comunidad y menos dispuesta está a ayudarla. Las personas que mantienen relación con su comunidad invierten más en el futuro de la misma y, por tanto, tienen más posibilidades de ofrecer ayuda en este contexto.

Es indudable que el hallazgo más famoso y contrario a la intuición en esta área es el denominado *efecto del espectador*, que demuestra que no existe seguridad en los números. De manera resumida, cuanto *mayor* es el número de espectadores (o testigos) en una situación de emergencia o en la que es necesaria ayuda, *menos* posibilidades hay de que alguno de estos espectadores ofrezca su ayuda.

La investigación ha llevado al desarrollo de un modelo de decisión en cinco pasos respecto a la intervención de los espectadores. En este modelo se considera que cada individuo debe pasar cinco fases para ofrecer su ayuda.

- El individuo debe darse cuenta claramente del evento. Las personas que llevan prisa, hablan por el teléfono móvil o están distraídas por otros motivos tal vez no lleguen a darse cuenta de que hay una emergencia.
- El individuo debe interpretar que el escenario corresponde a una emergencia en la que es necesaria la ayuda. Muchas emergencias son situaciones confusas en las que los individuos miran a su alrededor en busca de pistas o datos. Si ven que hay otras personas que no se preocupan, es poco probable que respondan frente a la emergencia. La ambigüedad de la situación da lugar a una interpretación errónea del acontecimiento y a una actitud de apatía.
- El individuo debe asumir algún tipo de responsabilidad. Las personas tienen que decidir que en la situación concreta ayudar es su responsabilidad, no la de otros. Tienen que percibir que el problema sólo descansa sobre sus propios hombros.
- El individuo debe percibir que sabe cómo ayudar. Las personas no ofrecen ayuda por muchas razones relacionadas con la autoprotección y la competencia. La percepción de ignorancia respecto a cuestiones mecánicas significa que las personas no van a ayudar a un motorista al que se le ha parado su vehículo.
- El individuo tiene que decidirse a ayudar. Las personas no ayudan a otras debido a razones variadas. Pueden estar avergonzadas por recuerdos de actitudes voluntarias en el pasado y también pueden sentir rechazo debido a una interpretación errónea de la situación. En sociedades en las que casi todo es motivo de una demanda judicial las personas pueden estar preocupadas por las implicaciones legales del ofrecimiento de ayuda en ciertas situaciones (p. ej., niños pequeños o ropas desgarrada) o bien, simplemente, pueden considerar que el coste que les va a suponer a ellas mismas (en términos de tiempo y quizá de dinero) es demasiado elevado.

La idea en síntesis: ¿existe realmente el altruismo?

27 Disonancia cognitiva

La mayor parte de nosotros sentimos la necesidad de justificar nuestras acciones, con independencia de lo raras o extrañas que puedan ser. Las personas que fuman saben que la adicción a la nicotina es gravemente peligrosa para su salud, pero a menudo son auténticas maestras en la autojustificación. Pueden decir cosas como «Fumar no es tan peligroso como se dice» o bien «Tengo un tío que fumó 60 cigarrillos diarios durante setenta años y que falleció felizmente a los noventa años».

La teoría La teoría de la disonancia cognitiva señala que cuando nos comportamos de forma incongruente con nuestras creencias y actitudes experimentamos un estado negativo denominado disonancia cognitiva que intentamos resolver modificando nuestras actitudes, comportamientos o ambos, con objeto de reducir la incongruencia. Esto quiere decir que nuestras actitudes cambian debido a que estamos muy motivados para mantener la congruencia en nuestras creencias y razonamientos (cogniciones). Lo cierto es que estamos motivados para alcanzar la consonancia, de forma que el cambio de comportamiento puede dar lugar a una modificación de la actitud con mayor facilidad que lo contrario.

«El arte de la magia consiste básicamente en inducir una disonancia cognitiva; entonces, si la naturaleza humana aborrece la disonancia, ¿por qué tiene tanta aceptación el arte de la magia?»

R. B. Zajonc, 1960

La disonancia cognitiva está fundamentada en el «efecto de la justificación insuficiente»: cuando nuestras acciones no están plenamente explicadas por una recompensa externa (p. ej., el dinero) o por una coacción externa (p. ej., una orden), experimentamos una situación de disonancia cognitiva que podemos reducir al justificar lo que hemos hecho.

Condiciones La disonancia aparece y debe ser reducida en situaciones muy específicas. No es suficiente con darnos cuenta de que nuestro comportamiento es incongruente respecto a nuestras actitudes. En primer lugar, la persona debe sentir que su actitud es completamente libre y voluntaria, de manera que se sienta responsable de la misma. Si una persona actúa bajo coacción por algún factor o amenaza externos (o simplemente porque no puede elegir), no necesariamente aparece la disonancia. En un estudio se evaluó esta situación

Cronología

Década de 1930
Presentación del «principio de la coherencia»

1946
Teoría del equilibrio de Heider

«Podría parecer que la hipótesis de la "disonancia cognitiva" está fundamentada en alguna especie de malestar que tienen los estadounidenses con el hecho de sentirse incoherentes de vez en cuando o con el hecho de tener objetivos que son incongruentes entre sí.»

N. Much, 1995

pidiendo u ordenando a un grupo de estudiantes que redactaran un ensayo sobre una cuestión con la que personalmente no estaban de acuerdo. El cambio más importante en sus creencias tuvo lugar en los estudiantes que se decidieron por la redacción de uno de estos ensayos.

En segundo lugar, el individuo debe sentir que su comportamiento de actitud discrepante está firmemente comprometido y es irrevocable. Si el comportamiento es fácilmente modificable, ello reduce la disonancia. En un estudio se dijo a los participantes que podían reunirse o no con una persona (la víctima) de la que ellos habían hablado mal en público. Los participantes que creían que tenían que pedir disculpas percibieron una disonancia menor que aquellos que no se quería retractar de lo que habían dicho.

En tercer lugar, el individuo debe creer que su comportamiento tiene consecuencias importantes tanto para sí mismo como para los demás. Si las consecuencias son de carácter menor o insignificantes, es poco probable que experimente alguna forma de disonancia. Por último, las personas perciben una presión de disonancia más importante cuando las actitudes específicas y los comportamientos implicados son clave respecto al concepto que tienen de sí mismas, a su dignidad personal y a sus valores.

En otro estudio se pidió a los estudiantes que redactaran un escrito en el que expresaran opiniones muy diferentes de las que realmente tenían. Algunos participantes no redactaron el escrito o bien lo rompieron una vez que lo habían elaborado, mientras que a otros estudiantes se les dijo que sus escritos podían ser utilizados en publicidad o en Internet. Los participantes cuyos puntos de vista iban más en contra de esta actitud de exposición potencial fueron los más motivados a cambiar su actitud para resolver la disonancia.

Las paradojas de la disonancia La teoría propone lo siguiente:

- Si una persona se ve forzada a comportarse de una manera contraria a sus creencias, va a experimentar disonancia.
- Cuanto mayor es la fuerza que obliga a un comportamiento concreto, menor es la disonancia percibida, y viceversa.

1957
Descripción de la disonancia cognitiva por parte de Festinger

Década de 1960
Realización de los primeros estudios acerca de la disonancia tras la toma de decisiones

Década de 1980
Utilización intensiva de la teoría en las «comunicaciones persuasivas»

- La disonancia se puede reducir a través de la modificación de las actitudes.
- Paradójicamente, la modificación de las actitudes es mayor cuando las fuerzas que actúan son mínimas.

Estas afirmaciones quedan ilustradas en un famoso estudio realizado en 1959. A tres grupos de estudiantes se les pidió que llevaran a cabo una tarea larga, aburrida, repetitiva y monótona. A algunos de ellos se les pagó 1 dólar, a otros 20 dólares y al grupo control no se le pagó nada. Después de la fase experimental, a los estudiantes se les preguntó acerca de la tarea realizada. Los que habían recibido solamente 1 dólar se habían convencido a sí mismos de que la tarea era más agradable e interesante que los que habían recibido 20 dólares. Sin embargo, los participantes que habían recibido 1 dólar tenían un dilema: ¿podían o debían admitir que se les había «comprado» por una «cantidad insignificante», o que su situación era la de un «soborno barato»? No lo hicieron con facilidad. Más bien, reinterpretaron la situación. Los participantes que habían recibido 20 dólares tuvieron un problema menor en este sentido: todas las personas hacen muchas cosas si lo que cobran por ello es adecuado.

Nos gusta pensar de nosotros mismos que somos personas decentes, amables y morales, que poseemos un sentido de la justicia y que no vamos a causar daños ni perjuicios a las personas inocentes. Por ello, si perjudicamos a alguien (p. ej., le gritamos, le ignoramos o incluso le golpeamos) aparece nuestra disonancia. En los casos en los que no podemos «compensar» este comportamiento mediante las disculpas o mediante algún otro tipo de compensación, el método más sencillo para resolver nuestro dilema es el de atacar todavía más a la víctima insistiendo en lo mala que era y en cuánto se merecía el mal trato que recibió por nuestra parte.

Ritos de iniciación

La teoría de la disonancia cognitiva también predice las razones por las que las personas aceptan y aprueban las cosas que han sufrido. Así, las personas que quizá han experimentado un castigo corporal (p. ej., golpes en el colegio) señalan que ello les hizo bien, más que mal, y que a otras personas también les habría hecho bien.

De la misma forma, las personas que sufren ritos de iniciación dolorosos o humillantes para ser aceptadas en grupos o sociedades tienden a valorar y apoyar más tarde esta experiencia. La teoría de la disonancia señala que justificamos nuestras experiencias dolorosas elevando el estatus del grupo que nos causó dolor. En ocasiones, este proceso se ha denominado severidad de la prueba de iniciación.

En un estudio se pidió a varias mujeres que indicaran lo interesante que les había parecido una discusión de grupo bastante aburrida e inútil acerca del sexo. Para realizar la tarea tenían que ser evaluadas. Una parte de las mujeres simplemente tenía que leer una lista de palabras con un significado sexual bajo (p. ej., «prostituta») mientras que otras tenían que leer obscenidades y pasajes de novelas explícitamente eróticas. El objetivo era que la evaluación determinara si las mujeres sufrieron o no vergüenza. La predicción inicial, que fue confirmada posteriormente, fue que las mujeres que sentían vergüenza podían justificar la «prueba de evaluación» aunque valoraron la discusión del grupo como algo mucho más interesante, en comparación con las mujeres que no sufrieron vergüenza.

Disonancia cognitiva, ventas y persuasión La gente que se mueve en el mundo de las ventas sabe que la coherencia es valorada por la sociedad: la incongruencia puede ser contemplada como una forma de hipocresía o de falta de honestidad. La coherencia también nos hace más eficaces debido a que no tenemos que llevar a cabo un proceso de decisión distinto cada vez que nos enfrentamos a una situación nueva.

La idea es la de que cuando tomamos una decisión o nos comprometemos a algo, vamos a sufrir una presión personal e interpersonal para comportarnos de manera coherente con dicho compromiso. Por este motivo, quienes trabajan en el mundo de las ventas hacen preguntas como «¿Lo compraría si el precio fuera adecuado?». Su idea es que el posible comprador se comprometa con una postura (posiblemente de manera rápida e incluso irreflexiva) para que se sienta obligado con respecto al vendedor.

De esta manera, los «profesionales de la obediencia», sean médicos, vendedores o profesores, intentan que una persona se comprometa verbalmente en congruencia con el comportamiento que ellos van a solicitar más adelante a dicha persona. Estos compromisos tienen más efecto cuando se aceptan en público, cuando exigen algún esfuerzo y cuando parecen completamente voluntarios. A menudo, las personas añaden nuevas justificaciones para apoyar la idoneidad de sus decisiones más tempranas. Por tanto, nuestro impulso de ser coherentes es un arma poderosa en todo el campo de las ventas y a menudo nos obliga a actuar en contra de nuestro propio interés.

Disonancia tras las decisiones

Muchas de las decisiones que tomamos, tal como aceptar un trabajo o comprar una vivienda, son realmente difíciles. Muchas personas confeccionan listas de pros y contras para tomar una decisión adecuada con mayor facilidad. En esta situación muchas personas son dolorosamente conscientes de su disonancia cognitiva.

En todos los estudios realizados al respecto se ha demostrado que justificamos nuestras decisiones adornando las que tomamos y degradando las que no tomamos. Esta actitud se ha denominado «nostalgia del comprador». Las personas se dan cuenta de que leen con entusiasmo y detalle los anuncios de algo que han comprado, después (no antes) de realizar la compra. Después de la toma de una decisión, «la hierba está menos verde al otro lado de la cerca».

En estos estudios se ha demostrado que las personas aficionadas al juego señalan que se sienten más confiadas respecto a ganar después de que han comprometido su apuesta, no antes. Los votantes se sienten más afines al candidato al que han votado después de haber votado que antes de hacerlo.

La idea en síntesis: la irritación que causa la incoherencia es una motivación poderosa

28 La falacia del jugador

«Querida Abby: Mi marido y yo hemos tenido nuestro octavo hijo. Es otra niña y realmente me siento una mujer frustrada. Supongo que debo dar gracias a Dios de que sea una niña sana, pero, querida Abby, esta vez se suponía que iba a tener un niño. Incluso el médico me dijo que estadísticamente la probabilidad de que fuera un niño era de 100 a 1.»

***Dear Abby*, columna de Abigail Van Buren, United Press Syndicate**

Desde los tiempos del filósofo romano Cicerón hasta el Renacimiento y después hasta la época actual, los sacerdotes, los matemáticos y los científicos se han dedicado a estudiar las leyes de la probabilidad. Sin embargo, para muchas personas todo lo relativo a las probabilidades, el riesgo y las posibilidades sigue siendo algo oscuro y misterioso. Consideremos, por ejemplo, al médico que le dijo a la «mujer frustrada» que escribió a la querida Abby, quien señaló que la probabilidad de que tuviera un niño era de 100 a 1. De hecho, antes de que esta mujer diera a luz solamente había dos posibles resultados, que fuera una niña o que fuera un niño. Por tanto, las posibilidades de que diera a luz a un niño no eran de 100 a 1, sino de 1 a 1. ¿Por qué se equivocó tanto el médico? La respuesta a esta cuestión engañosamente simple nos ofrece mucha información acerca de cómo razonamos las personas.

«La probabilidad es la auténtica guía de la vida.»

Cicerón, 100 a. C.

La ciudad construida sobre una falacia El médico de esta mujer creyó que las posibilidades de que tuviera un niño eran elevadas debido a que previamente había tenido siete hijas seguidas. Los jugadores de la ruleta que apuestan al rojo porque en las siete tiradas anteriores salió el negro utilizan la misma lógica. El problema es que la ruleta no tiene memoria; cada tirada es independiente de la anterior. La probabilidad de que salga el rojo es exactamente la misma con independencia de las veces que previamente haya salido el negro de manera seguida. Asimismo, la probabilidad de tener un niño o una niña no tiene nada que ver con el sexo de los niños que se hayan tenido con anterioridad. La falta de reconocimiento de este hecho se denomina la *falacia del jugador* y también se conoce como la *falacia de Montecarlo* debido posiblemente a que es la causa principal de la rentable existencia de esta ciudad casino. La falacia del jugador es importante para los psicólogos

Cronología

100 a. C.
Cicerón: las decisiones deben estar fundamentadas en probabilidades

1713
Bernoulli: no es posible la predicción de las probabilidades

porque ofrece una posibilidad de análisis de cómo las personas llevan a cabo razonamientos complejos.

Heurísticas de representatividad Muchas tareas que requieren razonamiento conllevan exigencias cognitivas que están más allá de nuestra capacidad de procesamiento de la información. Cuando ello ocurre superamos la situación mediante el uso de estrategias que se denominan *heurísticas*, es decir, atajos mentales que nos permiten razonar rápida y eficazmente. Estas reglas de tipo general son similares a las intuiciones; nos permiten actuar sin tener que detenernos de manera constante para razonar los problemas comenzando cada vez desde los principios básicos. El problema es que, a pesar de que las heurísticas tienen utilidad con frecuencia, también pueden dar lugar a errores. Un ejemplo es el de las heurísticas de la *representatividad*, que en su forma más sencilla señalan que debemos determinar la probabilidad de un evento a través de lo bien que «representa» nuestra propia experiencia. Por ejemplo, el sol siempre sale por el este, de manera que posiblemente estemos en lo cierto al asumir que siempre lo va a hacer así. El sol nunca sale por el oeste, de manera que también es una buena suposición considerar que nunca va a salir por este punto. La heurística de representatividad suele dar lugar a razonamientos adecuados, pero no siempre. Por ejemplo, consideremos el problema siguiente:

> **«La mente tiene a sus propias ilusiones como la luz de guía.»**
>
> **Pierre Simon Laplace, 1825**

> Se realizó una encuesta a todas las familias de la ciudad que tenían seis hijos. En 72 familias el orden preciso de los niños y las niñas fue AOAOOA (O = niño; A = niña). ¿Cuál es su estimación acerca del número de familias encuestadas en las que el orden preciso de nacimientos fue OAOOOO?

Dado que cada nacimiento es un acontecimiento independiente, los dos órdenes de nacimiento considerados en el problema tienen la misma probabilidad (así como cualquiera de los órdenes de nacimiento restantes). Sin embargo, cuando El premio Nobel Daniel Kahneman y su colega Amos Tversky plantearon esta cuestión a un grupo de personas de nivel universitario más del 80 por 100 de las mismas consideró que la probabilidad del segundo orden de nacimiento era la mitad que la del primero. Su razonamiento fue el siguiente: en el primer orden de nacimiento considerado hay tres niñas y tres niños, una proporción que representa mejor a la población general que la de cinco niños y una niña contemplada en el segundo orden de nacimiento. Dado que el primer orden de nacimiento es más «representativo», también se consideró más probable. Para el médico de la «mujer frustrada», siete niñas seguidas no era un valor representativo de la distribución 50:50 de niños y

1770	1998	1972
P. Simon Laplace: las falacias son delirios cognitivos	H. Simon: los razonamientos superan la capacidad cognitiva	Kahneman y Tversky: heurísticas del razonamiento

niñas existente en la población general, de manera que predijo que el siguiente nacimiento equilibraría la situación debido a que sería un niño.

Algo más que el juego La representatividad es una heurística convincente y puede incluso causar situaciones de angustia en relación con el estado de salud. Por ejemplo, de vez en cuando alguien observa que en contextos laborales concretos, colegios u hospitales, aparece un número de tumores malignos superior al «normal». Estas situaciones se denominan agrupamientos de cáncer. La respuesta habitual es la de intentar descubrir una causa ambiental: por ejemplo, cables de alta tensión, sustancias en el aire o las emanaciones de las torres de telefonía móvil. La presión social hace que las autoridades sanitarias dediquen sus escasos recursos al estudio de la causa. Sin embargo, no es frecuente encontrar dicha causa debido a que la observación está sesgada desde el primer momento. Esperar que en todos los edificios y todos los contextos laborales exista la misma distribución de cáncer que hay en la población general es lo mismo que esperar que todas las familias tengan un número igual de niños y niñas, o que todas las tiradas de la ruleta den lugar al mismo número de resultados rojos y negros. Los acontecimientos aleatorios pueden facilitar los agrupamientos y, de hecho, lo hacen; la falta de consideración de este hecho genera situaciones innecesarias de angustia y pérdida de recursos preciosos que podría ser utilizados mejor para la solución de problemas reales, más que de problemas imaginarios.

Comprensión del riesgo Los economistas de tendencia comportamental han observado cómo se comportan las personas pobres respecto al razonamiento estadístico. Sufren a este respecto una especie de insensibilidad frente a los números. Consideremos el ejemplo siguiente:

«Quienes conocen a Fred lo describen como una persona tranquila, estudiosa e introvertida. Le interesan mucho los detalles y no es muy confiado ni especialmente sociable.»

¿Qué cree usted que es más probable, que Fred será bibliotecario o vendedor? ¿Cuánto apostaría usted por su propia respuesta? Está claro: el estereotipo del bibliotecario. Sin embargo, esperemos un momento: ¿cuántos bibliotecarios hay en este país y cuántas personas hay que se dediquen a las ventas? Posiblemente el número de personas que se dedica a las ventas sea

Cómo conseguir un buen premio en la lotería

A continuación vamos a ver cómo sacar provecho de nuestros conocimientos de psicología. Si jugamos a la Bonoloto nacional y queremos maximizar nuestras ganancias, elegimos seis números secuenciales (1, 2, 3, 4, 5, 6 o 22, 23, 24, 25, 26, 27, o bien cualquier otro patrón de números seguidos). Debido a que estas series no «representan» lo que la mayor parte de las personas considera un resultado realista, son pocas las que las van a elegirlas. Ya que todas las secuencias de números tienen la misma probabilidad de ganar (en la práctica, ninguna), no tenemos más posibilidades de ganar ni de perder si elegimos seis números seguidos. Sin embargo, si por azar, la secuencia de números que hemos elegido resultara ganadora, al menos no tendríamos que compartir el premio con nadie.

cien veces mayor que el de las personas que son bibliotecarias. Además, entre los vendedores hay diferencias muy importantes en función de lo que venden. Fred podría vender equipos muy especializados y técnicos a los científicos que se dedican a investigar. Esta cuestión se denomina «ignorancia de la frecuencia basal»: el conocimiento de las posibilidades globales en cualquier situación.

Conocimiento de las posibilidades propias ¿Cuáles son las posibilidades de ganar el premio de la lotería? Menores que las de ser alcanzado por un rayo, mordido por una serpiente venenosa o sufrir un accidente de avión. A las personas les asusta la presencia de tiburones en aguas en las que nunca han estado, a consecuencia de la película *Tiburón* que vieron hace más de treinta años. Podríamos decir lo mismo respecto a la adquisición de pólizas de seguro. ¿Suscribiríamos una póliza que cubriera los accidentes de avión o una póliza que cubriera el robo? Por supuesto, lo segundo es mucho más frecuente: lo primero (afortunadamente) es muy raro.

Aparte de la cuestión relativa a la frecuencia basal, también está el famoso «sesgo de lo grande», que conduce a errores estadísticos. Las personas prestan más atención a los números grandes que a los números pequeños. La insensibilidad respecto a los números se puede observar con frecuencia en cómo las personas utilizan su propio dinero. Gary Belsky y Thomas Gilovich, que escribieron en 1999 un libro relativo a la economía conductual titulado *Por qué las personas inteligentes cometen errores importantes con el dinero* (*Why Smart People Make Big Money Mistakes*), propusieron algunos consejos útiles para compensar el razonamiento estadístico pobre:

1. No se impresione por el éxito a corto plazo: mire siempre las tendencias a largo plazo.
2. Juegue con los valores promedio, dado que el azar desempeña una función importante en las inversiones y que es fácil quedar seducido por los factores aleatorios a corto plazo.
3. Determine cuándo juega a su favor el tiempo: comience pronto, no deje de lado el poder de la inflación.
4. Esté prevenido respecto a las frecuencias basales y conózcalas.
5. Lea siempre la letra pequeña debido a que lo que ofrece la letra grande no anula la letra pequeña.

La idea en síntesis: nuestros errores cognitivos nos abren una ventana hacia nuestra mente

29 Razonamiento y resolución de problemas

«Sabe juzgar a las personas.» «Si de mí dependiera, no confiaría en su juicio.» «Creo que casi siempre causan más problemas de los que solucionan.» «Necesitamos constituir una comisión, dada la importancia de esta decisión.» La resolución de problemas está en el centro de la psicología del razonamiento y se refiere a diversas cuestiones diferentes, aunque relacionadas entre sí.

La resolución de problemas es una actividad intelectual, deliberada y dirigida hacia objetivos. Algunos «problemas» se solucionan con mucha rapidez, casi de manera automática, debido a que aparecen continuamente. Sin embargo, hay problemas que nos obligan a una reestructuración, a utilizar toda nuestra perspicacia y a realizar numerosos cálculos. Sabemos por los psicólogos gestálticos que, en ocasiones, las experiencias previas pueden desestructurar y empeorar un buen proceso de solución de un problema en situaciones en las que las respuestas bien aprendidas frente a problemas concretos no son aplicables debido a que el problema ha cambiado.

«Las verdades fundamentadas en la irracionalidad pueden ser más peligrosas que los errores razonados.»

T. H. Huxley, 1960

Heurísticas El término «heurística» significa «descubrimiento». Se utiliza en psicología para describir un método (con frecuencia, un método abreviado) que emplean las personas para intentar resolver los problemas. La heurística está constituida por «reglas de tipo general». En ocasiones estas reglas se construyen con algoritmos que son métodos complicados, lógicos y fundamentados en procedimientos, cuyo objetivo es la solución de problemas.

En el proceso cotidiano de toma de decisiones las personas ponen en marcha una amplia gama de heurísticas simples que por lo general son precisas y eficaces. Tienen una gran utilidad cuando se intentan tomar decisiones rápidas y que suelen aplicarse en la situaciones en las que no es fácil conseguir información adicional. Así, podemos utilizar muchas heurísticas al mismo tiempo para resolver un problema.

Cronología

1957
Introducción del concepto de «tormenta de ideas» (*brainstorming*)

1961
Demostración del riesgo asociado a la toma de decisiones por parte de grupos

Empleamos las heurísticas para tomar decisiones en situaciones de incertidumbre, tal como ocurre cuando nos comportamos como «avaros cognitivos». Las heurísticas son reglas sencillas y eficaces que han quedado incardinadas en nuestro cerebro a través de procesos evolutivos o bien que han sido aprendidas. Se han propuesto para explicar cómo las personas toman decisiones, llevan a cabo razonamientos y solucionan problemas, generalmente cuando se enfrentan a problemas complejos o a problemas respecto de los cuales su información es incompleta. Consideremos los ejemplos siguientes.

La heurística de la *representatividad* Consiste en la presunción de que el miembro típico (o representativo) de un grupo o de una categoría aparece con mayor frecuencia. Esta asunción ignora la información relativa a la frecuencia basal y también la incidencia general del problema o la frecuencia del grupo en la población. En diversos estudios se ha demostrado que las personas creen que los resultados obtenidos a partir de muestras pequeñas tienen tanta validez como los resultantes del estudio de muestras grandes (véase el capítulo 8).

« Todo el mundo se queja de su memoria, pero nadie de su falta de juicio. »

Duque Francois de la Rochefoucauld, 1678

La heurística de la *disponibilidad* Esta regla se refiere a la facilidad de recuerdo de diversos ejemplos y al efecto que ello tiene sobre nuestra capacidad de razonamiento. Los ejemplos fáciles de recordar, vívidos y claramente imaginables tienen un peso mucho mayor que el que deberían tener. Las personas recordamos eventos o ejemplos concretos de manera más vívida y, de esta manera, les otorgamos una importancia excesiva y también una probabilidad de ocurrencia superior a la correspondiente a otros acontecimientos menos memorables. Otro ejemplo es el de que las personas creemos que es más probable fallecer en un accidente de avión que en un accidente de automóvil, dado que los accidentes de avión tienen una publicidad mucho mayor y, por tanto, son más fáciles de recordar.

La heurística del *anclaje* Es un sesgo cognitivo que describe la frecuente tendencia del ser humano a confiar excesivamente (o «anclarse») en un fragmento de información a la hora de tomar decisiones. Según esta heurística, las personas comienzan con un punto de referencia sugerido de manera implícita (el ancla) y realizan ajustes respecto al mismo hasta llegar a una conclusión. En un estudio, los investigadores demostraron que cuando se preguntaba el porcentaje de naciones africanas que pertenecían a las Naciones Unidas, a las personas que en primer lugar se les preguntaba: «¿es mayor o menor del 45 por 100?» proponían un número inferior al de las personas a las que se preguntaba si era mayor o menor del 65 por 100. Las heurísticas de anclaje y ajuste influyen también en otros tipos de estimaciones, tal como las percepciones de los precios adecuados y de las cantidades apropiadas.

1972 Descripción del pensamiento en grupo

1982 Kahneman, Slovic y Tversky, *Judgement under Uncertainty: Heuristics and Biases*

2002 El psicólogo Kahneman obtiene el premio Nobel de Economía

Sesgos de tipo económico La aplicación al mundo de los negocios de los sesgos o errores en la solución de los problemas se ha denominado *economía comportamental* y está centrada en las actitudes habituales de toma de decisiones en lo que se refiere al dinero.

Entre estos sesgos están los siguientes:

- Sesgo de confirmación: atendemos y buscamos la información que confirma o favorece nuestras ideas.
- Sesgo de optimismo: el razonamiento de uno mismo es mejor que el de los demás y que la desgracia tiene más posibilidades de ocurrirle a los demás.
- Sesgo de control: podemos influir en la evolución de los acontecimientos organizativos o nacionales en mucha mayor medida de lo que realmente podemos.
- Sesgo de confianza excesiva: nuestras predicciones y razonamientos siempre son los mejores.
- Rigidez mental: reacción excesiva o insuficiente frente a los acontecimientos cotidianos.

Hay muchos más sesgos, lo que hace decepcionante y deprimente escuchar a todas esas personas convencidas de la racionalidad objetiva y brillantez de sus razonamientos.

«Es la capacidad de cometer errores lo que indica los niveles mayores de inteligencia.»

H. Price, 1953

Tormenta de ideas Los estudios que se han llevado a cabo acerca del concepto de «tormenta de ideas (*brainstorming*)» han sido especialmente sorprendentes. Los resultados obtenidos señalan que las personas encuentran más soluciones y más «creativas» cuando trabajan en grupos que se intercambian continuamente ideas que cuando trabajan de manera aislada. El concepto es que se sigue un proceso («más es mejor», recomendado pensar sin freno, prohibidas las críticas) que produce resultados maravillosos. Sin embargo, los datos sostienen otra idea: las personas que trabajan aisladamente parecen hacerlo mejor. ¿Por qué? En primer lugar, por la *percepción de la evaluación*, lo que significa que las personas que trabajan en grupo tienen consciencia de sí mismas y pueden autocensurarse buenas ideas debido a que los demás las podrían desaprobar. En segundo lugar, por la *holgazanería social*, que significa que las personas que trabajan en grupo simplemente dejan que los demás hagan todo el trabajo. En tercer lugar, está el problema del *bloqueo de la producción*, lo que significa que las personas dicen que no pueden pensar con claridad con todo el barullo que hay a su alrededor. La sentencia es firme: si ponemos en conjunto los resultados de las personas que trabajan aisladamente en la resolución de un problema creativo, realmente estas personas producen más respuestas y mejores que las personas que participan en grupos de tormenta de ideas.

Decisión en grupos ¿Razonan mejor las personas que trabajan en grupo o las que trabajan aisladamente? Acerca de esta cuestión hay una bibliografía psicosocial fascinante y bastante contraria a la intuición general. La idea es que a la hora de tomar una decisión pasamos a través de varias fases: analizamos la situación y después decidimos los objetivos; más tarde nos decantamos por cómo vamos a decidir (quién, cuándo, cómo y dónde), y buscamos soluciones alternativas adecuadas. En última instancia evaluamos las alternativas, tomamos una decisión, la analizamos y vemos sus consecuencias. Un aspecto clave que con frecuencia se pasa por alto es cómo decidimos: ¿lo tenemos que hacer a solas, llamamos a los expertos, formamos una comisión?

Polarización del grupo También se han publicado estudios muy interesantes acerca de la polarización del grupo. La mayor parte de las personas asume que si una decisión la toma un grupo (tal como una junta directiva o un jurado) esta decisión es más moderada y menos extrema que la que puede tomar un individuo aislado. Sin embargo, la realidad es que la decisión que toma un grupo es a menudo más extrema. En primer lugar, muchas personas realizan comparaciones sociales, es decir, se comparan a sí mismas con los demás componentes del grupo. Debido a ello, intentan con todas sus fuerzas sostener ciertos valores culturales acerca de la justicia, el juego limpio, el riesgo, etcétera. De esta manera, en cuestiones como la polución ambiental o la protección de la infancia los grupos tienden a ser muy conservadores y evitan el riesgo (más que los individuos), mientras que en otros cuestiones —como las recomendaciones acerca del cambio de trabajo o de las vacaciones de aventura— ocurre lo contrario. Además, las personas que participan en grupos pueden escuchar información muy convincente que les ofrece una persona que inspira confianza y habla bien, y dicha información puede decantarles de manera importante hacia una posición concreta.

Pensamiento en grupo

En muchos estudios realizados acerca de grupos que han tomado decisiones claramente inadecuadas se ha llegado al desarrollo del concepto de pensamiento en grupo. El pensamiento en grupo tienen lugar cuando los grupos se hacen la ilusión de que son invulnerables y también en la situaciones en las que se dedica demasiado tiempo a la racionalización (a diferencia de la racionalidad respecto a la cuestión evaluada). Estos grupos tienden a creer de manera absoluta que son moral y éticamente superiores a los demás y, por ello, dedican una gran cantidad de tiempo a ofrecer estereotipos negativos de los demás. También experimentan una presión de conformidad sólida e insana para «seguir la línea» o «expresar lealtad», lo que hace que autocensuren las ideas disidentes y que ofrezcan contraargumentos importantes. De hecho, a menudo estos grupos poseen «sistemas de protección mental» que garantizan que todos sus miembros piensan de la misma manera, lo que da lugar a una impresión de unanimidad en situaciones en las que realmente no hay tal.

La idea en síntesis: el razonamiento está influido a menudo por el contexto

30 Demasiada inversión como para abandonar

Nuestro artista favorito va a dar un concierto y tenemos los tiques para verle. Sin embargo, el día del concierto nos dan dos noticias negativas: nuestro artista favorito se ha puesto enfermo y será sustituido por un suplente y, además, hay una huelga de transportes que convierte en una pesadilla ir hasta la sala de conciertos y volver de ella. ¿Qué ocurre si los tiques nos los ha regalado un cliente agradecido o un amigo?, ¿y si hubiéramos pagado 100 euros por cada entrada?

La *falacia del coste invertido* demuestra con gran claridad que las personas tienen más probabilidades de esforzarse por acudir a un concierto que ofrece un artista del que ni siquiera habían oído hablar antes, en el caso de que hayan pagado los tiques de su bolsillo. Los organizadores de conferencias dicen lo mismo: las personas tienen más tendencia a seguir adelante (y, por tanto, a no cancelar su asistencia) cuanto más dinero hayan pagado por ello. Es el fenómeno clásico de la *aversión a la pérdida*. Una entrada no utilizada significa una pérdida o, incluso peor, un derroche.

Al volver del trabajo, vemos una oferta excelente: una comida realmente buena que cuesta un 25 por 100 menos de lo habitual. Nos lanzamos sobre la oferta pero al llegar a casa nos gustaría que acudiera a comer con nosotros una amiga. La telefoneamos, ella está de acuerdo y entonces volvemos rápidamente a conseguir otra comida de oferta. Sin embargo, ¡maldita sea!, ya se han terminado las ofertas especiales y, por ello, tenemos que comprar la otra comida a su precio normal. No obstante, lo peor está todavía por llegar: cuando estamos calentando las dos comidas llama por teléfono nuestra amiga para decir que le ha ocurrido un imprevisto y que no puede venir. Ahora, tenemos dos comidas calientes y que no se pueden recalentar, de manera que tenemos que tirar una a la basura. A pesar del hecho de que ambas comidas son idénticas, la mayoría de las personas tomaría casi siempre aquella comida por la que ha pagado más dinero.

«Es mejor haber amado y perdido que no haber amado nunca nada.»

Alfred Lord Tennyson, 1880

Cronología

1968
Primer experimento clásico

1979
Exposición de la teoría de la probabilidad

Razonamiento económico Los economistas señalan que los costes invertidos no se tienen en cuenta cuando se toman decisiones racionales. Vamos a ver un ejemplo clásico. Cometemos un error al comprar una entrada de cine que no es reembolsable. Es un coste invertido. Ahora, seleccionamos entre los dos opciones siguientes:

- Tras haber pagado el precio de la entrada , vemos la película que ya no queríamos ver.
- Tras haber pagado el precio de la entrada, nos decimos a nosotros mismos «mala suerte» y utilizamos el tiempo de la película para hacer algo que nos agrade más.

Es lamentable que hayamos comprado la entrada, pero nuestra decisión actual debería estar fundamentada en si deseamos ver o no la película, con independencia de su precio, tal como haríamos si la película hubiera sido gratis. La persona que piensa racionalmente quizá considere que, dado que la segunda opción incluye solamente el sufrimiento en una dirección (hemos gastado o tirado el dinero), esta opción es obviamente preferible a la primera, que conlleva el sufrimiento en dos direcciones (hemos gastado o tirado el dinero y el tiempo).

«El pasado es un país extranjero. Aquí hacemos las cosas de otra manera.»

L. Hartley, 1950

Muchas personas odian el «derroche» de recursos. Numerosas personas se sentirían obligadas a ver la película a pesar de no desear hacerlo realmente, debido a que si no lo hicieran sentirían que han malgastado el dinero que costó la entrada: un dinero duramente ganado y grabado con impuestos que se va a la basura. Esta es la falacia del coste invertido: insisto en el término «falacia». Desde un punto de vista estricto, este comportamiento es irracional: es ineficaz debido a que da lugar a una asignación errónea de los recursos (el tiempo) en función de una información que es irrelevante respecto a la decisión a tomar.

El coste invertido da lugar con frecuencia a un sobrecoste alarmante. Un ejemplo de ello puede ser la inversión en una fábrica, en una máquina o en un proyecto de investigación que finalmente tiene un valor inferior al esperado o que, peor todavía, no tiene ningún valor. Un gobierno puede haber gastado 50 millones de euros en la construcción de una planta nuclear realmente necesaria, pero después se demuestra que la cantidad de dinero presupuestada es insuficiente. El valor de la central en ese momento es casi nulo debido a que no se ha completado. Sin embargo, se puede completar con 20 millones de euros adicionales, o bien se podría abandonar completamente este proyecto y construir una central eólica con tan sólo 10 millones de euros. El abandono de la central ac-

«Los sueños siempre se refieren al pasado.»

A. Phillips, 1993

1985	1999	2000
Publicación del primer artículo acerca de esta cuestión	Belsky y Gilovich ofrecen ayuda a las personas que evitan las pérdidas	Baron Cohen, *The Psychology of the Stock Market*

tual y la construcción de una central eólica sería la decisión más racional, a pesar de que representa una pérdida importante respecto al coste original. Los 50 millones de euros invertidos constituyen un coste invertido. Sin embargo, ¿cuántos políticos serían económicamente irracionales y decidirían la finalización del proyecto original?

Los psicólogos reconocen que el coste invertido influye a menudo en las decisiones debido al fenómeno de aversión a la pérdida: el precio pagado anteriormente se convierte en un punto de referencia para el valor presente y futuro, mientras que el precio pagado debería ser un dato irrelevante debido a que en realidad lo es. Por tanto, éste es un comportamiento irracional. Las personas están atrapadas por sus experiencias anteriores; intentan maquillar sus decisiones erróneas para recomponer las pérdidas.

Un estudio clásico

En 1968 se llevó a cabo el experimento considerado como clásico en lo relativo al coste invertido; dos investigadores evaluaron a 141 jugadores en las apuestas de caballos: 72 de ellos habían terminado colocando una apuesta de 2 euros durante los 30 últimos segundos y los 69 restantes iban a apostar 2 euros en los 30 segundos siguientes. La hipótesis planteada fue la de que las personas que acaban de comprometerse a algo (p. ej., apostar 2 euros) muestran una disminución de la disonancia tras la toma de la decisión debido a que creen firmemente que han apostado por un caballo ganador. Los investigadores pidieron a los apostadores que valoraran en una escala de siete puntos las posibilidades de ganar que tenían los caballos por los que habían apostado. Los jugadores que todavía no se habían comprometido a hacer la apuesta valoraron las posibilidades de que su caballo favorito ganara en un promedio de 3,48, lo que representó una «posibilidad regular de ganar»; por su parte, los jugadores que acababan de realizar la apuesta ofrecieron una puntuación promedio de 4,81, lo que correspondió a una «buena posibilidad de ganar». Así, se confirmó la hipótesis: tras realizar la apuesta de 2 euros los jugadores se sintieron más confiados en ganarla. Más tarde, los investigadores realizaron un análisis secundario sobre los propietarios de los caballos y (tras la normalización correspondiente) obtuvieron un resultado casi idéntico.

La falacia del coste invertido también se denomina en ocasiones en Europa como «el efecto Concorde». En las décadas de 1950 y 1960 los gobiernos británico y francés siguieron financiando el proyecto conjunto de la fantástica aeronave supersónica Concorde después de que ya se hubiera demostrado que este proyecto no era económicamente rentable para la aviación comercial. Siempre perdió dinero. En privado, el gobierno británico sabía que este proyecto era un «desastre comercial» que nunca se debería haber iniciado. Sin embargo, en esta cuestión pesaron más el mantener la cara y los imperativos políticos que los errores en la toma de decisiones.

Tirar primero el dinero malo y después el bueno Los economistas comportamentales han definido las características de las personas con tendencia a la aversión a la pérdida y a la falacia del coste invertido. Señalan que el signo clásico es el hecho de haber tomado decisiones de gasto importantes acerca de la cantidad ya dedicada a un proyecto. También indican que la aversión a la pérdida se asocia a la tendencia a la venta de las inversiones ganadoras con mayor facilidad que de las inversiones perdedoras, y también a retirar el dinero de la Bolsa cuando caen los precios. Proponen las sugerencias siguientes para ayudar a que estas personas puedan tomar decisiones mejores.

- Evaluar el grado propio de tolerancia al riesgo, es decir, analizar el umbral personal respecto a las pérdidas y el pánico cuando las cosas van mal, de manera que por lo menos seamos conscientes de lo que pasa.
- Diversificar los riesgos, de forma que si algo va mal en un aspecto de los negocios, las inversiones o el trabajo, haya todavía capacidad de reacción con menos emocionalidad y más sentido común.
- Considerar el cuadro completo y general, y evaluar los objetivos y estrategias a largo plazo, intentando evitar las reacciones impulsivas cuando las cosas van mal.
- Olvidar las experiencias anteriores: el agua sigue pasando bajo el puente; no seamos víctimas del infortunio ni de los errores graves. Hay que recordar que no tenemos que justificar lo ocurrido en el pasado. Es importante centrarse en las situaciones actual y futura, no en la situación ya pasada.
- Intentar reconfigurar las pérdidas y las ganancias. Una pérdida puede enseñar lecciones de gran valor y también puede disminuir el pago de impuestos. No podemos cambiar el pasado, pero sí podemos contemplarlo de manera diferente.
- Una buena idea es dispersar las ganancias e integrar las pérdidas. Hay que intentar que los resultados positivos aparezcan en momentos diferentes y que los negativos aparezcan una sola vez, de manera que podamos abordarlos y seguir adelante.
- Es importante relajarse y prestar menos atención a las inversiones realizadas. No se debe analizar diariamente el valor de las acciones, sino tan sólo una vez a la semana. Es fundamental evitar que la tendencia natural a la aversión a la pérdida amenace nuestra tranquilidad mental.

«Quien controla el pasado, controla el futuro.»

George Orwell, 1948

La idea en síntesis: el coste invertido influye en la toma de decisiones

31 Toma de decisiones racional

«¿Por qué se lamenta el hombre de seguir su impulso natural más que el impulso racional, a pesar de que se esfuerza en desterrar dicho lamento? ¿Por qué siente después que debería haber lamentado su comportamiento? En este sentido, el hombre difiere profundamente de los animales inferiores.»

C. Darwin, 1862

El proceso de solución de problemas es similar al proceso de toma de decisiones, pero realmente son dos procesos distintos. En la solución de problemas intentamos definir buenas soluciones alternativas, mientras que en la toma de decisiones elegimos una de ellas. Las personas tienden a utilizar siempre los mismos mecanismos para tomar decisiones. Quizás hacen una lista con las ventajas y los inconvenientes. Quizá consultan a otras personas. Las decisiones se pueden tomar de manera individual o junto con los demás; fríamente o con un alto grado de emocionalidad.

«Nada está libre de lamentos y nada carece de consolación.»

A. Bennett, 1995

Casi todos nosotros consideramos que tomamos decisiones racionales en la mayor parte de las ocasiones. En la jerga económica esto se denomina maximización de la utilidad. Consideramos lo que es más probable que ocurra (desde un punto de vista probabilístico) y también el valor (la utilidad) que ello tiene para nosotros. Después, multiplicamos los dos factores y elegimos el mejor, en lo que se denomina teoría normativa. Sin embargo, hay un problema central: en estudios efectuados sobre los procesos de toma de decisiones se ha demostrado que realmente las personas no funcionan así, sobre todo en la que se refiere a las ganancias y las pérdidas que conlleva su decisión. Realmente, nos fijamos más en la posibilidad de la pérdida que de la ganancia.

Teoría de la probabilidad Kahneman y Tversky consiguieron en 2002 el premio Nobel de Economía por su trabajo sobre la teoría de la probabilidad, en la que se describen las decisiones entre alternativas que conllevan un riesgo (es decir, alternativas con resultado incierto) cuando conocemos las probabilidades.

En diversos estudios se ha demostrado que las personas tenemos una sensibilidad mucho mayor a las pérdidas que a las ganancias, hasta el punto de que a menudo

Cronología

1947 Teorías normativas respecto a la toma de decisiones

1981 Descripción de la importancia de los marcos de contextualización

asumimos riesgos importantes para evitar las pérdidas. Esto quiere decir que vendemos las acciones (imprudentemente) cuando se hunde su valor; que reparamos una y otra vez un coche viejo y agotado debido a que ya hemos pagado previamente muchas reparaciones.

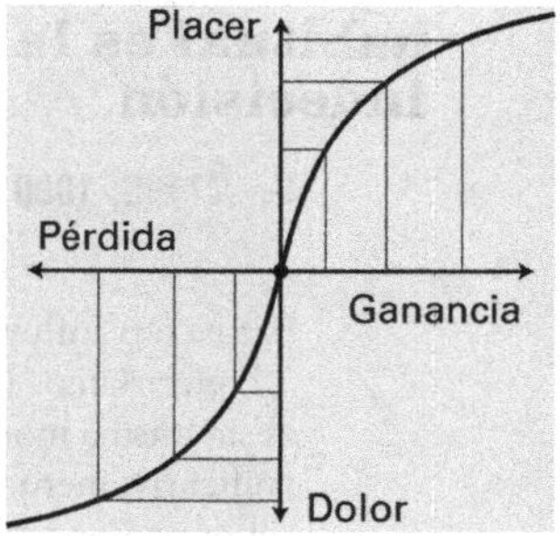

La curva S

Las personas deciden cuáles de los resultados que contemplan son básicamente idénticos y, después, establecen un punto de referencia y consideran que los resultados que quedan por debajo del mismo son pérdidas mientras que los que están por encima de dicho punto de referencia son ganancias. La asimetría de la curva S es indicativa del hallazgo de Warren Buffett en el sentido de que «las pérdidas conllevan una respuesta emocional doble que las ganancias». Las personas presentan una aversión al riesgo (es decir, una fijación por la seguridad) en relación con las ganancias, a pesar de que también muestran aversión hacia la pérdida (juegan para evitar las pérdidas). El valor subjetivo de una ganancia importante no es mucho mayor que el de una ganancia pequeña, de manera que las personas tienen un incentivo escaso para jugar con el objetivo de intentar incrementar el tamaño de la ganancia.

Una implicación importante de la teoría de la probabilidad es el marco de contextualización de las situaciones arriesgadas. El ejemplo siguiente subraya el efecto del marco de contextualización en el contexto de las situaciones arriesgadas.

A un grupo de personas se le pidió que imaginaran que eran científicos trabajando en un brote de una enfermedad infrecuente que se esperaba iba a causar 600 fallecimientos. Se propusieron dos programas diferentes para combatir la enfermedad. Al primer grupo de participantes se le pidió que eligiera entre ambos programas:

> Programa A: se salvarían 200 personas.
>
> Programa B: habría una probabilidad de un tercio de que se salvaran 600 personas y una probabilidad de dos tercios de que no se salvara ninguna persona.

En este grupo, el 72 por 100 de los participantes seleccionó el programa A, mientras que el 28 por 100 restante seleccionó el programa B.

Al segundo grupo de participantes se le pidió que eligiera uno de los dos programas siguientes:

> Programa C: perecerían 400 personas.
>
> Programa D: habría una probabilidad de un tercio de que no falleciera nadie y una probabilidad de dos tercios de que fallecieran 600 personas.

«Mientras el médico reflexiona, el paciente fallece.»

Proverbio italiano

1984	2000	2002
Propuesta de la teoría de la probabilidad	Desarrollo de la ciencia de la decisión	Premio Nobel de Economía a Kahneman y Tversky

«No hay ser humano más triste que aquel en el que lo habitual es la indecisión.»

W. James, 1890

En este contexto de decisión, el 78 por 100 de los participantes seleccionó el programa D, mientras que el 22 por 100 restante se decidió por el programa C. Sin embargo, los programas A y C, y los programas B y D, son prácticamente idénticos. El cambio del marco de decisión en A entre los dos grupos de participantes dio lugar a una inversión de la referencia, de manera que el primer grupo prefirió el programa A/C y el segundo grupo el programa B/D.

Efectos del marco de contextualización La forma de presentación, adorno o contextualización de una situación influye de manera muy importante en la respuesta de las personas. ¿Preferiríamos un descuento del 5 por 100 o evitar un recargo del 5 por 100? Esta misma modificación del precio, enmarcada de forma distinta, influye significativamente en el comportamiento de los consumidores y es un área de enorme importancia en el marketing. Así, anuncios típicos como el siguiente: «Si usted no acepta la oferta antes del día 15, perderá...».

Cuando entre las posibilidades existentes hay una posible ganancia, las personas tienden a evitar los riesgos, pero cuando entre las posibilidades existentes hay una posible pérdida generalmente aceptan el riesgo con objeto de minimizar dicha pérdida. Las personas de todos los contextos y edades prefieren minimizar el disgusto de la pérdida antes que maximizar el placer de la ganancia.

En un estudio se utilizaron dos vídeos de salud para intentar persuadir a las mujeres de que se realizaran una exploración de las mamas y una mamografía. Ambos vídeos eran casi idénticos y presentaban los mismos datos y hechos médicos y estadísticos. Sin embargo, en uno de ellos se insistía en las ventajas de la realización de estas pruebas mientras que en el otro se insistía sobre los riesgos de no realizarlas. Tal como predice la teoría, entre las mujeres que visualizaron el vídeo en el que se insistía sobre los riesgos fue mayor el número de las que se decidieron por las exploraciones.

En diversos estudios se ha demostrado que si queremos que las personas lleven a cabo comportamientos preventivos respecto a su salud (tal como el uso de anticonceptivos y preservativos), los mejores mensajes son los que subrayan los efectos beneficiosos de las medidas propuestas. Sin embargo, si queremos que las personas lleven a cabo pruebas de detección (p. ej., las correspondientes al virus de la inmunodeficiencia humana [VIH]), entonces es mejor insistir en los aspectos negativos que conlleva no realizar dichas pruebas. Si contemplamos diversos comportamientos como de riesgo bajo o de riesgo alto, ello indica si el mejor mensaje va a ser el que insiste en las pérdidas o en las ganancias.

Lo importante no es la realidad de la pérdida sino la percepción de dicha pérdida. Una vez que hemos invertido una gran cantidad de tiempo, dinero o energía en un proyecto, nos cuesta mucho convencernos de que dicho proyecto no era una buena idea o de que no valía la pena.

Asunción de riesgos en el ámbito empresarial ¿Es el comportamiento de asunción de riesgos un factor de la personalidad? Claramente, hay personas que tienen aversión al riesgo y personas que tienen tendencia a la asunción de riesgos. ¿Están estas personas con aversión al riesgo muy preocupadas por la seguridad, mientras que las personas con tendencia a la asunción de riesgos están motivadas por el deseo de ganar? Las personas que asumen riesgos demuestran su temple cuando hay posibles pérdidas, mientras que las que evitan los riesgos lo hacen cuando hay una posible ganancia.

En estudios realizados sobre empresarios de éxito se ha demostrado que realmente estas personas no muestran aversión al riesgo. Tienden a ser muy activas y curiosas, y aceptan riesgos «moderados». Son personas enérgicas que buscan logros, y también son optimistas. Están preparadas para aceptar el fracaso y para aprender de sus errores. Buscan las oportunidades. Así, en términos de la teoría de la probabilidad, muestran un nivel bajo de aversión a las pérdidas y al riesgo, al tiempo que su actitud es la de asunción de riesgos. Tienden a redirigir sus decisiones de manera que sean positivas y no se suelen sentir paralizadas por la indecisión.

Parálisis de la decisión

La teoría de la probabilidad explica las razones por las que actuamos cuando no deberíamos hacerlo y también las razones por las que no actuamos cuando sí lo tendríamos que hacer. Curiosamente, cuantas más decisiones debe tomar una persona en su vida, más probable es que no haga nada, y cuantas más opciones atractivas existan más intensa será la parálisis respecto a la decisión. La libertad de decidir puede causar problemas graves. Cuanto más tardamos en tomar una decisión, menos probable es que superemos las dudas. En un estudio se pidió a los participantes que rellenaran un cuestionario a cambio de una recompensa adecuada. A algunos de ellos se les dijo que la fecha límite era al cabo de 5 días, a otros que esta fecha era a los 21 días y a un tercer grupo de participantes se le dijo que no había fecha límite para la entrega del cuestionario. Resultados: en el grupo de los 5 días devolvió el cuestionario el 60 por 100 de los participantes; en el grupo de los 21 días lo devolvió el 40 por 100, y en el grupo sin fecha límite lo devolvió el 25 por 100.

Las recomendaciones siguientes están dirigidas a las personas que sufren el fenómeno de parálisis de la decisión.

- Es importante reconocer que la falta de decisión es en sí misma una decisión. El aplazamiento, la agresividad pasiva y la dilación no son buenos métodos para mostrar confianza en el *status quo*.
- Nunca se deben subestimar los costes de oportunidad; es decir, el coste de no hacer nada puede ser mayor que el coste de hacer algo «subóptimo».
- Es importante mantener un sistema de tipo «piloto automático» que nos obligue a seguir ciertas normas y a no quedarnos «colgados» cuando tenemos que tomar muchas decisiones.
- No hay que olvidar la importancia de actuar como «abogado del diablo»: asumir el reto y comenzar desde el principio, no desde el momento presente. Poner el problema del revés.

La idea en síntesis: el razonamiento desempeña una función en el comportamiento de asunción de riesgos

32 Recuerdos del pasado

«La reminiscencia viene provocada por un geranio seco, el polvo en las grietas, el olor a castañas en las calles y el olor a mujer en zonas bien abrigadas, a cigarrillos en los pasillos y a licores en los bares.»

T. S. Eliot, 1945

Casi todo el mundo puede decir que ciertas canciones, olores o sabores «le traen recuerdos imborrables.» Un olor concreto puede inducir un recuerdo inmediato y muy intenso. Las canciones que escuchábamos en la adolescencia nos pueden transportar de manera inmediata a la misma y al afloramiento de una serie de sentimientos olvidados durante largo tiempo. Asimismo, el sabor de las comidas que tomábamos cuando éramos niños en casa de nuestros padres nos evoca de manera súbita recuerdos que en muchas ocasiones son completamente inesperados.

Quienes trabajan en marketing saben todo esto muy bien. Aplican todo tipo de olores en los puntos de venta para destacar una estación del año (conos de pino en Navidades, aceite de coco en el verano), o bien usan una característi-

Olvidos

Muchas personas de edad avanzada pueden recordar con mucha mayor claridad cosas relativas a sus años en el instituto que a lo que les ocurrió el año pasado. Es interesante el hecho de que nuestra capacidad para reconocer caras parece mantenerse durante mucho más tiempo que nuestra capacidad para decir el nombre de las personas a las que corresponden.

Si aprendemos un idioma en el colegio o en la universidad, olvidamos una gran parte de lo aprendido a lo largo de los dos a cuatro años siguientes, pero lo que no se olvida parece mantenerse de manera sólida durante cuarenta años o más. Una vez que aprendemos a nadar, a montar bicicleta o a patinar, esta habilidad parece ser retenida con facilidad; es decir, esto ocurre si la habilidad aprendida incluye lo que se ha denominado bucles cerrados (en los que una acción lleva claramente a la siguiente). Sin embargo, esto no es así en las habilidades denominadas de bucle abierto (como puede ser la mecanografía, en la que las distintas acciones no están relacionadas entre sí).

Cronología

Década de 1880
Galton estudia la memoria autobiográfica

1913-1927
Proust, *En busca del tiempo perdido*

ca (como la limpieza o la calidez) que consideran va a modificar el estado de ánimo del posible comprador y va a incrementar su tendencia a la compra. También se aplica música con el mismo objetivo.

«La mayor parte de lo que recordamos se reconstruye a partir de fragmentos almacenados.»

J. Fodor, 1975

Memoria autobiográfica Todos tenemos recuerdos de nuestro pasado: la niñez, el colegio, la adolescencia, el primer trabajo. Tenemos recuerdos de acontecimientos muy específicos y también de acontecimientos más generales. Podemos recordar hechos muy concretos (el tiempo que hacía cuando nos casamos o qué trayecto recorrimos con nuestro primer coche) que son verificables; en lo que se refiere al pasado, las personas muestran recuerdos muy vívidos de dos fases de su vida: su adolescencia y los primeros años de su edad adulta (es decir, entre los doce y los veinticinco años de edad) por un lado, y los seis últimos años transcurridos.

La mayor parte de nosotros presentamos lo que se denomina *amnesia infantil*: recordamos muy poco de nuestros primeros años de vida. Se han realizado diferentes estudios para explicar este hecho. Es posible que en esta etapa el cerebro no esté suficientemente desarrollado y que, por tanto, no pueda almacenar la información, o bien que en esta fase no poseamos un lenguaje suficientemente sofisticado como para almacenar los recuerdos. También es posible que la perspectiva del mundo que tiene el niño sea tan diferente de la del adulto que a pesar de que los recuerdos puedan estar ahí no haya ninguna forma real de acceder a ellos.

Un método de estudio de este fenómeno es el de preguntar a los niños y a sus madres respecto a los detalles de, por ejemplo, el nacimiento de un hermano. Se les puede preguntar el momento de hospitalización de la madre y quién se quedó al cuidado del niño más mayor; el número y tipo de visitas que hicieron al hospital, etcétera. En los estudios realizados con este método se ha observado que los niños tienen aproximadamente las dos terceras partes de los recuerdos de sus madres, pero antes de los tres años no tienen casi ningún recuerdo.

Un elemento clave son los «hechos» que recordamos y los que olvidamos, y también si estos recuerdos y olvidos muestran algún tipo de sesgo sistemático. Ciertamente, nuestra capacidad para recordar el pasado puede estar influida por diversas cosas, tal como si mantenemos un diario o si se hicieron grabaciones de audio o vídeos de los diversos acontecimientos. Los recuerdos están sesgados y se construyen y reconstruyen a lo largo del tiempo, especialmente en relación con la cantidad de veces que se habla de un acontecimiento. Las personas interpretan la significación de los acontecimientos, más que los detalles. Además, pueden poseer uno o dos retratos muy fuertes (imágenes y sonidos) que están integrados en un conjunto. Hay una gran diferencia entre los hechos autobiográficos y los recuerdos personales de tipo genérico.

1920
Inicio de la investigación sobre los datos biográficos

Década de 1970
Comienzo de los estudios sobre los diarios

1977
Introducción del concepto de memoria fotográfica

> **«Nuestros recuerdos son como ficheros consultados y después cerrados de manera desordenada por autoridades a las que no controlamos.»**
>
> **Cyril Connolly, 1950**

Métodos El psicólogo británico sir Francis Galton fue el primer especialista que estudió (en la década de 1880) la cuestión de los recuerdos personales. Para ello, decía una palabra (como «casa» o «padre») a las personas evaluadas y les pedía que recordaran algún acontecimiento específico asociado a las mismas. Galton apuntaba los detalles, el tono y el interés mostrado por las personas evaluadas. Otros investigadores han desarrollado diversos tipos de entrevista para evaluar los recuerdos individuales de las personas y los acontecimientos, y para intentar comprender el proceso a través del cual tienen lugar. La cuestión más importante para el progreso del estudio científico es la demostración de la realidad de estos recuerdos.

También está el fascinante estudio realizado por un psicólogo holandés que analizó sus propios recuerdos autobiográficos a lo largo de más de seis años. Cada día registraba unos pocos eventos que tenían lugar en su vida, y llegó a registrar en conjunto más de 2.400. Después, estudió su propia memoria respecto a estos eventos con una periodicidad anual intentando responder a preguntas de quién, qué, dónde y cómo. Este investigador holandés observó que las preguntas correspondientes a «cuándo» eran las de respuestas más difícil. También observó, quizá como era de esperar, que los acontecimientos más excepcionales y los que conllevaban una implicación emocional mayor eran los que también se recordaban mejor. Es interesante el hecho de que cuanto más desagradable era el recuerdo, más rápido parecía ser olvidado. Algunas cosas parecían haber sido olvidadas de manera completa, pero con el uso de distintas pistas o ayudas fue posible recordar casi todo.

En otros estudios se ha demostrado que el tipo de análisis de los recuerdos influye en el propio recuerdo. Si se pide a una persona que reconozca cosas se consiguen resultados mucho mejores que si se le pide que las recuerde. También influye en gran medida el hecho de que los recuerdos hayan quedado apuntados formalmente en un diario (incluso en un diario de vídeo).

Distorsión, oscurecimiento y fabulación Una distinción importante es la que existe entre *verdad* y *precisión*. Si una persona recuerda lo esencial de una situación (experiencia y sentimientos generales), ello puede ser descrito como verdad; sin embargo, este mismo recuerdo solamente es preciso cuando es correcto en todos los detalles. En este sentido, la mayor parte de las memorias autobiográficas son verdad. La mayoría de las personas tiene recuerdos autobiográficos que son relativamente verdad en el sentido de que en ellos se recoge correctamente el bosquejo genérico de sus vidas, pero si a estas personas se les pide una información detallada cometen errores.

Algunas personas, generalmente las que sufren amnesia secundaria a una lesión cerebral, muestran un oscurecimiento de sus recuerdos, lo que quiere decir que parecen recordar bien en algunos momentos mientras que en otros no se acuerdan de nada. Se considera que estas personas tienen la información almacenada en su cerebro pero que, en ocasiones, les resulta difícil acceder a ella. Hay también pacientes con lesiones cerebrales que ofrecen recuerdos autobiográficos muy detallados pero que son claramente falsos. Algunos de ellos parecen incapaces de distinguir entre los recuerdos auténticos y los imaginados y sufren lo que se ha denominado problemas «disejecutivos». No obstante, este problema es muy infrecuente.

Memoria fotográfica

El concepto de memoria fotográfica se refiere a recuerdos personales muy memorables y a menudo muy específicos respecto a un acontecimiento importante. Fue introducido en 1977 en el transcurso de la investigación sobre los recuerdos del asesinato de John Kennedy en 1963. Hay seis factores asociados a la memoria fotográfica:

- el lugar en el que se produjo el acontecimiento
- la naturaleza del informante, es decir, cómo encontró la información la persona
- el efecto del acontecimiento sobre las demás personas
- la propia reacción emocional al acontecimiento
- las secuelas inmediatas al acontecimiento.

Algunas memorias autobiográficas son de este tipo, pero normalmente este concepto se refiere a los acontecimientos históricos famosos.

Datos biográficos La mayor parte de las personas afirma que el pasado predice el presente; es decir, que nuestra historia personal explica en gran medida el tipo de persona que somos. Por ello, la fascinación por las biografías. Los psicólogos clínicos y también los psicólogos interesados por la economía han evaluado este fenómeno intentando predecir la idoneidad de las personas para la realización de tareas laborales específicas, teniendo en cuenta la cantidad de colegios distintos a los que acudieron; si fueron el primer hijo de sus padres; si fueron elegidos delegados de curso en el colegio; la edad a la que se casaron, etc. Lo habitual es que los datos que se investigan sean los correspondientes a la historia educativa, laboral y personal, incluyendo las distintas cuestiones relacionadas con la salud, las relaciones personales, las actividades de ocio, el dinero y los hábitos personales. Este método de selección persigue el uso de los hechos biográficos como única evidencia.

La idea en síntesis: los recuerdos pueden ser provocados por estímulos diferentes

33 Lo que vio el testigo

¿Podría el lector identificar con precisión a la persona que le vendió un periódico esta mañana? ¿Podría identificar a un ladrón que le despertó y al que solamente vio durante unos pocos segundos? ¿Cree el lector que podría señalar con el dedo a la persona correcta en una rueda de reconocimiento clásica? ¿Cuántas personas permanecen en prisión debido a una identificación segura pero incorrecta, solamente por el hecho de que parecían tener un «aspecto criminal»? ¿Cuántas personas se libran impunemente de ser acusadas de crímenes graves debido a que no son identificadas por uno o más testigos?

«La memoria de los testigos oculares parece especialmente vulnerable a la forma con la que se realizan las preguntas.»

S. Fiske y S. Taylor, 1991

La psicología de la identificación por testigos oculares es una de las áreas más importantes de la psicología aplicada y se sitúa en la intersección entre la psicología y el derecho. Los abogados, los jueces, la policía y los psicólogos no suelen ser conscientes del fracaso frecuente de la justicia debido a la existencia de convicciones erróneas. Conocen el poder que tiene para los jurados la identificación, especialmente si el testigo parece ser una persona perspicaz y fiable, y se expresa con claridad.

Los miembros de los jurados suelen estimar de manera excesiva la importancia de la información aportada por los testigos oculares: las tasas de condenas aumenta desde el 20 por 100 al 70 por 100 por efecto del testimonio de tan sólo un testigo. La mayor parte de las personas son completamente inconscientes de la gran cantidad de factores distintos que pueden influir de manera falsa en su recuerdo de los acontecimientos. Las dificultades con la vista, la brevedad de la exposición y el estrés son los factores más conocidos, pero en el ofrecimiento de una información errónea también juegan un papel las expectativas, los sesgos, los estereotipos personales y las preguntas capciosas.

El testigo Algunos factores tienen que ver con las características personales del testigo: sexo, edad, raza, personalidad y nivel educativo. También hay factores quizá más importantes como la formación educativa y la experiencia del testigo, así como las características de la observación del acontecimiento, dado que todo ello influye en la precisión del recuerdo. Las mujeres

Cronología

1890
William James habla de los recuerdos imaginados

1904
Comienzan los estudios acerca del recuerdo de eventos

recuerdan cosas diferentes que los hombres, pero solamente hay una evidencia limitada de la existencia de diferencias sexuales en la precisión de la información ofrecida por los testigos oculares. Las personas mayores pueden tener una vista y una memoria reducidas: sabemos que los adultos jóvenes son mejores en esta tarea. Todos somos mejores para identificar a las personas que pertenecen a nuestro mismo grupo racial.

Factores contextuales Hay una amplia gama de factores de situación relacionados con el acontecimiento sobre el que informa el testigo. Entre ellos, el tipo de delito; la complejidad, la duración y la implicación real del testigo en el acontecimiento, y también factores más sencillos como el grado de oscuridad que había, la hora del día en la que ocurrió y el número de los demás testigos. Cuanto más estrés presenta el testigo ocular, menos preciso es su recuerdo. También se ha establecido la existencia del denominado «efecto de la fijación sobre el arma», de manera que si en el incidente están implicadas un arma de fuego o un arma blanca parece que suscitan una gran atención por parte de los testigos, con la reducción consiguiente en la capacidad de identificación correcta de otros datos.

Factores sociales Hay factores sociales asociados a las limitaciones y normativas de los juzgados y también al estatus social del interrogador. Las expectativas de cada persona pueden influir de manera importante. También pueden tener un efecto los sesgos culturales, los prejuicios latentes y las actitudes políticas. Además, el lenguaje que se utiliza en los juzgados también puede inducir un efecto de gran importancia. En un estudio famoso se emplearon palabras distintas para definir un accidente de tráfico: «porrazo», «choque», «contacto», «impacto» y « colisión». Las palabras influyeron en el recuerdo posterior de los testigos. Así, si se utilizó la palabra «colisión», los testigos tuvieron una probabilidad mayor de indicar erróneamente que habían visto fragmentos de cristales, en comparación con el uso de la palabra «choque».

> **«Se ha demostrado que todos los métodos que señalan ofrecer algo así como una "representación retrospectiva" de los recuerdos (un ejemplo importante es la hipnosis) ... se esfuerzan por demostrar que la teoría de la cinta grabada es falsa.»**
>
> **Henry Gleitman, 1981**

Cuestiones relativas al interrogatorio Hay muchos factores importantes asociados a los métodos y las herramientas que se aplican en los interrogatorios, tal como las ruedas de reconocimiento, las fotos fijas y los esquemas. Consideremos algo tan sencillo pero importante como «la alineación». Primera pregunta: ¿debería estar alineado en una rueda de reconocimiento el sospechoso del delito, o no? Sabemos, a partir de la evidencia, que cuando no está presente el causante real del delito la policía sospecha que se incrementa de manera significativa la posibilidad de que se lleve a cabo una identificación incorrecta. Si al testigo se le dice que el culpable puede estar o

1976 Comité legal británico (Devlin) acerca del testimonio de los testigos oculares

1979 Loftus, *Eyewitness Testimony*

1988 Definición de la entrevista cognitiva

no presente en la rueda de reconocimiento, la probabilidad de que cometa un error disminuye de manera muy importante, en comparación con la situación en la que el testigo asume que la persona culpable está presente.

El director de la rueda de reconocimiento puede «filtrar » información e influir en el testigo. Por tanto, se recomienda que la persona que realiza esta función no esté implicada directamente en el caso. También tiene importancia ofrecer al testigo información acerca de sus errores cuando selecciona a «inocentes conocidos» a los que se pide que participen en la rueda de reconocimiento y que no tienen nada que ver con el delito. Por supuesto, las personas inocentes o «de relleno» deben tener una cierta similitud física con la descripción ofrecida por el testigo. Si el criminal es recordado como alto, calvo, delgado y con gafas, todas las personas que componen la rueda de reconocimiento deben tener estas características, dado que sabemos que el testigo va a señalar con mayor probabilidad a una persona que las posea (sea inocente o culpable). También sabemos que los errores son más probables si al testigo se le muestran simultáneamente todos los componentes de la rueda de reconocimiento, en vez de hacerlo de manera secuencial.

Cuando una persona testifica en un juicio siempre existe algún elemento de duda. No obstante, los testigos tienden a expresar una confianza mayor después del juicio que durante el mismo, incluso en situaciones de incertidumbre relativa. Los términos de «puede ser» o «tal vez» se convierten a menudo en «claro que sí». Por tanto, para reducir la frecuencia de errores se aconseja que la declaración del testigo quede registrada exactamente en el mismo momento en el que realiza su primera identificación.

Estudios experimentales En un estudio experimental se mostró a los participantes un vídeo de un accidente de tráfico y después se les pidió que estimaran la velocidad de los vehículos cuando tuvo lugar el «contacto» o la «colisión». La respuesta estuvo directamente relacionada con la fuerza implicada por el verbo utilizado y osciló entre 45 km/h y 57 km/h. Las preguntas dirigidas han dado lugar a muchos hallazgos de carácter reproducible y se ha observado que los cambios sutiles en las palabras utilizadas dan lugar a un efecto de enorme importancia en el testimonio; un ejemplo de cómo el cambio de una sola palabra puede influir en los testigos es el uso de «¿vio usted *un*...?» en comparación con «¿vio usted *el*...?».

La mayor parte de los testigos expresa una actitud de ayuda y, en el caso de un delito con violencia o de un ataque, tiene el incentivo añadido de ayudar a la policía a capturar a un criminal violento. Los testigos creen que la policía no debería llevar a cabo una rueda de reconocimiento a menos que existiera un sospechoso firme. A pesar de que los testigos intentan con todas sus fuerzas identificar al criminal verdadero, en los casos en los que no están seguros (y también en los casos en los que una de las personas de la rueda de reconocimiento se ajusta a las características del criminal que tienen en su memoria) ofrecen la identificación de la persona que más se ajusta a su recuerdo del criminal. A menudo, esta identificación es incorrecta.

Los miembros del jurado pueden no ser conscientes de los factores que interfieren la percepción de los testigos oculares, en como el efecto inducido por la atención sobre el arma utilizada o los factores que dificultan el recuerdo, como el efecto de las exposiciones previas a la identificación de sospechosos, y ello puede ser la causa de que en una revisión de 205 casos de detenciones incorrectas se observó que en el 52 por 100 de las mismas el error estaba relacionado con un testimonio equivocado ofrecido por testigos oculares.

Se ha demostrado que cualquier testimonio ofrecido en un tono afirmativo e impositivo es más preciso y verdadero. Sabemos que cuanto más tiempo ha pasado desde un acontecimiento, menos lo recordamos. También sabemos que los escenarios que son vívidos, llamativos o novedosos siempre se recuerdan mejor que los de carácter prosaico. Así, se han definido diversas técnicas, como la entrevista cognitiva, para intentar mejorar el recuerdo de los testigos oculares. Con estas técnicas se pretenden potenciar diversos actos específicos: el repaso de los acontecimientos hacia adelante y hacia atrás; el repaso de los diferentes puntos de vista y la notificación de todos los detalles recordados, aunque puedan parecer triviales.

Factores a tener en cuenta

A menudo, a los abogados y los miembros de los jurados se les recomienda que consideren una serie de cuestiones antes de prestar demasiada atención al testimonio de un testigo ocular.

- ¿Tuvo realmente el testigo la oportunidad de observar a la persona?
- ¿No podía estar alterada la capacidad del testigo debido al alcohol, las drogas o las lesiones?
- ¿Se conocen entre sí el testigo y el acusado?
- ¿Son el testigo y el acusado de la misma raza?
- ¿Cuánto tiempo ha transcurrido desde que ocurrió el acontecimiento?
- ¿Cómo fue identificado el acusado (fotografías, rueda de reconocimiento)?
- ¿Qué grado de confianza expresó el testigo en la identificación inicial?

La idea en síntesis: la identificación realizada por los testigos oculares es a menudo errónea

34 Inteligencia artificial

«No tendríamos que invocar ninguna entidad o fuerza extraña para explicar los fenómenos mentales si pudiéramos conseguir una explicación de los mismos en referencia a las posibilidades de un ordenador electrónico.»

M. G. Kendall, 1950

¿Realidad o ficción? Muchas personas han soñado con la construcción de máquinas inteligentes y, en algunos casos, parece que lo han conseguido: robots que pueden montar coches, o máquinas capaces de jugar al ajedrez y desafiar a los grandes maestros. Muchos de los mitos de la antigüedad contenían referencias a máquinas pensantes, autómatas esclavos o monstruos terroríficos que, una vez creados, eran incontrolables. Los futuristas del último siglo han escrito acerca de nuevos mundos maravillosos en los que las máquinas hacen todo el trabajo o bien, alternativamente, controlan el mundo. Hoy en día, la inteligencia artificial (IA) se sitúa en el corazón de todas estas cuestiones, desde los robots y el diagnóstico médico hasta el desarrollo de juguetes sofisticados.

«Una máquina no puede razonar en la medida en que un libro puede recordar.»

L. S. Hearshaw, 1987

Definición de la IA En el momento presente, la IA se define como el estudio y el diseño de *agentes inteligentes*, es decir, sistemas que perciben el entorno y que llevan a cabo acciones que maximizan las posibilidades de éxito. El término de IA también se ha utilizado para describir una propiedad de las máquinas o los programas informáticos: la inteligencia que demuestra el propio sistema. Los investigadores esperan que las máquinas tengan capacidad de razonamiento, conocimiento, planificación, aprendizaje, comunicación, percepción, movimiento y manipulación de objetos. Todavía no se ha alcanzado la denominada *inteligencia general* (o «IA dura»), pero ello es un objetivo a largo plazo de la investigación en IA.

Historia La historia de la IA se remonta a apenas hace sesenta años. Matemáticos e ingenieros de alto nivel construyeron y programaron los primeros ordenadores que eran capaces de resolver problemas lógicos complejos e incluso capaces de hablar. Los gobiernos y las universidades dedicaron dinero a este

Cronología

1941 Primer ordenador electrónico

1955 Desarrollo del primer programa de IA

tipo de investigación y en la década de 1960 se hicieron predicciones optimistas acerca de las posibilidades de programación de las máquinas para que realizaran cosas. Sin embargo, entre 1980 y 2000 hubo una época de decepción y desilusión. A partir del comienzo del milenio actual ha tenido lugar un resurgimiento importante del interés por estas cuestiones de la mano del incremento masivo de la potencia de los ordenadores y de los intentos de solución de problemas muy específicos.

Métodos Se han desarrollado máquinas que superan al ser humano en tareas concretas; un ejemplo famoso de ellas es la denominada Deep Blue, una máquina de jugar al ajedrez que derrotó al gran maestro Gari Kasparov en mayo de 1997. Los programas del tipo aplicado en la máquina de ajedrez Deep Blue son específicos para una sola tarea y su base de conocimiento procede exclusivamente del ser humano.

«La pregunta a la que queremos responder es la siguiente: "¿Puede pensar un ordenador?". Es decir: "¿Pensar consiste en la creación o implementación de un programa informático correcto que ofrezca las entradas y salidas adecuadas?". Está claro que la respuesta a esta pregunta es "No".»

John Searle, 1984

Los investigadores en IA han desarrollado una serie de herramientas y métodos dirigidos al abordaje de tareas difíciles. Entre ellas, la función de búsqueda o de exploración de un objetivo. A continuación, la necesidad de un sistema lógico. Después, se desarrollan sistemas probabilísticos para establecer conclusiones. En el centro de todo el problema están los sistemas que clasifican la información y los que controlan las acciones una vez que la información ha sido clasificada.

Se han desarrollado programas informáticos para el aprendizaje a partir de la experiencia. Un ejemplo de ellos es el denominado Soar (*state, operate and result*), que resuelve problemas comenzando desde un estado inicial (*state*) y aplicando una serie de operadores (*operate*) hasta que se alcanza el estado de resultado (*result*). El sistema Soar puede superar de manera creativa una situación de «callejón sin salida» y tiene la habilidad suficiente para aprender de su propia experiencia, almacenando soluciones y utilizándolas cuando se enfrenta a un problema similar en el futuro. Este aspecto es importante en el desarrollo de la IA debido a que puede solucionar de forma más eficiente una amplia gama de problemas. Sin embargo, lo más importante es que el sistema Soar se comporta de manera similar a como lo haría un ser humano que resolviera la misma situación. Tanto el ser humano como el sistema aprenden de la experiencia, resuelven los problemas y presentan curvas de aprendizaje de configuración similar.

1964 Introducción de la lógica difusa

1970 Diseño de sistemas expertos

1997 La máquina Deep Blue derrota a Gari Kasparov

Ética de la IA

Los críticos han destacado el hecho de que los grupos que han estado tradicionalmente más interesados en la IA han sido las agencias relacionadas con la defensa nacional y las grandes compañías, especialmente las informáticas. ¿Quiere esto decir que tenemos que considerar la posible ética de la IA? Ciertamente, cualquier avance científico tiene consecuencias sociales.

El conocimiento es poder, y este poder es a menudo neutro y se puede aplicar de diferentes formas. Así, tenemos el poder nuclear y también las armas nucleares. En el momento presente, tanto los criminales como los profesionales de la prevención de los delitos pueden utilizar exactamente los mismos equipos para adquirir y procesar los datos.

¿Qué deberían ser capaces de hacer las máquinas inteligentes? Los defensores de la IA dura consideran que las máquinas deben ser capaces de superar al ser humano en aspectos como el razonamiento, la solución de problemas y el aprendizaje. El objetivo básico de esta iniciativa fue inicialmente la capacidad de los investigadores en IA para construir sistemas que permitieran resolver los problemas de manera eficiente, precisa y constante. Para ello era necesaria la creación de algoritmos que hicieran tareas como descifrar claves o resolver rompecabezas. Por tanto, era como si se pudiera enseñar a razonar a las máquinas: se pretendía que estas presentaran capacidad de deducción lógica. La realidad es que en muchos estudios psicológicos se ha demostrado que el ser humano se comporta a menudo de manera ilógica, irracional e ineficaz en la solución de los problemas, algo que animó a los investigadores en IA a demostrar que la IA podía superar al ser humano. Recientemente, los investigadores han demostrado que es posible utilizar máquinas para tomar decisiones a partir de una información incompleta, irrelevante y distorsionada.

Planificación, almacenamiento y aprendizaje La tecnología de la IA se utiliza para realizar predicciones respecto al futuro y, por tanto, para planificarlo. Inevitablemente, ello conlleva una función de planificación. ¿Podríamos diseñar máquinas inteligentes que fueran capaces de definir objetivos y después solucionarlos?

Los investigadores en IA están preocupados por cuestiones que van más allá del «razonamiento», por ejemplo, el conocimiento. Un aspecto clave de la IA es cómo las máquinas aprehenden y clasifican el conocimiento, y acceden al mismo. Este proceso está relacionado con el concepto de aprendizaje. ¿Podríamos enseñar a las máquinas a aprender? ¿Podrían las máquinas recordar sus resultados previos correctos e incorrectos, y aprender para aumentar los primeros y disminuir los segundos en el futuro? ¿Podrían las máquinas manejar información completamente nueva en función de la programación que han recibido?

Las máquinas también están siendo programadas para ser capaces de llevar a cabo una percepción sensorial sofisticada. Estas percepciones puede ser señales visuales (cámaras), acústicas (micrófonos) y de sensación (sonido) que les podrían permitir reconocer objetos reales. En el momento presente, la programación en IA está pasando del reconocimiento de los objetos al mundo mucho más interesante del reconocimiento de las caras y las personas.

La investigación en IA también ha progresado en el complejo e importante mundo del procesamiento del lenguaje natural. Mucha gente ha soñado con una máquinas que pueda escribir sobre el papel lo que se le dice. Asimismo, hay personas que sueñan con las máquinas que sean capaces de leer libros (en voz alta) o incluso de traducir con precisión dos lenguas. Se han realizado avances en todas estas áreas.

¿Máquinas creativas? ¿Podríamos diseñar máquinas que fueran creativas? La creatividad suele significar la elaboración de ideas y objetar que son tanto novedosos como útiles. También es controvertida la idea de que fuera posible construir máquinas inteligentes desde los puntos de vista social y emocional. Para definir completamente estas funciones, una máquina debería ser capaz de leer o detectar las emociones que manifiesta una persona (o incluso otra máquina) y, después, reaccionar apropiadamente a dichas emociones. Una máquina emocionalmente inteligente y con habilidades sociales tendría que ser algo más que simplemente educada; también tendría que ser capaz de percibir las recompensas y de expresar sensibilidad.

El test de Turing En 1950, el matemático inglés Alan Turing propuso un paradigma de gran sencillez: un ordenador podría ser considerado inteligente si era capaz de engañar a una persona haciéndola creer que el propio ordenador era un ser humano. A principios de la década de 1960, los investigadores desarrollaron un programa informático «paranoico» denominado PARRY. Este programa se podía utilizar de dos modos: débilmente paranoico o fuertemente paranoico. El test consistía en que un grupo de psiquiatras reales y expertos entrevistaba al «paciente» a través del teletipo. En este estudio se observó que ninguno de los psiquiatras llegó a pensar en ningún momento que estaba entrevistando a un ordenador. Más interesante es el estudio en el que a un grupo de psiquiatras se le remitieron las transcripciones de varias entrevistas con pacientes paranoicos, algunas de las cuales eran reales mientras que otras habían sido generadas por el ordenador. En este estudio quedó claro que los psiquiatras fueron incapaces de distinguir entre ambos tipos de entrevista.

> **«La cuestión real no estriba en si las máquinas pueden pensar, sino en si realmente piensan las personas.»**
>
> **B. F. Skinner, 1969**

Según el criterio correspondiente al test de Turing, hace ya mucho tiempo que poseemos máquinas inteligentes: ordenadores programables que se comportan como personas. Hacia la década de 1960 los ordenadores ya podían conversar (aceptando las preguntas y respondiendo a ellas de manera estricta) respecto a todo tipo de cuestiones, incluidas las correspondientes a una entrevista psiquiátrica. En términos estrictos, los ordenadores no podían escuchar o hablar, pero si introducíamos en los mismos las preguntas a través del teclado respondían con respuestas elaboradas por ellos. Estas máquinas pasaban el test si el interlocutor consideraba que se estaba comunicando con una persona real.

La idea en síntesis: ¿pueden pensar las máquinas igual que los seres humanos?

35 La interpretación de los sueños

¿Podemos entrar en un mundo de fantasía varias veces por la noche cuando dormimos? ¿Por qué percibimos acontecimientos imaginarios y llevamos a cabo comportamientos también imaginarios, y qué significa todo ello? ¿Son estas cuestiones una puerta abierta a nuestro inconsciente? ¿Podemos interpretar realmente nuestros sueños?

Los sueños pueden ser aterradores y también pueden ser completamente tranquilizadores. Los sueños son fantásticos en el sentido de que se refieren a cosas imposibles e ilógicas que ocurren en realidad. En los sueños podemos volar; las personas muertas recuperan la vida y los objetos inanimados hablan.

> **«El sueño es el reflejo de las ondas de la vida inconsciente en el suelo de la imaginación.»**
>
> H. Amiel, 1989

El sueño REM La mayor parte de nosotros sueña un promedio de una o dos horas cada noche y nuestros sueños son muy variables. Por lo general, los sueños son olvidados de manera completa y por ello algunas personas dicen que no sueñan. Los investigadores han observado que si se despierta a una persona inmediatamente después de un episodio de sueño con movimientos oculares rápidos (REM, *rapid eye movement*), en muchos casos recuerda sus sueños con una gran precisión. Las personas que se despiertan durante el sueño REM casi siempre señalan haber tenido un sueño y lo recuerdan con gran detalle. Estos datos indican que las personas mantienen la consciencia durante el sueño a pesar de que no siempre recuerdan la experiencia. En los estudios de las ondas cerebrales se demuestra una gran actividad. También sabemos que los hombres pueden presentar durante esta fase erecciones del pene y las mujeres un aumento del flujo sanguíneo en la vagina.

Tipos de sueños Se ha señalado que el término «sueño» procede de las palabras «alegría» y «música». Muchas personas consideran que hay diferentes tipos de sueños: sueños lúcidos y vagos; pesadillas y sueños auténticamente encantadores.

Los niños de tres a ocho años dicen a menudo que tienen pesadillas, pero no parece que éstos aparezcan en sus propios sueños mucho antes de los tres a cuatro años. En muchos casos se trata de sueños recurrentes, algunos de los cuales tienen un contenido de miedo mientras que otros tienen un contenido

Cronología

50 d. C.	1899
Numerosas menciones en la Biblia	Freud, *La interpretación de los sueños*

muy agradable. Algunas personas consideran que sus sueños tienen un carácter profético. Casi las dos terceras partes de las personas señalan que ha tenido sueños de tipo *déjà-vu*.

Ciertamente, parecen existir sueños comunes a ciertas culturas y estos sueños los presentan con mayor frecuencia las personas pertenecientes a las mismas. El sueño del vuelo es frecuente: las personas señalan que pueden volar como un pájaro, quizá con el movimiento de natación a braza. Otras dicen que tienen sueños en los que caen desde edificios altos o en fosas oscuras y profundas, y que la caída se mantiene durante un largo período de tiempo. Otras personas sueñan que están súbitamente desnudas frente a los demás y que se sienten muy avergonzadas por ello. El sueño de la persecución es frecuente: lo más habitual es que la persona se vea perseguida de manera incansable por otras personas, aunque también ocurre que la persona que sueña persigue a otras personas. Los estudiantes conocen el sueño del examen, en el que están ante un examen y súbitamente no recuerdan nada o bien se quedan paralizados y no pueden escribir. El sueño de la pérdida de los dientes también es sorprendentemente frecuente.

«Los sueños sólo tienen significación en el contexto de la vida de la persona que los presenta.»

D. Broadribb, 1987

Interpretaciones Inevitablemente, se han realizado diversas interpretaciones de estos sueños. ¿Puede indicar el sueño de la pérdida de los dientes que estamos muy preocupados por nuestro atractivo físico? O quizá sea que este sueño representa la pérdida de poder y el envejecimiento, o bien la preocupación de que nadie nos escuche o de que todo el mundo nos pasa por alto. Quizá los dientes representan armas de la cavidad bucal y se caen debido a que estamos diciendo mentiras acerca de los demás. Se ha propuesto incluso que los dientes representan el dinero; en el sueño se espera que aparezca un hada dentaria mágica que nos ofrezca grandes cantidades de dinero.

Sin embargo, ¿cómo podemos interpretar el sueño del desnudo? ¿Se refiere a la vulnerabilidad y a la vergüenza? Es posible que estemos ocultando algo de información, encubriendo una relación o haciendo algo que no deberíamos hacer y que por todo ello nos sintamos culpables. Peor todavía, nos asusta la idea de que nos descubran, deshonren y ridiculicen. También podría querer decir que nos sentimos sin preparación para realizar una prueba o tarea importante. Una característica curiosa es la de que en estos sueños la persona que sueña está desnuda pero nadie parece darse cuenta de ello. Esto podría indicar que nuestras preocupaciones carecen de fundamento.

Ideas freudianas Sigmund Freud propuso que los sueños se originan a partir de conflictos internos entre los deseos inconscientes y las prohibiciones que actúan frente a los mismos y que aprendemos de la sociedad.

1934
Jung, *Recuerdos, sueños, pensamientos*

1957
Establecimiento de la relación entre el sueño REM y los sueños

2004
Lohft, *The Dream Directory*

Así pues, todos los sueños serían deseos insatisfechos cuyo contenido aparece disfrazado simbólicamente. El contenido del sueño se transforma en el contenido manifiesto (el argumento) que debe ser explicado para desvelar así supuestamente los deseos inconscientes de la persona. Los sueños son metáforas o elementos simbólicos de nuestros sentimientos reales.

«Este residuo de cada día es transformado en un sueño y se hace inocuo a través del mismo.»

Sigmund Freud, 1932

La interpretación de los sueños constituyó el método preferido por Freud para comprender los conflictos y para ayudar a las personas a que hablen sin limitaciones respecto a sus sueños. Bajo su punto de vista, los sueños se refieren al pasado y al presente de la persona, y se originan en regiones desconocidas. Cada sueño es un intento de realización. Los sueños son «la autopista al inconsciente». Durante los sueños tienen lugar varios procesos, tal como la *condensación*, en la que las distintas cuestiones son reducidas a imágenes únicas como pueden ser una puerta abierta o un río que fluye con aguas profundas. Los psicoanalistas están especialmente interesados en el proceso de *desplazamiento*, en el que las cosas y ciertas actividades se intercambian entre sí. Después está el proceso de *transformación*, en el que las personas se transforman en grandes o pequeñas, ancianas o jóvenes, poderosas o débiles.

La teoría freudiana permite establecer diversas predicciones respecto a los sueños. Así, en comparación con las mujeres los hombres deberían presentar más sueños de ansiedad respecto a la castración, mientras que las mujeres deberían tener más sueños de envidia del pene. Asimismo, los hombres deberían presentar en sus sueños más hombres extraños con los que tendrían que luchar (el padre en la fase edípica del desarrollo).

Los críticos de todo este esquema señalan que si los sueños fueran simplemente deseos insatisfechos, ¿por qué tantos sueños son negativos? Además, Freud fundamentó su teoría en los pocos sueños (menos del 10 por 100) que los pacientes recuerdan y expresan verbalmente con claridad. En tercer lugar, hay un problema importante de fiabilidad en la interpretación de los sueños debido a que los distintos terapeutas ofrecen interpretaciones muy diferentes.

Psicología evolutiva

Los psicólogos de la tendencia evolutiva han señalado que muchos sueños se refieren a amenazas y peligros, argumentando que su función es la representación de amenazas reales y cotidianas a las que nos podemos enfrentar, y que en los propios sueños aparecen disfrazadas las distintas respuestas. Si ello fuera verdad, la mayor parte de las personas presentaría sueños muy vívidos acerca de las amenazas actuales o anteriores que proceden de su entorno. Sin embargo, parece que esta explicación conlleva tres problemas. En primer lugar, muchos sueños se refieren a emociones y acontecimientos de carácter positivo, especialmente en lo relativo a la gratificación sexual. En segundo lugar, muchos sueños parecen conllevar el «procesamiento» de información que tuvo lugar a lo largo del día anterior o en el pasado más reciente, una información que no es necesariamente estresante ni amenazadora. En tercer lugar, no está clara la forma cómo el sueño facilita una adaptación mejor, un concepto clave en la psicología evolutiva.

«Nunca pude estar de acuerdo con Freud en el hecho de que el sueño es una "fachada" por detrás de la cual queda oculta su significado; este significado ya es conocido pero, por decirlo de alguna manera, ha sido apartado maliciosamente del nivel consciente.»

Carl Jung, 1963

En cuarto lugar, tal como señaló Jung, los sueños parecen tener un contenido similar a lo largo del tiempo y en las distintas culturas, con independencia de si son profundamente represivos o sorprendentemente liberales.

Estudios de carácter físico Diversos investigadores han propuesto una explicación para los sueños que no tiene nada que ver con los conflictos o los deseos inconscientes. En la fase del sueño REM se activa un circuito de neuronas secretoras de acetilcolina localizado en la protuberancia (una estructura del encéfalo), lo que estimula los movimientos oculares rápidos y la corteza cerebral al tiempo que induce una parálisis muscular, dando lugar finalmente a que veamos imágenes. Los movimientos oculares que presenta una persona durante un sueño se corresponden razonablemente bien con el contenido del sueño; los movimientos oculares son lo que deberíamos esperar en el caso de que ocurriera realmente lo que aparece en el sueño. Las imágenes evocadas incorporan a menudo recuerdos de episodios que han ocurrido recientemente o que la persona que sueña ha pensado hace poco tiempo. Presumiblemente, los circuitos responsables están más estimulados debido a su uso reciente. Los pacientes en espera de una intervención quirúrgica importante revelan sus temores en sus sueños durante las dos o tres noches anteriores a la operación. Su referencia es indirecta y aparece en una forma condensada y simbólica. Los sueños expresan a menudo aquello que tiene más importancia en la actualidad de la vida de la persona que sueña, no cualquier concepto profundo y subyacente de deseos insatisfechos.

La idea en síntesis: ¿nos ofrecen los sueños información acerca de nuestro inconsciente?

36 El intento de olvidar

«Si hubiera algo que quisiéramos cambiar de nuestra niñez, primero deberíamos evaluarlo y comprobar si no es algo que podríamos cambiar mejor en nosotros mismos.»

Carl Jung, 1954

La esencia del concepto de represión es la de apartar o alejar algo. En psicología es la idea de la prohibición (por parte del nivel consciente) de un contenido mental específico con el objetivo de evitar las emociones de carácter negativo.

La consulta del psiquiatra, el cine y los tribunales de justicia

La represión ha sido investigada en las consultas de psiquiatría, los laboratorios y los tribunales de justicia. Algunos de los casos psicológicos más fascinantes están relacionados básicamente con la represión. Así, tenemos la amnesia histérica, que se define como un estado de fuga en el que el paciente presenta una pérdida completa de la memoria, generalmente a consecuencia de un traumatismo psicológico. Otro caso también infrecuente es el de la personalidad múltiple, en el que el paciente muestra personalidades muy distintas que parecen estar desconectadas completamente entre sí. Estos casos atraen sobre todo a los novelistas y a los guionistas de cine.

Recuperación de los recuerdos Se han realizado numerosas acusaciones judiciales de abuso infantil a través del proceso de «recuperación de los recuerdos reprimidos». Los criminales que han cometido actos violentos parecen incapaces de recordar con precisión sus delitos, posiblemente debido a que están reprimidos en su mente. Se ha señalado que durante la psicoterapia los adultos pueden recuperar recuerdos de abuso infantil que han mantenido reprimidos durante todo el tiempo. Tanto el autor del delito como la víctima del mismo tienen razones para reprimir los acontecimientos terribles

Cronología

1894 Freud, *Estudios sobre la histeria*

1915 Freud, «represión»

aunque, por supuesto, es muy difícil demostrarlo. También se ha afirmado que los recuerdos del pasado pueden estar fácilmente distorsionados por la forma con la que se recuperan tanto en el contexto de la psicoterapia como en las salas de tribunales. En diversos estudios experimentales se ha demostrado más allá de toda duda que las personas normales y sanas pueden ser convencidas de que los recuerdos falsos e incorrectos son ciertos. Los clínicos admiten que es muy posible que, más que «recuperar recuerdos reprimidos», las personas desarrollen «recuerdos ilusorios».

Lo cierto es que sabemos que los recuerdos recuperados tienen características similares. La mayor parte son recuerdos de mujeres en relación con episodios múltiples en los que su padre llevó a cabo con ellas prácticas sexuales antes de que cumplieran ocho años. Estos recuerdos son «recuperados» en la psicoterapia y en aproximadamente un 20 por 100 de los casos se llega a comunicar a la policía. Es interesante el hecho de que en los estudios sobre cuadros verificados de abuso se demuestra que la edad a la que tiene lugar este tipo de abuso es generalmente posterior y que en muy raras ocasiones el autor del mismo es el padre o el padrastro de la mujer.

Freud y la represión Aquello de lo que somos conscientes en un momento dado representa la punta de un iceberg: la mayor parte de nuestros pensamientos e ideas es totalmente inaccesible en dicho momento (permanece en el nivel preconsciente) o es del todo inaccesible (se sitúa en el nivel inconsciente). Una parte importante de lo inconsciente existe a través de la represión, al tiempo que las experiencias amenazantes o desagradables son «olvidadas». Estas experiencias pueden llegar a ser inaccesibles y quedan bloqueadas de manera completa respecto a nuestro nivel consciente, en lo que representa una forma importante de defensa del *yo*. Freud señaló que eran la piedra angular «sobre la que descansa toda la estructura del psicoanálisis» y este es realmente el aspecto esencial.

La represión es el proceso de apartamiento de los pensamientos hacia el nivel inconsciente, lo que impide el afloramiento de pensamientos dolorosos o peligrosos en el nivel consciente; así, los lapsus de memoria aparentemente inocentes y la falta de consciencia respecto a la situación y condición personales. La emoción es consciente, pero no aparece la idea sobre la que se sustenta.

«La civilización y la educación superior influyen de manera importante en la aparición de la represión ... a consecuencia de ello, lo que antes se consideraba agradable ahora parece inaceptable y es rechazado con todas las energías.»

Sigmund Freud, 1920

1957
Descripción de la personalidad múltiple

1961
Represores y concienciados

1991
La represión como estilo de superación defensivo

Según Freud, las guerras que todos debemos librar tienen todas ellas el mismo perfil. El conflicto se inicia cuando aparecen los impulsos derivados del *ello* y diversos recuerdos asociados se ven empujados hasta el nivel inconsciente. Sin embargo, estos impulsos se resisten a desaparecer y encuentran válvulas de escape cuya consecuencia es la puesta en marcha de un elevado número de mecanismos de defensa adicionales que refuerzan la represión original, detienen el flujo procedente del *ello* y permiten que el *yo* mantenga el respeto por sí mismo. La represión es el elemento clave del antagonismo entre el *ello* y el *yo*.

Freud desarrolló sus ideas al tiempo que estudiaba la histeria. Consideró que la represión daba lugar a un desdoblamiento del nivel consciente y del *yo*, y la puso en relación con la disociación de la personalidad. El proceso de represión impedía la descarga sana y normal de la emoción, y la condenaba. Además, también impedía la asociación entre distintas ideas, lo que permitiría integrar adecuadamente las creencias entre sí. La represión debilitaba básicamente la personalidad: era un elemento de sabotaje interno que daba lugar a divisiones y fisuras. Sin embargo, más adelante Freud se convenció de que la represión era un mecanismo de defensa normal, sano y frecuente.

Hay dos fases que dan lugar a la represión. La represión *primaria* es el proceso de determinar lo que es propio y lo que es extraño; lo que es bueno y lo que es malo. Al final de esta fase, el niño puede diferenciar los deseos, los temores, lo propio y lo extraño. La represión *secundaria* se inicia una vez que el niño se da cuenta de que la actuación respecto a ciertos deseos puede causarle ansiedad. Esta ansiedad da lugar a una represión del deseo. La amenaza de castigo que conlleva esta forma de ansiedad se convierte en el *superyó* cuando es internalizada y el *superyó* actúa contra los deseos del *yo* sin necesidad de que exista una amenaza externa identificable.

A menudo se afirma que los acontecimientos psicológicos traumáticos están reprimidos, aunque parece que lo más habitual es que el traumatismo refuerce los recuerdos debido a la potenciación de las sensaciones emocionales o físicas. Un problema que se plantea desde el punto de vista objetivo de la investigación es el hecho de que un «recuerdo» debe ser cuantificado y registrado por las acciones o expresiones conscientes de una persona, que pueden estar filtradas a través de los pensamientos y motivaciones actuales.

El rasgo de la represión A principios de la década de 1960 los psicólogos consideraban que las personas eran represoras o concienciadas. Imaginemos que tenemos que someternos a una intervención quirúrgica importante dentro de varias semanas. Algunas personas colocarían este hecho en el fondo de su mente y ocuparían su tiempo en actividades de distracción (serían las represoras) mientras que otras personas hablarían de ello constantemente (serían las concienciadas). En ambos casos, estas personas están intentando controlar su ansiedad a través de métodos distintos y se ha estudiado cuál de estas estrategias es más sana y adaptativa desde un punto de vista psicológico. Esta idea resurgió en la década de 1990 cuando los investigadores identificaron que la represión era un rasgo de la personalidad determinado por dos factores: la ansiedad y la actitud defensiva. Los represores son personas con un nivel bajo de ansiedad y con un nivel elevado de actitud defensiva que parecen implicadas activamente en el mantenimiento de sí mismas, más que de otras personas, convencidas de que no presentan tendencia a las emociones negativas. Son interesantes y poco habituales debido a que siempre afirman estar sanas y bien adaptadas, pero cuando evaluamos sus respuestas fisiológicas y comportamentales frente a distintas cuestiones (especialmente, las emociones negativas), muestran reacciones desmesuradas. Parecen estar engañándose a sí mismas o intentando transmitir la impresión de que son personas duras, resistentes y tranquilas al mantenerse alejadas del problema.

Psicología cognitiva La hipótesis del «olvido motivado», en el que la motivación es tanto inconsciente como aversiva, no ha llegado a ser demostrada nunca en estudios de investigación realizados con control. Para el psicólogo cognitivo la represión consiste simplemente en el olvido de algo que es desagradable. Así, se han realizado estudios en los que los investigadores eran desagradables (o agradables) para las personas que estaban intentando aprender diversas cosas y en estos estudios se demostró que los participantes recordaban menos las experiencias negativas, en comparación con las positivas.

«El proceso de la represión, que se establece a lo largo del cuarto año de la vida, más o menos, queda suspendido temporalmente.»

Karl Marx, 1920

En algunos estudios se ha observado que si a las personas se les pide que escriban acerca de su niñez hasta los ocho años, en torno al 50 por 100 de las mismas transcribe recuerdos predominantemente positivos, el 30 por 100 recuerdos negativos y el 20 por 100 recuerdos de carácter neutro. Sin embargo, esto no tiene por qué indicar un proceso de represión: simplemente podría querer decir que la mayor parte de las personas tuvo una infancia feliz. En otro estudio se obtuvieron pruebas adecuadas de la represión: participaron en el mismo mujeres que acababan de dar a luz y a las que se pidió que indicaran las características y la intensidad del dolor que habían soportado. Después, se les pidió que señalaran esto mismo varios meses después y, en esa ocasión, todas ellas sostuvieron que el dolor había sido menos intenso que cuando se les preguntó por primera vez.

Otra teoría descriptiva respecto a la represión es la que defiende que la represión es un caso concreto de fracaso de la recuperación de los recuerdos. Quizá los recuerdos no están totalmente bloqueados pero sí hay dificultades para evocarlos debido a la inexistencia de datos relevantes de recuperación. La ansiedad puede desempeñar una función en este proceso al bloquear o dificultar los datos de recuperación, pero en realidad no es la causa. Esta interpretación de la represión a través de un proceso de bloqueo de la recuperación de los recuerdos forma parte de una estrategia de carácter más general.

La idea en síntesis: la represión es un mecanismo de olvido deliberado aunque inconsciente

37 El fenómeno de la punta de la lengua

Estamos sentados delante de la televisión viendo un concurso. De repente, se hace una pregunta sobre algo que sabemos. Realmente sabemos que sabemos la respuesta, pero no podemos recordarla. Tenemos la sensación de saberla. Sabemos que la respuesta comienza con la letra «B» y que tiene tres sílabas, pero no nos sale la respuesta. En este momento, estamos presentando un bloqueo de la recuperación del recuerdo. En un estudio fue evaluada una persona que intentaba recordar el nombre alemán Kepler. Esta personas sabía que dicho nombre era «extranjero» y que comenzaba con una «K», de manera que probó con Keller, Kellet, Kendler y Klemperer. Sabía que Keller era el que estaba más cerca de la respuesta correcta, pero no pudo dar con ella.

El recuerdo es un proceso automático; la recuperación de la información a partir de la memoria y en respuesta a un estímulo es la parte específica de la memoria que tiene un carácter automático. Lo que conlleva un esfuerzo es el intento de encontrar los pensamientos internos que permiten la recuperación de la información. El proceso de recuperación de los recuerdos implícitos es en sí mismo automático: un cierto estímulo da lugar a una respuesta automática. Por ejemplo, montar en bicicleta o escribir el nombre de uno mismo, ¿cómo los hacemos automáticamente de manera correcta?

El fenómeno de la punta de la lengua En cualquier caso, la memoria tiene fallos frecuentes; cometemos errores y nos cuesta trabajo recuperar la información que queremos. Los psicólogos se preguntan, ¿por qué?, ¿qué nos demuestra este hecho acerca del mecanismo de la memoria? Un área de investigación importante en este campo es la correspondiente al fenómeno de la punta de la lengua (PDL), un ejemplo de la existencia de algo que sabemos y que no podemos recuperar de forma inmediata. El fenómeno PDL es una experiencia casi universal en la que una persona tiene dificultades para recuperar una palabra o un nombre que conoce bien. Cuando experimentamos el dicho fenómeno sentimos que estamos a punto de recuperar la palabra que ha quedado bloqueada. A pesar de que no podemos encontrarla, tenemos la sensación de que la palabra que se nos ha quedado bloqueada está «en la punta de la lengua» de manera figurada. La inaccesibilidad a la palabra y la sensación de inminencia respecto a su recuperación son dos de las característi-

Cronología

300 a. C.
Aristóteles explica que el fenómeno PDL aparece fundamentalmente con los nombres

1965
Primer estudio acerca de la «sensación de saber»

cas clave que definen el fenómeno PDL. La búsqueda activa de estímulos que permiten evocar la respuesta apropiada (tal como queda ejemplificado en el fenómeno PDL) se denomina recuerdo.

Primeros estudios El fenómeno PDL se ha estudiado en detalle desde que se llevó a cabo el primer estudio empírico sobre el mismo en 1966. Se observó que las personas podían recordar muchas cosas acerca de la palabra que tenían en la punta de la lengua y también que la podían reconocer en cuanto se les presentaba. Más tarde, los investigadores estudiaron lo que se había denominado «efecto de la hermana fea», es decir, la recuperación repetida de palabras equivocadas o diferentes en el proceso de búsqueda de la palabra correcta en nuestra memoria. Las «palabras hermanas feas» tenían una similitud superficial con la palabra correcta, pero se utilizaban con mayor frecuencia que la palabra que había quedado bloqueada.

Sensación de saber

En psicología se han realizado experimentos sofisticados acerca del fenómeno de la sensación de saber (SDS) y también se han propuesto diversas teorías respecto al mismo. Una de estas teorías es la denominada *monitorización interna* y en la misma se indica que aparece el fenómeno SDS cuando «no encontramos la entrada de un ítem que existe en el archivo». Un debate básico acerca de esta cuestión es el que gira alrededor de la posibilidad de que el problema sea debido a la forma con la que codificamos o descodificamos la información. Es decir, ¿depende el fenómeno SDS de cómo almacena la información, así como del lugar en el que lo hace, más que de cómo se recupera? También sabemos que las personas pueden diferenciar con facilidad el estado de recuerdo del estado de conocimiento: el recuerdo es un proceso consciente, mientras que el conocimiento es una sensación de familiaridad con imposibilidad de evocar el recuerdo.

Las personas intentan todo tipo de métodos y trucos para «desbloquearse» a sí mismas, lo que puede ser muy frustrante. Repasan una y otra vez su mundo interno y externo en busca de la solución. En algunos casos se acude al alfabeto o se intenta entrever algo relevante. Algunas personas preguntan a otras o buscan datos en su entorno. En ocasiones, la palabra bloqueada «surge» espontáneamente sin razón aparente.

Curiosamente, se ha observado que cuando ofrecemos pistas o datos a una persona en esta situación, en ocasiones ello tiene un efecto negativo y la persona tar-

1966
Primer estudio formal sobre el fenómeno PDL

1984
Primer estudio sobre el «efecto de la hermana fea»

1991
Publicación del primer artículo de revisión

da más tiempo en recordar la palabra bloqueada. En estos casos, cuando la persona busca en su memoria todo lo que recuerda es la pista que le hemos ofrecido.

¿Qué hemos aprendido? En primer lugar, el fenómeno PDL es una experiencia muy frecuente y posiblemente universal. Un investigador analizó 51 idiomas y observó que en 45 había expresiones en las que se utilizaban la palabra «lengua» para describirlo. En segundo lugar, el fenómeno PDL aparece con una frecuencia muy elevada, generalmente una vez a la semana; no obstante, esta frecuencia aumenta con la edad. En tercer lugar, a menudo está relacionado con los nombres propios y es común que podamos recordar la primera letra de la palabra que buscamos. Podemos recordar las cosas que le gustaban a una persona, su actividad laboral y el color de su pelo, pero no su nombre. En cuarto lugar, por fortuna resolvemos el problema en más o menos el 50 por 100 de las ocasiones.

Teorías Una de las teorías propuestas para explicar el fenómeno PDL señala que la causa del mismo puede estar en el sonido de una palabra. Es posible que el sonido de una palabra sea más importante que la información semántica de la propia palabra (su significado). Las palabras contienen varios tipos de información:

- Información semántica (el significado).
- Información léxica (las letras).
- Información fonológica (el sonido).

Estos tipos de información residen en zonas distintas de la memoria. Por supuesto, están conectados entre sí de manera que, por ejemplo, cuando leemos la palabra «velcro», la información léxica pone en marcha la información correspondiente al sonido y la información del significado, dado que ambas están conectadas con la información léxica; las informaciones fonológica y semántica nos indican la forma de pronunciación de una palabra y su significado, respectivamente. Cuando intentamos recordar una palabra en vez de leerla directamente, solemos empezar con su significado («esa cosa pegajosa que tiene pelusa en un lado y ganchos pequeños en el otro»). Si la conexión entre el significado y el sonido de una palabra no es lo suficientemente intensa, la información correspondiente al sonido no se activa en grado suficiente como para recuperar la palabra.

Otros teóricos consideran que el fenómeno PDL se debe a la debilidad de la conexión entre el significado y el sonido de una palabra. Las conexiones se refuerzan cuando la persona las utiliza con frecuencia. También son más sólidas cuando acaban de ser empleadas. Además, es posible que el envejecimiento dé lugar a un debilitamiento de las conexiones entre los distintos tipos de información correspondientes a una palabra. Todo ello puede explicar el hecho de que la palabra bloqueada surge de manera súbita. Es posible que en un momento dado percibamos un sonido similar al de la misma.

> **«El ritmo de una palabra perdida puede estar allí, sin un sonido que oculte su desnudez. Todos debemos conocer el efecto seductor del ritmo en blanco de algún verso olvidado, un baile incesante en nuestra mente que intenta encontrar las palabras precisas.»**
>
> **William James, 1890**

El fenómeno PDL ha sido estudiado a través de tres subdisciplinas: la psicolingüística, la perspectiva de la memoria y la metacognición. Las dos primeras son congruentes con el acceso directo y lo consideran como una alteración temporal en la recuperación léxica. Esta estrategia ha relacionado el fenómeno PDL con otros errores que se producen en el lenguaje hablado: los lapsus linguales y las metátesis. El fenómeno PDL nos indica que los procesos de recuperación están alterados. La estrategia psicolingüística lo contempla como una ventana hacia la recuperación de las palabras.

Los puntos de vista de acceso directo de la psicolingüística y de la perspectiva de la memoria manejan tres hipótesis básicas. La primera es la denominada hipótesis del bloqueo, que señala que el fenómeno PDL aparece debido a que las personas reconocen como incorrectas las palabras bloqueadas y al mismo tiempo no pueden recuperar la palabra correcta e inhibida. La segunda es la hipótesis de la activación incompleta, que indica que el fenómeno PDL se debe a la sensibilidad frente a la existencia de un objetivo no recordado existente en la memoria, acompañada de la imposibilidad de recuperación de la palabra objetivo hacia el nivel consciente de la memoria. La tercera hipótesis es la correspondiente al modelo del déficit de transmisión, e indica que el fenómeno PDL aparece cuando se activa la representación semántica de la palabra y, al mismo tiempo, fracasa la representación fonológica completa de la misma.

«La memoria es, en ocasiones, tan retentiva, tan servicial, tan obediente ... mientras que en otras ocasiones es tan desconcertante y débil, tan tiránica y tan fuera de nuestro control.»

Jane Austen, 1810

En apoyo de los puntos de vista de acceso directo está el reconocimiento de los objetivos del fenómeno PDL por parte de quienes han participado en estudios acerca del mismo, así como su capacidad para ofrecer una información parcial acerca del objetivo del fenómeno PDL. El reconocimiento del objetivo correcto tras un episodio PDL es mucho mayor que en situaciones en las que no experimentamos dicho fenómeno. Además, podemos recordar la información fonológica relacionada con los objetivos del fenómeno PDL: la primera letra de la palabra, el número de sílabas y la acentuación de las mismas.

Los modelos metacognitivos se centran en la función que desempeñan en la cognición los procesos de monitorización y control. Esta estrategia contempla el fenómeno PDL en forma de inferencias de la información no fundamentadas en objetivos y que son accesibles a la persona que intenta recordar.

La idea en síntesis: los errores que cometemos ponen en evidencia el mecanismo de la memoria

38 Fases psicosexuales

«El concepto de sexualidad de Freud es completamente elástico y tan vago que en realidad puede incluir casi cualquier cosa.»

Carl Jung, 1960

Freud cambió nuestra manera de pensar y de hablar de nosotros mismos. Muchas de sus ideas básicas han sido popularizadas y muchos de los términos utilizados en sus teorías han pasado a formar parte del lenguaje cotidiano, tal como «anal obsesivo», «símbolo fálico» o «envidia de pene». Freud fue un pensador muy original y es indudablemente uno de los más importantes de los siglos XIX y XX. Desarrolló varias teorías muy controvertidas respecto al desarrollo de la personalidad y acerca de la salud y la enfermedad mentales.

Aspectos básicos de la teoría freudiana Las teorías freudianas se fundamentan en varios supuestos.

- El comportamiento es el resultado de diversas luchas y compromisos entre motivos, impulsos y necesidades potentes y, a menudo, inconscientes.
- El comportamiento puede reflejar un motivo de manera sutil o disfrazada.
- Un mismo comportamiento puede reflejar diferentes motivos en momentos distintos o en personas diferentes.
- Las personas pueden ser más o menos conscientes de las fuerzas que dirigen su comportamiento y de los conflictos subyacentes.
- El comportamiento está gobernado por un sistema energético que posee una cantidad relativamente fija de energía en cada momento.
- El objetivo del comportamiento es la obtención de placer (reducción de la tensión, liberación de la energía), en lo que constituye el principio del placer.
- Las personas están condicionadas principalmente por los instintos sexual y de agresión.
- La expresión de estos condicionamientos puede entrar en conflicto con las exigencias de la sociedad, de manera que la energía que tiene que ser liberada para la realización de los impulsos debe encontrar otros canales de salida.
- Todos tenemos un instinto de vida (*eros*) y un instinto de muerte (*thanatos*).

Es necesario señalar dos cosas antes de describir la teoría psicosexual. En primer lugar, todas las personas presentan tres niveles de consciencia: el nivel consciente (aquello de lo que somos conscientes), el nivel preconsciente (aquello de lo que podemos llegar a ser conscientes si le prestamos la atención suficiente) y el nivel inconsciente (aquello de lo que no podemos ser

Cronología

1901
Freud, *La psicopatología de la vida cotidiana*

1908
Freud acuña el término «erotismo anal»

conscientes excepto en circunstancias excepcionales). Con frecuencia, el tratamiento persigue la colocación en el nivel consciente del material existente en el nivel inconsciente.

En segundo lugar, la personalidad tiene una estructura. Es el resultado de tres factores: el inconsciente, un *ello*, siempre presente, que es el fundamento biológico de la personalidad; el *yo*, parcialmente consciente que se desarrolla durante el primer año de la vida y que es el componente ejecutivo psicológico de la personalidad, y el *superyó*, que se desarrolla entre los tres y los cinco años, y que es el componente social y moral de la personalidad.

«Se ha observado que durante la primera niñez hay signos de actividad corporal cuyo carácter sexual sólo se podría negar en nombre de prejuicios ya superados.»

Sigmund Freud, 1920

La teoría de Freud acerca del desarrollo psicosexual postula la existencia de cuatro etapas: oral, anal, fálica y genital; cada una de estas etapas se caracteriza por la existencia de una zona erotógena en la que radica la expresión principal del placer. Esta teoría postula que los problemas que pasan de una etapa a la siguiente están en el centro auténtico de la personalidad adulta. Si nos desplazamos a través de una etapa sin que existan crisis, fijaciones o regresiones, entonces dicha etapa no condiciona la personalidad adulta ni influye en ella. Sin embargo, los problemas originados en estas etapas pueden marcar, condicionar o influir en la vida de la persona. Por tanto, hay rasgos de la personalidad adulta que se deben a experiencias infantiles. Por otra parte, los patrones opuestos entre sí pueden ser contemplados como reacciones frente al mismo problema.

Aprendizaje La teoría del aprendizaje postula que todos pasamos a través de estas etapas y que ello condiciona el resto de nuestras vidas. Esta teoría constituye el elemento central en la concepción freudiana de la personalidad. Así, mientras que los psicólogos de tendencia biológica consideran que los rasgos de la personalidad (como la extraversión y la introversión) están determinados por procesos fisiológicos, los psicólogos freudianos contemplan el desarrollo de la personalidad como algo que se origina a partir de las experiencias infantiles más tempranas y que, posteriormente, es olvidado en su mayor parte. Así, desde un punto de vista teórico y también antiético, podríamos configurar la personalidad de un niño a través de lo que le hacemos en su primera niñez.

Etapa oral La primera etapa es la oral y dura unos dieciocho meses. El elemento clave de la misma está relacionado con la alimentación y la zona erotógena está representada por la boca, los labios y la lengua. La cuestión gira alrededor del paso de la alimentación líquida a la introducción de alimentos sólidos y también está en relación con la mordeduras cuando aparecen los dientes.

1949
Blum realiza los primeros estudios de gran envergadura sobre el desarrollo psicosexual

1968
Kline comienza a estudiar el carácter anal

1980
Kline desarrolla un cuestionario para evaluar los tipos oral y anal

Los niños con problemas en esta etapa adquieren una personalidad oral debido a que son destetados demasiado pronto o demasiado tarde, o bien a que han experimentado una privación oral o un exceso de estimulación oral. Muchas actividades del adulto tienen gran oralidad: comer, beber, besar, hablar, fumar y masticar. Según esta teoría, el *pesimista con privación oral* puede utilizar la boca como castigo. Estas personas pueden ser muy sarcásticas y también pueden decidirse por una actividad laboral de carácter oral, tal como la abogacía o la odontología. En otros casos se convierten en maniáticos de la alimentación o en defensores de la prohibición del consumo de alcohol. También pueden ser puristas del habla, personas que se muerden las uñas o personas con tendencia a chupar los lápices y bolígrafos. En ocasiones, disfrutan especialmente con las películas de Drácula o se convierten en vegetarianas.

Características de las etapas psicosexuales del desarrollo

	Anómalo	Normal	Anómalo
Rasgos orales			
	optimismo	↔	pesimismo
	credulidad	↔	desconfianza
	manipulación	↔	pasividad
	admiración	↔	envidia
	presunción	↔	automenosprecio
Rasgos anales			
	tacañería	↔	generosidad excesiva
	constreñimiento	↔	expansión
	terquedad	↔	conformidad
	orden excesivo	↔	desorden
	puntualidad rígida	↔	impuntualidad
	limpieza excesiva	↔	suciedad
	precisión	↔	vaguedad
Rasgos fálicos			
	vanidad	↔	automenosprecio
	orgullo	↔	humildad
	arrojo	↔	timidez
	chulería	↔	apocamiento
	gregarismo	↔	aislamiento
	amor por la moda	↔	sencillez
	castidad	↔	promiscuidad
	alegría	↔	tristeza

Por otra parte, los *optimistas con exposición oral excesiva* pueden ser expertos en dulces, vinos o alimentos, y también humoristas. Estas personas tienen más tendencia a fumar, a tocar instrumentos de viento (más que de cuerda o de percusión) y a disfrutar de los alimentos calientes, lácteos y blandos. Por tanto, los optimistas orales (con exposición oral excesiva) y los pesimistas orales (con privación oral) conviven con sus problemas iniciados en las primeras fases de la alimentación, aunque sean problemas de signo contrario.

Etapa anal La segunda etapa es la anal, en la que el origen de los conflictos es el aprendizaje de las medidas higiénicas en el cuarto de baño, en referencia al control: el niño descubre que puede controlar, agradar o frustrar a sus padres eliminando o reteniendo las heces. Los psicólogos freudianos consideran que esta fase se asocia a un comportamiento hostil, sádico y obsesivo en fases posteriores en la vida.

Los rasgos anales son el orden, la tacañería y la obstinación. Se ha propuesto que las actitudes respecto al tiempo, la limpieza y el dinero están relacionadas con lo ocurrido durante esta etapa. Así, la *persona con tendencia a la eliminación anal* es generosa, desaliñada y caótica, mientras que la *persona con tendencia a la retención anal* es tacaña, meticulosa y cuidadosa. Es el mundo de la burocracia mezquina, los controladores de la calidad y los banqueros. Después, están las ideas de fijación anal y de erotismo anal, que también han quedado incrustadas en el lenguaje popular.

Etapa fálica La fase fálica se caracteriza por el famoso complejo de Edipo (y de Electra). La zona erotógena corresponde a los genitales y esta etapa tiene lugar entre los dos y los cinco años. Freud la consideró el elemento básico de las neurosis. Supuestamente, el niño de cinco años siente de manera inconsciente un profundo amor por su madre y un odio intenso hacia su padre. Sin embargo, ninguna sociedad puede tolerar el incesto y ello da lugar al complejo de castración. La propuesta es la de que el padre se venga de la furia celosa del niño mediante su castración, lo que anula el complejo.

Esta fase se caracteriza por vanidad o temeridad durante la vida adulta, o bien por lo contrario. Así, una resolución inadecuada de este conflicto puede dar lugar a niveles excesivos de promiscuidad o de castidad. También puede inducir una fijación respecto a los progenitores y una actitud de estar evaluando continuamente el pasado. El orgullo y la duda, la audacia y la timidez, son características de la personalidad asociadas a la etapa fálica. La etapa fálica se continúa con las etapas de *latencia* y, después, *genital*, que tiene lugar en la edad adulta. Las fuentes de conflicto son numerosas y están relacionadas con muchas de las dificultades que experimentan todas las personas: establecimiento de relaciones interpersonales sanas, obtención de un trabajo, disfrute de la vida. Todo ello se refiere a lo que los psicólogos freudianos han denominado mecanismos de defensa adaptados y sanos.

Crítica

Las ideas freudianas todavía suscitan incredulidad, indignación y rechazo. Algunas han sido evaluadas y se ha demostrado que son deficientes. Sin embargo, diversos investigadores han demostrado que algunos aspectos de la teoría son verdaderos. Durante más de cincuenta años se han estudiado estas ideas y se han obtenido algunos datos que apoyan hipótesis específicas, pero otros muchos aspectos no han soportado la experimentación científica rigurosa. Al tiempo que son pocos los psicólogos que fundamentan sus conceptos o tratamientos en las etapas psicosexuales, muchos de los términos utilizados en estas teorías parecen haber sido adoptados de manera entusiasta en el lenguaje corriente.

La idea en síntesis: el desarrollo psicosexual tiene lugar a lo largo de cuatro etapas

39 Fases cognitivas

«La existencia de las fases morales implica que el desarrollo moral posee un componente estructural básico, al tiempo que en el desarrollo moral están implicados motivos e influencias mediados básicamente por modificaciones en los patrones del pensamiento.»

Lawrence Kohlberg, 1973

Es famosa la definición de Freud de los niños como «pervertidos polimorfos»: la idea que subyace a este concepto es la de que la perversidad puede adoptar muchas formas. Todos los psicólogos de tendencia evolutiva se enfrentan a la tarea amedrentadora, aunque fascinante, de explicar cómo los recién nacidos irracionales, ilógicos y egocéntricos se transforman en adultos funcionales, racionales y lógicos. ¿Cómo es posible que los niños de ocho años puedan comprender cosas que no entienden los de seis? ¿Cómo aprenden los niños a adaptarse al mundo que les rodea?

Posiblemente, el psicólogo evolutivo más famoso y de mayor influencia fue el biólogo suizo de habla francesa Jean Piaget, que desarrolló una teoría del desarrollo cognitivo en cuatro fases o etapas que todavía se discute, debate y critica hoy en día.

Conceptos centrales El concepto central se refiere a cómo los niños aprenden a adaptarse a su mundo. La teoría persigue la explicación del crecimiento a través de la adaptación y el ajuste, y está sustentada en una serie de elementos clave. El primero se denomina *esquemas*, considerando que un esquema describe las acciones mentales y físicas implicadas en el conocimiento y la comprensión del mundo. Los esquemas son categorías de conocimiento que nos ayudan a interpretar y comprender el mundo. Un esquema incluye una categoría de conocimiento y el proceso necesario para obtener dicho conocimiento.

La información que se adquiere con las distintas experiencias se utiliza para modificar, complementar o cambiar los esquemas existentes previamente. Por ejemplo, un niño puede poseer un esquema respecto a un animal de compañía, tal como un perro pequeño. Si la única experiencia del niño sólo ha tenido lugar con perros grandes, puede creer que todos los perros son grandes, activos y posiblemente agresivos. Supongamos ahora que el niño se encuentra con un perrito muy pequeño; entonces, incorpora esta información nueva y modifica el esquema preexistente para incluir en el mismo el nuevo conocimiento.

Cronología

1929
Piaget, *The Child's Conception of the World*

1932
Piaget, *El criterio moral en el niño*

El segundo elemento clave es el denominado *acomodación*, referido a cómo el individuo cambia o se adapta para afrontar las nuevas ideas en su entorno social y físico. El tercer elemento clave es la *asimilación*, en el sentido de que el individuo aborda su entorno en términos de sus propios esquemas cognitivos, es decir, maneja la información nueva en función de la información que ya posee. El individuo asimila lo antiguo en lo nuevo.

Estos tres elementos iniciales llevan al cuarto elemento clave, el *equilibrio*. A medida que el niño progresa a través de las etapas del desarrollo cognitivo, es importante que mantenga el equilibrio entre la aplicación del conocimiento previo (asimilación) y la modificación del comportamiento en función de su conocimiento nuevo (acomodación). Este proceso, denominado de «equilibrado», explica la manera con la que el niño puede pasar de una etapa de pensamiento a la siguiente. El niño está motivado para utilizar sus conocimientos y habilidades nuevos con objeto de evitar un estado desagradable de desequilibrio. Resuelve sus problemas a través del cambio.

Cuatro etapas

1. Etapa sensitivomotora. Esta etapa va desde el nacimiento hasta aproximadamente los dos años. Es la etapa de la inteligencia en la acción. El lactante adquiere muchos conocimientos dando patadas, tirando y pellizcando los objetos, y moviéndolos en su entorno. El hito clave es el concepto de la permanencia del objeto, que significa que el niño es consciente de la existencia de los objetos incluso cuando no los tiene a la vista.

2. Etapa preoperativa. Esta etapa transcurre entre los dos años y aproximadamente los siete años, y durante la misma se produce el desarrollo del lenguaje y de los juegos. Las cosas son todavía parcialmente mágicas y la realidad no es firme. El razonamiento durante esta etapa está dominado por la percepción y el niño se da cuenta de que las cosas no son siempre lo que parecen. A lo largo de esta etapa, el niño presta atención sólo a parte de una situación dada; esta situación se denomina *centrado*, que da lugar a errores que se han observado en los estudios de la conservación. El concepto de conservación se refiere al conocimiento de que ciertas características de un objeto siguen siendo las mismas a pesar de los diferentes cambios que se realicen en el objeto.

En un experimento famoso, Piaget dio a un niño dos vasos del mismo tamaño y forma, que contenían la misma cantidad de agua. Cuando

1966
Publicación original de la teoría del desarrollo moral de Kohlberg

1971
Piaget, *Biología y conocimiento*

Década de 1980
Inicio de las dudas y críticas a las propuestas de Piaget

« El conocimiento no implica realmente la elaboración de una copia de la realidad sino, más bien, una reacción y una transformación de la propia realidad. »

Jean Piaget, 1971

el niño estuvo seguro de que ambos vasos tenían la misma cantidad de agua, todo el agua de uno de ellos se vertió en un vaso que era más alto y más fino que los dos anteriores. Los niños en la etapa preoperativa señalaron que había más líquido en el vaso más alto («porque es más alto») o bien que había más líquido en el vaso original («porque es más ancho»), a pesar de que era evidente que todos los vasos contenían la misma cantidad de agua. El niño que permanece en esta etapa solamente se centra en una dimensión (la altura o la anchura).

Los niños que atraviesan la etapa preoperativa carecen de lo que denominamos *reversibilidad*, es decir, la capacidad para revertir o deshacer mentalmente alguna operación que habíamos efectuado antes. Aparte de apoyarse con firmeza en su percepción, el niño en la etapa preoperativa también muestra egocentrismo y asume que su forma de razonar sobre las cosas es la única que existe.

3. Etapa de las operaciones concretas. Esta etapa transcurre entre aproximadamente los siete y los once años. Durante la misma, el razonamiento de los niños se hace mucho más dependiente de su percepción y pueden llevar a cabo algunas operaciones de tipo lógico o matemático. Estas operaciones consisten en las acciones indicadas por los símbolos más habituales como +, –, ÷, x, > (mayor que), < (menor que) y =. Una operación del tipo «mayor que» se debe considerar junto con la operación contraria, es decir, con la operación «menor que». El niño no comprende el significado de «A es mayor que B» a menos que se dé cuenta de que esta frase significa lo mismo que «B es menor que A». No obstante, en esta fase el razonamiento del niño se dirige hacia situaciones concretas. La capacidad del niño para eludir las limitaciones de la realidad inmediata y alcanzar el reino de las ideas abstractas solamente se consigue en la cuarta etapa.

4. Etapa de operaciones formales. Los niños de once o doce años inician su última etapa del desarrollo. En la misma, desarrollan la capacidad para razonar en términos de los estados posibles (más que únicamente de los reales) del mundo. En otras palabras, los niños que atraviesan esta etapa de las operaciones formales pueden manipular las ideas en mucha mayor medida de lo que lo pueden hacer los niños que permanecen en la etapa de las operaciones concretas. En esta cuarta etapa de las operaciones formales el razonamiento del niño siempre es más abstracto y se fundamenta en los principios de la lógica formal. Puede generar hipótesis múltiples y proposiciones abstractas, y también puede incluso abordar la lógica de proposiciones a través de expresiones como «como-si» y «si-entonces».

Por supuesto, la teoría de Piaget ha recibido numerosas críticas, pero también ha ejercido una gran influencia debido a que implica que el niño puede aprender en las diversas etapas de su desarrollo ya que está preparado para ello. También indica cómo se debe enseñar al niño, especialmente a través del proceso de un autodescubrimiento activo mediante el uso de juguetes y la realización de actividades. Esta teoría también explicita lo que se le debe enseñar al niño.

Etapas o secuencias Casi todas las teorías fundamentadas en la existencia de etapas, tanto de etapas cognitivo/mentales como de etapas de adaptación a las pérdidas, se fundamentan en dos suposiciones básicas. La primera es la de que las etapas tienen un carácter discreto, más que continuo. Las etapas implican la idea de que son muy diferentes unas de las otras y de que lo que podemos pensar, hacer o creer en una de ellas es muy distinto de lo que conseguimos en la etapa siguiente. En términos evolutivos esto quiere decir que las habilidades y las capacidades cognitivas que caracterizan a una etapa son completamente inexistentes en las etapas previas.

La segunda suposición es la de la secuencia estricta, lo que quiere decir que el niño tiene que atravesar las fases o etapas en un orden prescrito estrictamente, sin saltarse ninguna y tampoco sin regresar a un período más temprano. Algunos defensores de las etapas psicológicas reactivas han señalado que, además de avanzar hacia adelante, también es posible «retroceder». Sin embargo, esto no es lo que se deduce de la bibliografía relativa al desarrollo cognitivo.

Ciertamente, la evidencia indica que los hitos o etapas del desarrollo cognitivo no son tan patentes y claros como suelen señalar los teóricos, pero parece evidente la existencia de una secuencia del desarrollo. Los niños de siete años pueden manejar conceptos que están claramente vedados a los niños de cuatro años. Así, una parte importante de la práctica educativa y de las orientaciones a los padres está fundamentada en el concepto de las secuencias lógicas del desarrollo en etapas.

Situación actual

Los estudios actuales acerca de las etapas cognitivas de Piaget indican que este y algunos otros investigadores contemporáneos estimaron de manera insuficiente las capacidades de los niños. Por otra parte, algunos investigadores actuales han señalado que es importante diferenciar la actuación (la capacidad para realizar una tarea) de la comprensión (el conocimiento de algo). Parece que cuando evaluamos a los niños suelen presentar un grado de comprensión mayor que su capacidad de actuación, lo que tiene implicaciones respecto a la evaluación de la teoría.

La idea en síntesis: teoría del desarrollo cognitivo de Piaget

40 Patos en fila

En ocasiones leemos que hay animales de diferentes especies que «piensan». Leemos acerca de perros que se comportan como gatos, de ovejas o cerdos que actúan aparentemente como perros, e incluso de patos que creen que sus padres son humanos.

Lorenz La demostración psicológica más famosa de este fenómeno la llevó a cabo Konrad Lorenz (1907-1989), que fue premio Nobel y una figura importante en el campo de la etología, es decir, el estudio del comportamiento animal. Este investigador descubrió que el ganso Greylag criado en una incubadora podría «imprimarse» respecto a la primera cosa con movimiento que veía en su vida, específicamente durante sus primeras treinta y seis horas de vida. Denominó a este proceso «estampación» o «imprimación». Se ha demostrado que este período de tiempo completo es el período crítico. Las crías de ganso con imprimación respecto a las botas negras de Lorenz le seguían a él de la misma manera que las demás crías seguían a sus madres. Hay muchas fotografías encantadoras de Lorenz caminando con una fila de gansos detrás de él o incluso nadando con sus «crías». Lorenz observó que las grajillas que presentaban imprimación respecto a él le traían gusanos jugosos (a menudo a los orificios de sus orejas). Sin embargo, por suerte, buscaban a otras grajillas cuando sentían los impulsos sexuales, lo que demostraba que algunos comportamientos están más influidos que otros por el fenómeno de la imprimación. Los patitos podían presentar imprimación incluso respecto a objetos inanimados como una pelota roja o una caja de cartón.

En términos estrictos, este fenómeno se denomina *imprimación filial* y consiste en que el recién nacido reconoce en primer lugar a sus padres. Se inicia incluso antes del nacimiento, cuando el feto comienza a oír la voz concreta de sus padres. La idea es la de que la imprimación es un fenómeno innato y distintivo, no aprendido. Es esencial para la vida y para la supervivencia. Sin embargo, incluso los comportamientos de carácter innato están modificados por el aprendizaje. Así, los gatos están «programados» para capturar ratas, pero necesitan aprender la habilidad de la captura de las ratas a través de su madre. Asimismo, los pájaros cantores pueden cantar, pero «aprenden la melodía» a partir de los pájaros que les rodean.

El punto de vista actual es el de que el proceso de imprimación es mucho más «plástico» y «elástico» de lo que se pensaba inicialmente. Para convertirse en un objetivo apropiado de la imprimación (es decir, en una «madre» respecto al vínculo social), cualquier animal u objeto inanimado debe proporcionar bienestar y protección.

Cronología

1000 a. C.
Los ganaderos de la antigüedad utilizaban la imprimación para la cría de animales

1871
Darwin expone sus ideas relativas al comportamiento basado en el instinto

Imprimación experimental La imprimación puede implicar los sentidos de la vista, el oído y el olfato. Básicamente, la imprimación determina las preferencias de un animal respecto a una especie concreta. Además, la imprimación es más intensa cuando el animal está sometido a estrés.

Este concepto se ha utilizado para reeducar a pájaros huérfanos (cóndores, águilas, gansos) que no tuvieron la oportunidad de aprender de sus padres. Así, a los pájaros se les puede enseñar a comportarse como si sus progenitores fueran un ultraligero, y seguirán a está máquina si fuera necesario a lo largo de las rutas de migración tradicionales.

El fenómeno de la imprimación permite el reconocimiento de los animales que son iguales, facilita el vínculo social y permite la selección del animal adecuado para el apareamiento. Los animales deben reconocer inmediatamente a su progenitor debido a que le necesitan para que les proteja y les alimente. Es un mecanismo que garantiza el establecimiento de vínculos sociales sólidos entre los progenitores y los descendientes.

Período crítico

El período crítico se denomina en ocasiones período susceptible. Es un período de tiempo completo en la fase inicial de la vida posnatal. En los patos y los gansos tiene lugar durante las 24 a 48 horas siguientes a su salida del cascarón. En los gatos corresponde a las 2 a 7 primeras semanas de vida, en los perros a las 2 a 10 semanas y en los primates a los 6 a 12 meses.

La imprimación es la intersección entre el instinto y el aprendizaje. Sin embargo, no es sólo un proceso de aprendizaje. Esta idea está apoyada por tres tipos de evidencia. En primer lugar, la imprimación solamente tiene lugar durante un período de tiempo fijo y muy concreto, que se denomina periodo crítico; después de este período el aprendizaje tiene efectos diferentes y más débiles. En segundo lugar, el proceso de imprimación es irreversible debido a que las cosas quedan fijadas y no se olvidan. En tercer lugar, la imprimación muestra especificidad de especie. Aparece en todos los animales de una especie concreta, con independencia de otras diferencias que pueda existir entre ellos.

Imprimación sexual Este concepto se fundamenta en la idea de que un animal comienza a desarrollar su preferencia sexual (es decir, la elección de la pareja para el apareamiento) en función de la especie respecto a la cual ha presentado imprimación, más que respecto a su propia especie, en el caso de que ambas fueran distintas. Algunos observadores han señalado que esto

«Las aves acuáticas que son criadas por gallinas no suelen presentar imprimación sexual respecto a los pollos.»

Konrad Lorenz, 1973

podría ser en parte una explicación de los numerosos y a menudo extraños fetiches sexuales que presentan las personas respecto a materiales como el cuero o el plástico, o bien respecto a objetos como los zapatos.

Se ha observado un patrón de imprimación sexual inversa que ha evolucionado aparentemente para suprimir una endogamia potencialmente desastrosa. Este efecto significa que las personas que crecen juntas en unidades familiares bien definidas y con proximidad doméstica durante sus primeros años de vida (hasta aproximadamente los 5 o 6 años) no muestran en épocas posteriores un atractivo especial entre sí en el terreno de la sexualidad. Por otra parte, los niños de sexo distinto que son separados para su nacimiento sí muestran a menudo un atractivo sexual especialmente intenso entre sí cuando se conocen en épocas posteriores.

Imprimación en el ser humano La imprimación en los pájaros es un fenómeno bien establecido, pero en los mamíferos es menos frecuente. Los primates nacen en una situación de indefensión mucho mayor y más «incompletos», con un cerebro muy inmaduro. La madre tiene una importancia clave como proveedora, protectora y cuidadora, y como compañía. El vínculo y el crecimiento se llevan a cabo a lo largo de períodos prolongados de tiempo.

Imprimación en las parejas humanas Las personas comentan con frecuencia que sus amigos parecen ser atraídos por «tipos» similares. Un amigo de sexo masculino parece que siempre buscaría chicas de estatura baja y pelo oscuro, mientras que una amiga de sexo femenino buscaría constantemente hombres altos y pecosos. Desde las observaciones de Freud se ha sugerido que nos podemos sentir especialmente atraídos (o incluso repelidos) por las personas que nos recuerdan a nuestros padres. La idea es un concepto de imprimación: la exposición temprana a diversas características de los padres influye en las preferencias de apareamiento que surgen en la vida adulta.

Las hijas de padres de edad avanzada eligen parejas mayores; los hijos de matrimonios de personas de distintas razas tiene más posibilidades de elegir una pareja de raza distinta a la de sus padres. También se ha investigado el color del pelo y de los ojos. Las personas eligen como pareja a personas que tienen las características de su progenitor del sexo opuesto muy por encima de las personas con características similares a las propias o similares a las del proge-

«En los matrimonios mayores uno descubre con frecuencia características que hacen que el esposo y la esposa parezcan hermano y hermana; de la misma forma, podemos notar que el dueño de un perro y su perro que comparten el tiempo acaban mostrando una similitud que es al mismo tiempo conmovedora y cómica.»

Konrad Lorenz, 1954

Aprendizaje en función de la fase o la etapa

Ciertamente, parece que hay períodos críticos para el aprendizaje en la vida de las personas y, en este sentido, el término de «imprimación» se utiliza para describir cualquier tipo de aprendizaje que tiene lugar durante una etapa vital concreta. Así, hay cada vez más pruebas que demuestran que existen períodos críticos para el aprendizaje de una segunda lengua. El período que transcurre hasta los 5 años parece ser el mejor para la adquisición de la fluidez en otros idiomas. Por tanto, si alguna persona no llegara a presentar exposición a ninguna lengua antes de que alcance la pubertad (una eventualidad infrecuente y muy lamentable) parece que nunca sería capaz de adquirir adecuadamente la sintaxis de su «lengua materna» en fases posteriores de su vida. El argumento de la «ventana biológica de oportunidad» relativo al aprendizaje de las lenguas ha sido puesto en duda acaloradamente. Algunos investigadores consideran que el período crítico solamente existe respecto a la pronunciación, mientras que otros señalan que también existe respecto a la sintaxis y el vocabulario.

Otros investigadores han señalado que puede existir incluso un período crítico respecto a la adquisición y las preferencias de las habilidades y la composición musicales. Por otra parte, la adquisición de las habilidades sociales y de la inteligencia emocional parece indicar que el período crítico de ambas se sitúa alrededor de la pubertad.

nitor del mismo sexo. Las personas también eligen a personas con un color de ojos y del pelo similar al suyo.

Este efecto de la imprimación humana es una forma de aprendizaje social. Ciertamente, no se ha demostrado que ocurra a una edad o en una etapa específicas, ni tampoco que tenga lugar en todas las personas. No tiene por qué producirse durante la niñez.

> **«Cuando las personas se sienten libres para hacer lo que quieren, generalmente se imitan unas a otras.»**
>
> **Eric Hoffer, 1955**

La idea en síntesis: literalmente, los patitos aprenden a «amar a aquello que tienen delante»

41 La página en blanco

«Uno de los principios básicos de las doctrinas marxista y comunista es el hecho de que la personalidad del individuo está configurada por la clase económica a la que pertenece y por el papel que desempeña en la lucha de clases, lo que representa la postura ambientalista más radical que podríamos imaginar.»

George Albee, 1982

La hipótesis de la «página en blanco» (o *tabula rasa*) propone que las personas nacemos con una ausencia completa de contenidos o procesos genéticos, innatos o evolutivos que se desarrollen con el paso del tiempo. En vez de ello, nacemos como si fuéramos una página en blanco o un disco vacío sobre los cuales se escriben o se almacenan datos determinados por las experiencias personales que tiene cada persona, por lo que llega a ser y por aquello en lo que cree.

Historia Tanto Aristóteles como santo Tomás de Aquino parecieron aprobar esta escuela de «cultura» radical o «ambiental» de pensamiento, a diferencia de la escuela «genética» o «hereditaria». Sin embargo, a esta idea se oponía básicamente la escuela platónica, que contemplaba la idea de que la mente o el espíritu humanos «preexisten» en los cielos en algún tipo de forma desarrollada. El concepto moderno procede principalmente del filósofo empírico inglés del siglo XVII John Locke, que consideró la mente como algo vacío y en blanco en el instante del nacimiento, como algo carente de cualquier tipo de conocimiento o de mecanismos para la adquisición y el almacenaje del conocimiento, así como también libre de impulsos predeterminados o innatos. Según ello, las personas serían libres para crear su propio destino y su propia identidad. Así, habría capitanes de su barco, directores de su propio destino, autores de su propia mente... y el destino.

«Enseña a un niño cómo debe ser; cuando sea mayor ya no cambiará.»

Proverbios

Hasta cierto punto, el debate sobre la «página en blanco» ha caracterizado la controversia entre lo natural y lo cultural. También ha dividido la psicología en movimientos de gran fuerza, como el denominado movimiento eugenésico, que defiende acaloradamente la tradición contraria a la de la «página en blanco». Históricamente ha existido algo así como un péndulo que ha oscilado entre las posicio-

Cronología

300 a. C.
Aristóteles define el concepto

1700
Propuesta de la idea del «autor libre» por parte de Locke

nes extremas. De esta manera, la identidad sexual, la homosexualidad y otras cuestiones han sido contempladas casi exclusivamente como aspectos determinados por la genética o como aspectos determinados por la sociedad.

Muchos pensadores señalan que es imposible separar lo natural de lo cultural. En el momento presente el debate de la libre voluntad frente al determinismo todavía subyace a la controversia relativa a la «página en blanco».

Creencias acerca de la naturaleza humana Jeremy Bentham (1748-1832) describió al hombre como un ser racional que toma decisiones siempre en términos de favorecer su interés propio. Por otra parte, Gustave Le Bon (1841-1931) puso de manifiesto la irracionalidad y la impulsividad del ser humano cuando forma parte de multitudes. Thomas Hobbes (1588-1679) contempló al hombre como un ser egoísta, malo y salvaje cuyos impulsos debían ser contenidos por un gobierno poderoso. Jean Jaques Rousseau (1712-1778) contempló las restricciones de su civilización como la fuerza que estaba destruyendo la nobleza del hombre natural, el «buen salvaje».

«Los primeros mensajes que se escriben en la "página en blanco" pueden no ser necesariamente los que se borran con más dificultad.»

Jerome Kagan, 1976

Los psicólogos experimentales y sociales han intentado explicar los determinantes, la estructura y las consecuencias de las diferentes «filosofías de la naturaleza humana». Un psicólogo argumentó que existían seis creencias básicas (además de las seis creencias contrarias) respecto a la naturaleza humana. En primer lugar, la que se refiere a que las personas son básicamente (o no son) honradas, morales y responsables. En segundo lugar, la que indica que las personas pueden controlar sus impulsos y que se comprenden a sí mismas, o bien lo contrario, es decir, que carecen de autodeterminación y que son irracionales. La tercera creencia básica es que las personas son altruistas y generosas, y que se interesan sinceramente por los demás, o bien que son lo contrario. En cuarto lugar, que las personas son capaces de mantener sus creencias frente a las presiones para cambiarlas ejercidas por grupos, o bien que ceden ante las presiones de los grupos y de la sociedad. En quinto lugar, que las personas son diferentes entre sí en cuanto a su personalidad y sus intereses, y que pueden cambiar con el tiempo, o bien que no cambian con el paso del tiempo. La sexta creencia básica indica que las personas son complicadas y difíciles de entender, o bien lo contrario, es decir, que son simples y fáciles de comprender. Estas creencias básicas se pueden reducir a dos dimensiones: positiva-negativa (fuerza de voluntad, confianza, independencia y altruismo)

«El ladrón y el asesino siguen los impulsos de su naturaleza, de la misma manera que el filántropo.»

T. H. Huxley, 1873

Siglo XIX	Década de 1960	2002
La eugenesia como causa y razón de todo tipo de comportamiento	Apogeo del concepto ambientalista de la *tabula rasa*	Pinker, *The Blank Slate*

y multiplicidad (variabilidad y complejidad), aspectos que en términos generales son independientes el uno del otro.

> «La naturaleza siempre ha tenido más poder que la educación.»
>
> **Voltaire, 1739**

Biología, evolución y «página en blanco» La objeción más evidente y vehemente a la hipótesis de la «página en blanco» procede de los psicólogos de tendencia evolucionista. Estos profesionales desprecian la creencia en la «página en blanco» y el mito del «buen salvaje» señalando que su única razón de ser son los imperativos políticos, no las demostraciones científicas. Las personas que tienen temor a los conceptos de determinismo o de desigualdad, o bien que los rechazan, también se oponen a la abrumadora y poderosa evidencia de la evolución.

La posición de la psicología evolucionista es muy clara: el ser humano (cuerpo y mente) procede de la selección natural y se comporta de ciertas maneras determinadas. El cerebro es el resultado de la adaptación evolutiva. Estamos claramente «programados» y, en este sentido, estamos «destinados» a comportarnos de cierta manera. Seguimos siendo «monos desnudos» y, por ello, todos tenemos una «tendencia a lo dulce» durante la niñez debido a buenas razones.

El argumento es el de que la selección de la pareja para el apareamiento está relacionada básicamente con la reproducción. Estamos destinados a buscar personas que nos ayuden a tener hijos sanos y, de esta manera, a garantizar la persistencia de nuestros genes. Por ello, los hombres encuentran atractivas a las mujeres sobre todo en lo relativo a su capacidad para tener hijos. El tamaño corporal (índice de masa corporal) y la forma del cuerpo (proporción cintura-cadera y proporción entre las piernas y el cuerpo) son señales importantes de fecundidad. Los hombres están «programados» para buscar indicadores de juventud y de salud. Así, valoran como importantes los ojos grandes, la piel clara, la simetría y el color rubio del pelo (sólo en las personas de raza blanca); por su parte, las mujeres también buscan signos de salud, supremacía y riqueza. Por ello, prefieren hombres altos con hombros anchos y tórax grande, pero con una cintura pequeña. Les atraen las voces profundas y los signos de inteligencia social. La riqueza

Los aspectos políticos de la naturaleza humana

Los escritos políticos expresan tanto de manera explícita como implícita sus creencias en el origen de la naturaleza humana. Así, parece que el comunismo debe asumir que el egoísmo, la competitividad y el autoengrandecimiento son aspectos de la naturaleza humana que no tienen un origen natural sino que se deben a las condiciones sociales, económicas y políticas. De la misma forma, el liberalismo parece asumir que todas las personas muestran un deseo intenso de libertad total, al tiempo que los conservadores mantienen una visión negativa del hombre y creen que las personas son por naturaleza egoístas, agresivas y anárquicas.

¿Están las creencias relativas a las características de la naturaleza humana relacionadas de manera sólida con la orientación política de cada persona en una forma predecible y lógica? Por ejemplo, las personas de izquierdas tienden a atribuir el origen de la mayor parte de las características humanas al ambiente, mientras que las de derechas tienden a atribuirlo a factores genéticos, a pesar de la existencia de diferencias enormes en función de las características consideradas (p. ej., la personalidad, en comparación con las características físicas). Así, podría ser posible determinar la orientación política de una persona a través de sus puntos de vista sobre el debate entre naturaleza y cultura.

«Dadme 12 niños sanos y bien formados, dejadme que los críe en mi propio mundo y os garantizo que puedo coger cualquiera de ellos al azar y convertirlo en cualquier tipo de profesional que yo decida, médico, abogado, artista, hombre de negocios, e incluso podría convertirlo en un mendigo o un ladrón, con independencia de su talento, sus inclinaciones, sus tendencias, sus habilidades o su vocación, e incluso con independencia de la raza de sus antepasados.»

J. Watson, 1930

también es importante debido a que las mujeres la contemplan como un recurso para sacar adelante a sus hijos.

Para el psicólogo evolucionista estamos predestinados a detectar las características que determinan la idoneidad del apareamiento. De manera inconsciente, los hombres se sienten atraídos por las mujeres que están en el nivel máximo de su potencial reproductivo. En el esquema de la psicología evolucionista las mujeres solucionaron su «problema de detección de la pareja para aparearse» estableciendo una preferencia por el estatus elevado (sobre todo en las relaciones a largo plazo), más que por otras consideraciones como el atractivo físico. La razón es que cuanto mayor es el estatus de un hombre, mayor es también su capacidad para proveer recursos. En la mayor parte de las sociedades el estatus elevado se asocia a riqueza y a poder, y también se puede asociar a inteligencia, estabilidad emocional y amor por los detalles, que son en sí mismos rasgos convenientes. Por lo tanto, la rivalidad que se establece entre los hombres para atraer a las mujeres se centra en la adquisición de recursos y en la ostentación de los mismos. Así pues, en los hombres la belleza puede estar tan sólo en una «billetera profunda», tal como se ha sugerido sarcásticamente.

Por otra parte, los hombres resolvieron el problema de detectar el potencial reproductivo máximo de las mujeres al poner en primer lugar las características que indican un potencial reproductor elevado, juventud o fertilidad, más que los atributos que pueden indicar, por ejemplo, el estatus. Estas características son los labios prominentes, la piel clara y suave, los ojos claros, el pelo lustroso, el buen tono muscular y la distribución adecuada del tejido adiposo corporal, así como la marcha juvenil y alegre, y la expresión facial animada con demostración de un nivel de energía elevado. A pesar de que los hombres y las mujeres pueden apreciar las mismas características en su pareja (tal como el atractivo, el estatus, la estabilidad emocional, etc.), las valoran de manera distinta a consecuencia de su diferente desarrollo evolutivo.

La idea en síntesis: ¿son nuestras mentes una «pizarra en blanco» cuando nacemos?

42 Los reflejos condicionados

«Creo no precipitarme cuando digo que los experimentos relativos a las actividades nerviosas superiores de los animales nos van a ofrecer una información abundante respecto a la educación y la autoeducación en el ser humano.»

I. Pavlov, 1928

La capacidad y aparente voluntad de los animales de circo para realizar diversas tareas cuando se lo «ordena» su entrenador han sido utilizadas para fascinar a nuestros padres y abuelos. Hoy en día todavía disfrutamos al ver las focas, los delfines e incluso las orcas realizar toda una serie de acrobacias en los acuarios grandes y públicos. La cuestión que se plantea es la siguiente: ¿cómo es posible entrenar a los animales para que realicen estas interesantes y asombrosas tareas?

Perros y campanas El reflejo condicionado fue descubierto por el fisiólogo ruso Ivan Pavlov (1849-1936), al que se le concedió el premio Nobel. Su concepto ha pasado a formar parte del acervo común debido al famoso ejemplo de los «perros de Pavlov». Todos los animales muestran salivación cuando tienen hambre y cuando se les pone ante la vista o ante el olfato su alimento favorito. Este es un reflejo natural cuyo objetivo es el de facilitar todo el proceso del consumo y la digestión del alimento. Pavlov trabajó inicialmente con perros para determinar la calidad y la cantidad de su salivación en función de la preparación de los alimentos para una digestión efectiva.

Pavlov observó que si tocaba una campana muchas veces inmediatamente antes de que el perro viera la comida, el sonido de la campana de manera aislada (sin la vista de la comida) inducía un incremento de la salivación. La campana ponía en marcha el sistema digestivo fisiológico. Este proceso también tiene lugar en las personas y en referencia a todo tipo de alimentos y todo tipo de sonidos. El condicionamiento es más adecuado cuando el estímulo no condicionado (la vista o el olor del alimento) aparece casi simultáneamente al estímulo condicionado (el sonido de la campana), y también cuando ambos estímulos son convincentes e intensos (un trozo de carne grande y jugoso, y un sonido intenso de campana).

La teoría El reflejo condicionado tiene lugar en ciertas situaciones específicas cuando lo que denominamos un estímulo indiferente (o irrelevante)

Cronología

Década de 1870
Pavlov demuestra el condicionamiento

Década de 1940
Skinner amplía significativamente el concepto de condicionamiento

aparece combinado con un estímulo concreto que, generalmente, da lugar a una respuesta específica. Tras la repetición de esta acción en varias ocasiones, el estímulo indiferente adquiere la capacidad de inducir por sí mismo la respuesta específica. Es el estímulo condicionado el que causa el reflejo, mientras que el estímulo indiferente provoca la respuesta condicionada. Para la preservación del reflejo es necesario completar la asociación; si la campana suena una y otra vez pero ello no se continúa con la aparición de la carne, es menos probable que se produzca la respuesta. Por lo tanto:

- El alimento es un estímulo no condicionado.
- La salivación en respuesta al alimento es un reflejo no condicionado.
- El sonido de la campana es el estímulo condicionado.
- La salivación provocada por el estímulo del sonido de la campana es el reflejo condicionado.

«El que no ha utilizado su bastón no ha querido a su hijo.»

Proverbios

La respuesta condicionada puede ser la estimulación y el incremento de la probabilidad de un comportamiento, o bien del comportamiento opuesto para intentar inhibir el comportamiento inicial. Los resultados son claros y de sentido común: la intensidad del condicionamiento aumenta con cada ensayo, pero cada ensayo añade menos refuerzo que el ensayo anterior. Dicho de otra manera, al cabo de un cierto tiempo disminuye el poder de refuerzo.

Supersticiones condicionadas Hay una historia famosa que ilustra lo que los psicólogos han denominado «comportamiento supersticioso». Un psicólogo animal tenía el laboratorio lleno de palomas. Las palomas demostra-

Extinción

El condicionamiento puede ser modificado y extinguido. Es posible deshacerlo con la misma facilidad con la que se establece y ello se puede conseguir a través de lo que se ha denominado extinción experimental, que tiene lugar mediante los ensayos de refuerzo. Con el paso del tiempo, si al sonido de la campana no sigue la aparición de comida el perro deja de salivar cuando suena la campana. No obstante, si la respuesta de salivación desaparece, también puede resurgir cuando se vuelve a la situación del condicionamiento. De hecho, incluso tras una aparente extinción del reflejo condicionado, éste vuelve a aparecer con cierta rapidez una vez que se reinician los ensayos de refuerzo. Además, la respuesta extinguida puede aparecer de nuevo tras un intervalo de reposo, en lo que se denomina recuperación espontánea.

1944 Comienzo del interés por el castigo

1958 Introducción del concepto de desensibilización sistemática

1969 Johoda, *La psicología de la superstición*

ron que podían reconocer y discriminar diferentes formas y colores, y se habían acostumbrado a la vieja rutina de «comida por respuesta correcta».

Un fin de semana el investigador volvió a casa pero olvidó apagar los alimentadores automáticos de una fila de palomas, de manera que al cabo de una hora y media la máquina expulsó una sabrosa relación de alimento. Naturalmente, los pájaros consideraron que estaban siendo recompensados por lo que hacían y, así, cada treinta minutos repetían el mismo comportamiento y recibían la misma recompensa. Casi todos los pájaros se sentían preparados para conseguirlo. Algunos se daban con el pico en la jaula, otros levantaban las alas, otros hacían piruetas en el fondo de la jaula y, por último, otros emitían arrullos de agradecimiento. La comida aparecía de manera automática, pero las palomas habían «visto elementos de conexión» y vínculos de tipo causal con su comportamiento, y suponían que estaban recibiendo la recompensa por ello.

«Es obvio que los distintos tipos de hábito fundamentados en el entrenamiento, la educación y la disciplina de cualquier tipo no son nada más que una larga cadena de reflejos condicionados.»

I. Pavlov, 1928

En otro famoso estudio realizado sobre niños de tres a seis años, los investigadores colocaron una caja de plástico en cuyo interior introdujeron canicas y un payaso mecánico llamado Bobo que tenía el tamaño de un niño. Al comienzo del experimento a cada niño se le permitió que eligiera un juguete pequeño que deseara ganar. Después, estos juguetes fueron introducidos en la caja de Bobo y a los niños se les dijo que de vez en cuando el payaso ofrecería una canica que el niño debería colocar en la caja de plástico. Cuando consiguieran un número suficiente de canicas, ganarían su juguete favorito. Bobo estaba programado para ofrecer las canicas en momentos concretos, con independencia del comportamiento del niño. Se observó a los niños a través de un espejo transparente durante una sesión de ocho minutos al día, a lo largo de seis días. Los resultados demostraron que el 75 por 100 de los niños desarrolló una respuesta supersticiosa de carácter distintivo. Algunos niños se ponían enfrente de Bobo y le hacían muecas; otros tocaban su cara o su nariz, y otros meneaban o contorneaban sus caderas. Una niña sonreía a Bobo y otra besaba su nariz. En todos los casos los niños repitieron estos comportamientos en todas las sesiones. Todos creían que era su comportamiento lo que hacía que Bobo les diera canicas. Habían sido condicionados mediante el método clásico.

El poder de la música Los anunciantes saben que las personas asocian melodías concretas con acontecimientos, estados de ánimo y productos también concretos, y que en función de ello cambia la probabilidad de su comportamiento de compra. Así, es posible influir sobre las personas a través de la música sin que realmente las personas así influenciadas lleguen a ser claramente conscientes de la existencia de una música de fondo.

En un estudio sobre los aspectos musicales, un grupo de psicólogos puso música tradicional francesa (acordeón) o música tradicional alemana (la banda de viento Bierkeller) para que la escucharan los clientes y después evaluó las ventas de vino en las estanterías experimentales de vino que contenían botellas francesas y alemanas de igual precio y sabor. En los días de música francesa el 77 por 100 del vino vendido era francés; en los días de música alemana, el 73 por 100 del vino vendido era alemán. Las personas seleccionaban con una probabilidad tres o cuatro veces mayor del vino correspondiente a la música que escuchaban, en comparación con el otro vino.

Temor condicionado El condicionamiento clásico influye en la emoción y en el comportamiento. Podemos condicionar a un animal para que responda a una señal, pero al poco tiempo podemos suprimir la respuesta al asociarla a algún evento desagradable como puede ser una descarga eléctrica o una ducha con agua fría. En el ser humano ha sido posible inducir y curar respuestas fóbicas mediante el condicionamiento. Así, podemos hacer que un niño pequeño presente fobia respecto a los gatos emitiendo un sonido intenso cada vez que el niño escucha, ve o toca a un gato. Este condicionamiento da lugar rápidamente a una «fobia a los felinos». Sin embargo, también podemos eliminar este condicionamiento al poner gradualmente al niño en contacto con un gato y ofrecerle un estímulo de recompensa en cada ocasión.

«El aprendizaje sin razonamiento es inútil. El razonamiento sin aprendizaje es peligroso.»

Confucio, 551-479 a. C.

La desensibilización sistemática fue descrita inicialmente por el psicólogo neoconductista Joseph Wolpe (1958) y se observó que tenía utilidad para que los pacientes pudieran identificar la causa específica de su ansiedad, tal como el temor a las habitaciones cerradas o a hablar en público. A los pacientes se les pedía que imaginaran escenarios que les causaran ansiedad y que estuvieran relacionados directamente con sus miedos, al tiempo que el psicoterapeuta les ayudaba a mantener un estado de relajación. La aplicación simultánea del estímulo de relajación y del estímulo causante de la ansiedad disminuía los temores a través del proceso denominado «inhibición recíproca». Si los pacientes pueden mantener un estado de relajación en una situación en la que se aplican estímulos que inducen ansiedad, estos estímulos pierden su potencia.

La idea en síntesis: las respuestas pueden ser aprendidas

43 Conductismo

«El conductista desecha todos los conceptos medievales. Retira de su vocabulario todos los términos objetivos como sensación, percepción, imagen, deseos e incluso razonamiento y emoción.»

J. B. Watson, 1926

Historia del conductismo

El conductismo fue la corriente dominante en psicología durante más de cien años. Desde Ivan Pavlov (1849-1936) hasta F. Skinner (1904-1990), que negaba que las personas tuvieran libre voluntad o autonomía moral, el conductismo en sus formas ligeramente diferentes ha dominado el pensamiento y la investigación en psicología durante cincuenta años.

Los conductistas fueron grandes enemigos de los psicólogos gestálticos, los psicoanalistas y los psicólogos de tendencia humanista. Los primeros conductistas, como John B. Watson, abandonaron lo que denominaban «introspección». El conductismo era la ciencia de lo que se puede observar y medir fiablemente: el comportamiento. Realmente, proponía un empirismo ingenuo.

El conductismo es una ideología (como lo son otros muchos «ismos») que se fundamenta en criterios, creencias y axiomas básicos. Necesitamos una evidencia comportamental observable para demostrar las teorías y, por tanto, no podemos diferenciar dos estados de la mente (actitudes, creencias, valores, etcétera) a menos que seamos capaces de observar y cuantificar el comportamiento específico asociado a cada uno de ellos.

Filosofía Los orígenes filosóficos del conductismo están fundamentados en diversas líneas de filosofía como el positivismo lógico y el empirismo británico. Los positivistas lógicos insistían en el principio de la verificación, que defiende que los conceptos mentales se refieren, de hecho, a tendencias comportamentales y que, por tanto, pueden y deben ser especificados en términos de comportamiento. Los empiristas británicos señalaban que conocemos el mundo únicamente a través del experimento y la observación. También creían que las personas adquieren el conocimiento a partir de su entorno y, por tanto, de otras personas a través del aprendizaje asociativo entre las experiencias (o estímulos) y las ideas (o comportamientos). Así, las personas conocen la estructura causal del mundo a través de las asociaciones clásicas.

Cronología

1913 Watson propone el conductismo

1927 Pavlov ofrece los conceptos básicos

Los conductistas que señalan que su psicología es la psicología del comportamiento (claramente, no la ciencia de la mente, el corazón o el alma) argumentan que podemos comprender todos los procesos psicológicos sin necesidad de ninguna referencia a los acontecimientos mentales internos como las creencias o los recuerdos. Insisten con fervor en el hecho de que hay que erradicar de la psicología el lenguaje correspondiente a los estados internos y sustituirlo por conceptos estrictamente conductuales. El conductismo pretende ser considerado una ciencia natural, como la física o la zoología.

Tal como era de esperar, a lo largo de los años han aparecido versiones ligeramente distintas. Hay un conductismo *clásico* o fisiológico que ha desarrollado su propio lenguaje. Así, si a los perros o las ratas sólo los alimentamos después de que realicen cierta tarea (p. ej., empujar una palanca o desplazarse a un cierto sitio cuando se aplica un sonido o se enciende una luz) es probable que repitan este comportamiento. Si el sonido o la luz representan un estímulo discriminativo, los movimientos o el empuje de la palanca que realizan los animales son respuestas, el alimento es el refuerzo y la repetición de todo el proceso constituye un ciclo de aprendizaje.

«Desde mi punto de vista, el análisis científico del comportamiento debe asumir que el comportamiento de una persona está controlado por sus rasgos genéticos y ambientales, más que por la persona en sí misma como agente iniciador.»

B. F. Skinner, 1974

El conductismo *metodológico* es la doctrina que indica cómo realizar estudios de investigación científicos, aceptables y empíricos. Los acontecimientos mentales internos de cualquier tipo son entidades privadas y relevantes. El conductismo utiliza con mucha frecuencia el término «análisis experimental del comportamiento» y, de hecho, se han creado asociaciones profesionales y revistas académicas con esta misma denominación.

Quizá, el mejor conocido sea el conductismo *radical* de B. F. Skinner. Este investigador creía absolutamente en lo que propugnaba y escribió novelas acerca de utopías conductistas, además de que crió a su hija según los fundamentos estrictos de su credo. El conductismo radical no permitía la existencia ni la «experimentación» de los estados de la mente. Sin embargo, esta versión del conductismo no tenía en cuenta que los sentimientos dan lugar a comportamientos, más que al contrario.

Los conductistas tienden a centrarse en comportamientos identificables y muy específicos que, argumentan, pueden ser configurados mediante calenda-

1938
Skinner, *The Behavior of Organisms*

Década de 1950
Apogeo del conductismo

1977
Bandura, *Teoría del aprendizaje social*

rios de refuerzo bien planificados. Sin embargo, algunos conductistas están preparados para aceptar que somos algo más que el producto de nuestra historia de refuerzos personales. También estamos influidos por nuestros factores biológicos concretos y, en algunos casos, por la cultura, que es el comportamiento común de nuestro clan o grupo.

Los conductistas han creado asociaciones y han fundado revistas eruditas. También han recomendado un tipo concreto de tratamiento que, de manera inevitable, se denomina terapia conductual y que se ha utilizado en el tratamiento de pacientes adultos y niños con problemas mentales, así como en el de adultos «normales» con problemas específicos.

Más allá de la libertad y de la dignidad B. F. Skinner es quizá el conductista de pensamiento más claro, más conocido y más vehemente; escribió en 1971 un libro muy popular cuyo título era *Más allá de la libertad y de la dignidad* (*Beyond Freedom and Dignity*). Odiaba a los mentalistas, que creían que en la cabeza había una especie de homúnculo o «persona en miniatura» (quizá la mente, la voluntad o el alma).

El conductismo de Skinner es determinista y tecnológico. Además, este investigador creía que el conductismo podía ser utilizado en el sentido positivo para ayudar a resolver problemas sociales como el exceso de población, la guerra, etcétera. Propugnaba dejar de lado los conceptos oscuros e inútiles de libertad y dignidad personales debido a que, desde su punto de vista, eran razonamientos falsos.

Skinner no creía en el libre albedrío ni, por tanto, en el hecho de que se pueda atribuir algún mérito a unas personas o se pueda acusar a otras. Todo nuestro comportamiento está configurado por nuestros antecedentes de refuerzos. Tampoco creía en el castigo debido a que este concepto asume que las personas pueden elegir libremente respecto a su comportamiento. Si vemos que se obliga o enseña a alguien a comportarse de cierta manera, creemos que no le podemos reprochar o elogiar debido a que carece de libre albedrío. Sin embargo, según Skinner, todo nuestro comportamiento es de este tipo.

Skinner rechazaba la idea del conductismo como la psicología de la caja negra o del «organismo vacío». Sin embargo, tenía claro que todos somos el producto de nuestro entorno, de nuestro aprendizaje y, más específicamente, de nuestro calendario de refuerzos.

Teoría del aprendizaje social Albert Bandura (1925) desarrolló la teoría cognitiva social o teoría del aprendizaje social, que es una forma de evolución del conductismo radical. De la misma manera que los demás conductistas, este investigador insiste en la función del aprendizaje social y considera que sólo podemos entender realmente (y, por tanto, predecir) el comportamiento de una persona cuando tenemos en cuenta el contexto social y físico en el que esta persona está situada por decisión propia o por azar.

Hay varios conceptos importantes. El primero es el de *aprendizaje mediante observación* o modelado, en el que la idea es la de que a menudo aprendemos a través de la observación y la imitación de los demás, que actúan como modelos. De esta manera conseguimos un refuerzo indirecto cuando vemos que a otros se los recompensa o castiga por lo que hacen. De aquí, el poder de la televisión y de las películas para estimular los cambios de comportamiento mediante la presentación de actores atractivos y fiables que hacen ciertas cosas para conseguir recompensas concretas.

«El conductismo puede ser descrito de manera precisa y breve como una psicología que excluye la psicología.»

G. D. Martin, 1976

Un elemento clave en la teoría del aprendizaje social es la idea de la *autoeficacia*, referida a la creencia de un individuo respecto a su capacidad para superar una situación concreta o para llevar a cabo una tarea específica. La evaluación de la autoeficacia en cualquier situación está en función de cuatro aspectos: la historia de aprendizaje o de éxitos y fracasos en situaciones similares; las experiencias indirectas predominantes (el conocimiento de la forma con la que se comportan los demás en situaciones similares); la capacidad de persuasión o refuerzo verbal o social, o bien la intensidad con la que otras personas nos animan o convencen para actuar de cierta manera en una situación dada, y el estímulo emocional o los sentimientos de ansiedad o dificultad asociados a un posible fracaso. Las convicciones respecto a la autoeficacia desempeñan una función importante en la motivación, el establecimiento de objetivos, etcétera, tanto en el colegio como en el trabajo y en la terapia. Cuanto más convencida está una persona de que sabe lo que tiene que hacer, de que posee la experiencia para alcanzar el éxito y evitar el fracaso, más probable es que lo consiga.

Un último concepto es el de *autorregulación*, que se refiere al uso de los pensamientos y las creencias para controlar el comportamiento. Son recursos personales que llevan a los comportamientos de autorrecompensa y de castigo. Se generan a través de la observación del comportamiento propio y de la comparación del mismo con el comportamiento de los demás. Las personas reaccionan con sensaciones de placer y orgullo cuando tienen éxito, mientras que sufren dolor y experimentan autocrítica cuando fracasan. Los procesos de autorregulación indican que las personas tienden a repetir las cosas que incrementan sus sentimientos de valía personal o autoestima, al tiempo que evitan las que conducen a la frustración y al automenosprecio. La autorregulación facilita a las personas el establecimiento de estándares con los que pueden alcanzar una sensación de autoeficacia y con los que, incluso, pueden incrementar dicha sensación. En este caso, las fuerzas de motivación son factores internos como la autoobservación, la autorreacción y el autorrefuerzo.

La idea en síntesis: el comportamiento está influido por la experiencia

44 Calendarios de refuerzo

«No podía haber previsto que entre los refuerzos para explicar mi comportamiento científico las opiniones de los demás no tendrían una gran influencia, pero parece que ha sido así.»

B. F. Skinner, 1967

En psicología, refuerzo significa «fortalecimiento de una respuesta». Es el «arma» principal de los domadores de animales. Tanto si es un elefante de la jungla como un león de circo o una rata de laboratorio, un animal puede recibir una sabrosa ración de comida si realiza una acción o un comportamiento concretos. El alimento es un refuerzo. Su objetivo es el de estimular al animal para que repita el acto lo más frecuente y rápidamente que pueda en las mismas condiciones. Sea ésta lo que sea, la recompensa puede estar justificada por su poder de refuerzo a través de la rapidez y la regularidad con la que modifica el comportamiento después de que se ofrece.

Distintos refuerzos Los conductistas establecen distinciones entre diferentes tipos de refuerzos. Así, están los refuerzos *primarios* (el alimento, el sexo) que desean todos los animales y que necesitan a lo largo de sus vidas. Su poder depende del estado del animal (el hambre que tenga, la privación del sueño, etc.). Los refuerzos secundarios tienen lugar con el aprendizaje del encadenamiento de una conducta a una respuesta: un gong para la cena se asocia a salivación; el olor de un desinfectante se asocia a los hospitales. Los refuerzos secundarios pueden ser todo tipo de cosas. Algunas de ellas, como el dinero, tienen un carácter general mientras que otras (p. ej., un sonido o un color concretos) son muy específicas. Es posible establecer una jerarquía de refuerzos respecto a un individuo (o a una especie) con demostración del poder relativo de los diferentes refuerzos.

Los entrenadores, los líderes y los gestores aplican calendarios de refuerzo a las personas a las que deben controlar. Cuando se requieren respuestas complejas en ocasiones es útil el proceso de «configuración», que conlleva la aplicación de respuestas de refuerzo positivo que forman parte del refuerzo más complejo, hasta que se consigue la respuesta deseada.

Cronología

Década de 1920
Pavlov utiliza por primera vez el término «refuerzo»

1953
Skinner introduce el refuerzo negativo

Técnicas motivacionales extraídas de la teoría del aprendizaje

Procedimiento	Aplicación	Efecto comportamental
Refuerzo positivo	Elogio del gerente al empleado cuando el trabajo se ha realizado a tiempo	Incrementa el comportamiento deseado
Refuerzo negativo	El gerente redacta una nota de advertencia cada vez que el trabajo se termina tarde	Incrementa el comportamiento deseado
Castigo	El gerente aumenta la carga de trabajo de un empleado cada vez que el trabajo se termina tarde	Disminuye el comportamiento no deseado
Extinción	El gerente ignora al empleado cuando el trabajo se termina tarde	Disminuye el comportamiento no deseado

Las personas aprenden a llevar a cabo comportamientos que dan lugar a resultados positivos, así como acciones que son agradables. El proceso a través del cual las personas aprenden a realizar actos que llevan a resultados deseables se denomina *refuerzo positivo*. Para que una recompensa actúe como un refuerzo positivo, debe ser representativa del comportamiento específico que se intenta provocar.

Las personas también aprendemos a realizar actos que nos permiten evitar consecuencias indeseables. Los acontecimientos desagradables, como las reprimendas, el rechazo, el despido y la pérdida de categoría son algunas de las consecuencias que pueden tener ciertas acciones realizadas en el ámbito laboral. Este proceso se denomina *refuerzo negativo* o *evitación*.

El *castigo* conlleva la presentación de una consecuencia indeseable o agresiva en respuesta a un comportamiento no deseado. Mientras que el refuerzo negativo elimina un estímulo aversivo, incrementando así la fuerza de la respuesta que da lugar a su eliminación, el castigo aplica un estímulo aversivo que disminuye la fuerza de la respuesta que da lugar a su presentación.

El vínculo entre un comportamiento y sus consecuencias también puede quedar debilitado por el proceso de *extinción*. Cuando una respuesta que anteriormente fue recompensada ya no provoca una recompensa, tiende a quedar debilitada y desaparece gradualmente. Hacer caso omiso de las solicitudes y los comportamientos de ignorancia del otro tal vez sea el método más habitual para extinguir un refuerzo.

Contingencias del refuerzo Las cuatro contingencias del refuerzo se pueden definir en términos de la presentación o la eliminación de un estímulo agradable o desagradable, respectivamente. Los comportamientos estimulados de manera positiva o negativa son reforzados, al tiempo que los comportamientos castigados o extinguidos son debilitados.

1967
Argyle utiliza el término «recompensable» en psicología social

1974
Skinner, *Sobre el conductismo*

1994
Kohn, *Punished by Rewards*

Estímulo presentado o retirado	Percepción del estímulo	Nombre de la contingencia	Fuerza de la respuesta	Ejemplo en el ámbito laboral
Presentado	Agradable	Refuerzo positivo	Aumento	El elogio procedente de un supervisor fomenta la repetición del comportamiento elogiado
	Desagradable	Castigo	Disminución	La crítica procedente de un supervisor desanima el comportamiento de castigo
Retirado	Agradable	Extinción	Disminución	La falta de elogio de un acto útil reduce las posibilidades de que se repita en el futuro
	Desagradable	Refuerzo negativo	Incremento	Se evita la crítica futura al realizar cualquier cosa que desee el supervisor

Hay básicamente cuatro tipos de calendarios de refuerzo.

Los *calendarios con intervalos fijos* son aquellos en los que el refuerzo se aplica la primera vez que tiene lugar un comportamiento deseado después de que ha transcurrido un período de tiempo específico. Las recompensas se aplican de una manera regular y fija. Los calendarios con intervalos fijos no son especialmente eficaces para el mantenimiento del rendimiento adecuado en el trabajo, aunque se utilizan con mucha frecuencia.

Los *calendarios con intervalos variables* son aquellos en los que debe transcurrir una cantidad variable de tiempo entre la aplicación de los refuerzos. Por ejemplo, un auditor que visita por sorpresa las distintas oficinas de una compañía a intervalos promedio de ocho semanas (p. ej., dos visitas pueden estar separadas por un intervalo de seis semanas mientras que entre otras dos pueden transcurrir diez semanas) aplica un calendario con intervalos variables. Dado que los trabajadores no pueden saber exactamente cuándo van a ser recompensados, tienden a realizar bien su tarea durante un período de tiempo relativamente prolongado.

Los *calendarios con proporción fija* son aquellos en los que el refuerzo se aplica la primera vez que tiene lugar un comportamiento deseado tras un número específico de acciones a realizar. Cualquier tipo de sistema de pago por trabajo a destajo constituye un calendario de refuerzo con proporción fija.

Los *calendarios con proporción variable* son aquellos en los que es necesario que se produzca un número variable de respuestas deseadas (en función de una cierta cantidad promedio) entre la aplicación de los refuerzos. El ejemplo clásico de la eficacia de los calendarios con proporción variable es el de las máquinas de monedas.

Una crítica habitual a este concepto es el hecho de que tiene un carácter circular: la intensidad de la respuesta aumenta con cosas que incrementan la fuerza de la respuesta. Sin embargo, sus defensores señalan que los refuerzos pueden intensificar las respuestas debido a su efecto sobre el comportamiento (y no sobre otros factores periféricos).

El castigo a través de la recompensa ¿Van mejor los niños en el colegio si se les refuerza con recompensas como cómics, premios o incluso dinero? ¿Incrementan los planes de incentivos la productividad en el trabajo? ¿Es mejor elogiar que pagar por un buen resultado?

En algunos estudios se ha demostrado que si recompensamos a los estudiantes por la solución de un problema acaban siendo más lentos que los estudiantes no recompensados; los artistas creativos muestran una creatividad menor cuando reciben subvenciones; las personas que son recompensadas por manifestar un comportamiento sensato, como dejar de fumar o utilizar el cinturón de seguridad, tienen menos posibilidades de mantener a largo plazo este cambio del comportamiento, en comparación con las personas que no reciben ninguna recompensa por ello.

«Es probable que la respuesta al llanto de un lactante sea algo más que un refuerzo del llanto. Refuerza la superación activa respecto al entorno y el esfuerzo de obtener una respuesta por parte de las personas y los objetos.»

L. Yarrow, 1975

En contra de los fundamentos principales del refuerzo, Alfie Kohn argumenta que cuanto más se refuerza a una persona para que realice una actividad (productividad, objetivos académicos o creatividad) antes pierde interés por la propia actividad por la que recibe la recompensa. Es decir, la motivación extrínseca (la obtención de una recompensa) disminuye la motivación intrínseca (el goce de la actividad).

Kohn señala que los sistemas de recompensa pueden ser baratos (p. ej., los cómics) y fáciles de aplicar, y que parecen dar lugar a efectos inmediatos, pero que a largo plazo constituyen un fracaso debido a razones diversas.

Hay una controversia considerable respecto a la posibilidad de que la bibliografía experimental actual (de gran relevancia) apoye o no el punto de vista de Kohn. El debate es acalorado, aunque ha hecho que se considere seriamente el uso y el posible abuso de los esquemas de refuerzo en los ámbitos escolar y laboral.

La idea en síntesis: el comportamiento está configurado por sus consecuencias

45 Dominio de la complejidad

«Hay una tendencia a definir la psicología a través de algo que me resulta curioso y básicamente acientífico, y es la consideración aislada únicamente del comportamiento o del procesamiento de la información con ciertos tipos de interacción de nivel bajo con el ambiente ... excluyendo de la psicología el estudio de lo que denomino competencias.»

N. Chomsky, 1977

Hasta más o menos la década de 1960 la psicología se dividía en tres tendencias principales: el antiguo psicoanálisis; los «recién llegados» conductistas, y los psicólogos de tendencia humanista, que formaban una cuña entre las dos tendencias anteriores. Sin embargo, en la década de 1960 se puso en marcha un movimiento que duró hasta el final del siglo XX, la revolución cognitiva. Comenzó sobre todo debido a que los conductistas parecían ser incapaces de explicar cómo dominamos las tareas de nivel superior, es decir, cómo hablamos, cómo razonamos y cómo aprendemos.

Aprendizaje mediante observación Al tiempo que los conductistas insistían en que aprendemos prácticamente todo a través del condicionamiento operativo, los teóricos del aprendizaje social argumentaban que también podemos aprender rápida y eficazmente a través de la observación. Ampliamos nuestros conocimientos y capacidades mediante la observación estrecha de los demás (que actúan como modelo). Los niños y los adultos aprenden cosas por mecanismos indirectos a partir de la observación de lo que hacen otras personas y de las consecuencias de las acciones de los demás.

Por ejemplo, muchas personas se preocupan por lo que los niños «captan» en la televisión. Se preocupan por que puedan imitar lo que ven: un lenguaje inadecuado, agresión, egoísmo. Sin embargo, lo curioso es que no parecen tener en cuenta que la televisión también puede enseñar actitudes y comportamientos buenos. Los niños imitan tanto los modelos agresivos como los altruistas.

En un estudio célebre en el que se utilizó una muñeca, los niños que participaron fueron clasificados en tres grupos. Todos ellos vieron una película en la que un adulto mostraba agresividad hacia una muñeca hinchable, la golpeaba

Cronología

1960	1965
Bandura demuestra el aprendizaje a través de la observación	Chomsky inicia una revolución del lenguaje

con un martillo, la tiraba por el aire y gritaba al mismo tiempo expresiones similares a las que aparecen en los cómics como «bum» o «zas». En la primera fase del estudio aparecía otro adulto en la película y le daba al actor caramelos debido a su buena interpretación, o bien le regañaba y castigaba por haberse comportado mal con la muñeca, o bien no hacía nada. Después, a los niños que participaron en la fase «experimental» se les puso en contacto con la misma muñeca. Tal como era de esperar, los que habían observado que el actor era recompensado por la agresión tuvieron una probabilidad mayor de manifestar un comportamiento agresivo frente a la muñeca.

Aprendizaje implícito ¿Podemos aprender sin ser conscientes de que lo estamos haciendo? El aprendizaje implícito se refiere a que es posible demostrar que las personas pueden adquirir información compleja sin que después tengan un recuerdo consciente y preciso de lo que han aprendido.

Hay algunas pruebas que demuestran que diversas partes del cerebro son responsables del aprendizaje explícito, en comparación con el aprendizaje implícito. Tampoco sabemos con certeza si el aprendizaje explícito se continúa con un aprendizaje implícito o con alguna otra forma de aprendizaje. Así, hablamos de memoria explícita cuando podemos realizar descripciones cons-

Experiencia

Muchos profesionales desarrollan una gama impresionante de habilidades. Algunas de ellas son de tipo «motor perceptual», tal como el aprendizaje del tenis para jugar en Wimbledon o el «aprendizaje» para convertirse en un gran maestro del ajedrez. Parecen existir fases evidentes en la adquisición de estas habilidades: una fase *cognitiva* o de comprensión; después, una fase *práctica* o asociativa, y finalmente una fase *autónoma*, en la que las personas adquieren una rapidez y una precisión cada vez mayores.

Los psicólogos han estudiado a los expertos y los han comparado con los principiantes. Los expertos parecen poseer un cuerpo o una plantilla de conocimientos que están muy bien organizados y que se fundamentan en los posibles acontecimientos, posiciones y circunstancias que han tenido lugar en el pasado. A decir verdad, los expertos han aprendido a evaluar, buscar y valorar las situaciones de manera muy eficaz, casi de forma inconsciente.
El desarrollo de la experiencia requiere algo más que talento y práctica. Conlleva la construcción de un marco de conocimiento procedimental que se utiliza para hacer las cosas con mucha precisión.

Década de 1980
Comienzo del trabajo sobre aprendizaje implícito

Década de 1990
Publicación de estudios acerca de la forma en que las personas se convierten en expertas

2000
Avances en la neuropsicología cognitiva del aprendizaje

cientes y verbales, y de memoria implícita cuando no podemos hacerlo. Esta diferencia se recoge a menudo bajo los términos de memoria declarativa y memoria procedimental. Un buen ejemplo es el de los deportistas hábiles e inteligentes que han aprendido todo tipo de movimientos físicos ingeniosos pero que no son capaces de explicarlos.

Aprendizaje del lenguaje El aprendizaje del lenguaje es fundamental para la supervivencia. Sin embargo, el dominio de la lengua materna es claramente un proceso de gran complejidad que casi todos los niños llevan a cabo con una aparente facilidad.

Los conductistas señalan que el lenguaje se adquiere de la misma manera que cualquier otro elemento del repertorio del comportamiento. Un niño pronuncia una palabra: si es recompensado o reforzado positivamente, la repite. Los niños son recompensados intensa, constante y entusiastamente por sus padres y cuidadores cuando hacen aproximaciones sucesivas a un habla precisa. En el inicio, este proceso comienza con la imitación en función de los principios clásicos y simples del conductismo.

En diversos estudios se ha demostrado que los padres manifiestan un gran interés por el desarrollo del lenguaje de sus hijos. Sin embargo, recompensan el habla en la misma medida si es «educada y verdadera» que si es gramaticalmente correcta.

El problema que plantea la teoría de los conductistas es el hecho de que los niños aprenden el lenguaje con una rapidez y una precisión tan notables que es prácticamente imposible que este aprendizaje está fundamentado en los principios de la imitación y del refuerzo. Los niños alcanzan muy rápido la creatividad en el habla y a menudo elaboran súbitamente frases que no habían escuchado antes. La teoría fracasa claramente al intentar explicar el rápido dominio de las complejas reglas gramaticales. Tal como es aparente, los padres no dedican demasiado tiempo a «configurar la gramática» de sus hijos debido a que el proceso se desarrolla a una velocidad asombrosa.

Son las interacciones entre la madre y el niño las que parecen ser más relevantes y las que han sido estudiadas con mayor detalle. Muchas madres hablan con sus hijos respecto a los acontecimientos cotidianos y los objetos familiares, cambiando a menudo el tema de sus monólogos por objetos muy concretos que llaman la atención del niño.

Las madres parecen comenzar con el lenguaje «maternal», que consiste en el uso de frases breves, sencillas y muy descriptivas. A medida que el niño crece también lo hacen la longitud y la complejidad de las frases, de manera que la madre siempre «va por delante» del niño en su intento de enseñarle y de fomentar su aprendizaje. A pesar de toda esta ayuda y de los refuerzos específicos e inespecíficos, no se ha demostrado que este proceso facilite el desarrollo del lenguaje en todo el mundo, con todos los idiomas y en todas las ocasiones.

Chomsky y la estructura profunda Hace más de cincuenta años, Noam Chomsky planteó un reto claro y de gran influencia a la propuesta conductista. Propuso una teoría «generativista», que argumenta que los niños nacen con el conocimiento de la estructura del lenguaje humano. Todos los seres humanos pertenecientes a todas las culturas poseen cuando nacen un «dispositivo» que les permite adquirir el lenguaje natural.

Chomsky diferenciaba las estructuras *profunda* y *superficial*. Por estructura superficial se refería a una frase lingüística real y por estructura profunda a su significado. Así, una frase como «Tendrás suerte si consigues que trabaje para ti» puede tener dos significados: «Tendrás suerte si él decide trabajar en tu empresa» y «Tendrás suerte si trabaja algo para ti». De la misma forma, podemos tener dos frases distintas (con una estructura superficial diferente) pero cuyo significado sea el mismo, es decir, que tengan la misma estructura profunda. De esta manera, «El viejo profesor impartió la conferencia» significa exactamente lo mismo que «La conferencia fue impartida por el viejo profesor».

Un concepto relacionado es el de *gramática transformacional*, que se considera es innata. Es el mecanismo que nos permite expresar correctamente el significado con palabras. Chomsky fue capaz de demostrar la existencia de *universales lingüísticos* para apoyar su teoría. El concepto de universales lingüísticos se refiere a que en todos los idiomas humanos hay diversas características comunes: nombres, verbos y adjetivos, así como vocales y consonantes. Este hecho explica por qué algunos niños adquieren con rapidez cualquier lengua a la que están expuestos, tanto si es la lengua de sus padres como si es otra diferente.

«Esforzarse por conseguir información de retroalimentación a partir de las personas y los objetos.»

L. Yarrow, 1975

La teoría generativista propone que el aprendizaje del lenguaje depende de la maduración biológica. No obstante, los críticos de esta teoría señalan que este abordaje es más descriptivo que explicativo; es decir, que realmente no ofrece una explicación detallada y precisa del mecanismo real de adquisición del lenguaje. Además, es evidente que las experiencias personales del niño influyen en el desarrollo de su lenguaje. Se ha argumentado que los universales del lenguaje pueden reflejar simplemente el hecho de que las personas se enfrentan a las mismas exigencias en todas las culturas y que es este hecho, más que la existencia de algún tipo de mecanismo congénito, lo que realmente configura el lenguaje.

La idea en síntesis: el aprendizaje de nivel alto requiere algo más que el condicionamiento

46 Frenología

«Ningún fisiólogo que considere con tranquilidad esta cuestión [la veracidad de la frenología] puede dejar de convencerse de que las distintas partes del cerebro llevan a cabo tipos diferentes acciones mentales.»

Herbert Spencer, 1896

La frenología se fundamenta en una sencilla idea que tiene una gran actualidad en este momento. El cerebro es el «órgano de la mente» y está estructurado de manera que sus distintas partes son responsables de funciones diferentes. Así, las distintas partes del cerebro, que se definen por la configuración de su propia estructura, controlan funciones diferentes. Sin embargo, los especialistas en frenología consideraban en primer lugar que el tamaño del área cerebral «dedicada» a una función concreta era proporcional a la importancia de dicha función mental. En segundo lugar, que la craneometría (que consiste en la medición del tamaño y la forma del cráneo) reproduce la forma del cerebro y, por tanto, todas las funciones humanas. En tercer lugar, que las funciones morales e intelectuales tienen un carácter innato.

Historia Las raíces de la frenología se remontan al menos a la Grecia antigua y posiblemente incluso a épocas anteriores. Muchos de los especialistas que han practicado esta ciencia han sido básicamente fisionomistas, es decir, personas que determinan la naturaleza de las cosas a partir de su forma. En muchos libros de arte y ciencia, sobre todo de los siglos XVII y XVIII, se incluían imágenes, siluetas y dibujos que ilustraban los principios fisionómicos. El sistema moderno fue desarrollado por Franz Gall, que publicó su tratado de frenología en 1819. Este investigador consideraba que su mapa de la cartografía cerebral relacionaba las áreas cerebrales denominadas órganos con funciones específicas denominadas facultades.

En 1896 Sizer y Drayton publicaron un manual de frenología titulado *Cabezas y caras: introducción a su estudio* (*Heads and Faces, and How to Study Them*). En este libro se ilustraba la manera de reconocer a los idiotas y a los poetas, así como también a las personas con un carácter criminal, en comparación con las personas honradas. Desde el prisma de los conocimientos actuales todos estos conceptos oscilan entre lo gracioso y lo estrafalario.

Sin embargo, durante la época victoriana la frenología se tomó muy en serio. Los bustos, moldes de escayola, revistas, calibradores y máquinas aplicados en esta ciencia sobreviven todavía, especialmente los finos bustos de porcelana blanca elaborados por la London Phrenology Company. En esta época había

Cronología

1810
Gall desarrolla el sistema

1824
Lanzamiento del *Phrenology Journal*

> **«En la actualidad, la frenología tiene entre los neurocientíficos una reputación mayor que la psiquiatría freudiana, dado que la frenología fue en alguna medida el elemento precursor de la electroencefalografía.»**
>
> **Tom Wolfe, 1997**

consultas de frenología y también escuelas, alimentos y médicos especializados en esta materia. Todos ellos medían con entusiasmo las cabezas: el tamaño de la cabeza indicaba el tamaño del cerebro que, a su vez, indicaba la capacidad mental y el temperamento, o al menos así lo creían los defensores de la frenología. La cabeza del hombre medio debía tener aparentemente un tamaño de 55,9 cm mientras que la de la mujer debía ser entre 1,3 y 1,9 cm menos. El tamaño de la cabeza estaba relacionado de manera lineal con la capacidad cerebral e intelectual, excepto en las personas con hidrocefalia. Sin embargo, la configuración de la cabeza era todavía más importante que su tamaño. Todos estos especialistas consideraban que una buena craneoscopia indicaba la posesión de talentos especiales. Los frenólogos establecían diagnósticos y predicciones respecto a los motivos, las capacidades y los temperamentos. En pocas palabras, la cabeza era la manifestación de la mente y el alma de un individuo.

Los frenólogos victorianos actuaban como descubridores de talentos. Algunos llevaban a cabo comparaciones transnacionales y analizaban las diferencias que existían entre los cráneos ingleses y franceses. Dichos frenólogos llevaron a cabo el estudio de diversos esqueletos, tal como el cráneo y los huesos del arzobispo Thomas Beckett. La reina Victoria hizo que sus hijos fueran «estudiados» debido a que los frenólogos señalaban poseer grandes conocimientos y la capacidad de determinar el éxito en el desarrollo, la moral y la actividad laboral.

Diversos grupos de individuos portaban la antorcha de la frenología. Entre ellos, los nazis y los colonialistas, que utilizaban la frenología como evidencia de la superioridad de ciertos grupos raciales. Desde entonces, la frenología se ha visto contaminada por este hecho.

Lectura de la cabeza La tradicional «lectura de la cabeza» se iniciaba mediante la consideración de su configuración global. Una cabeza redondeada indicaba supuestamente una naturaleza fuerte, confiada, valerosa y, en ocasiones, impaciente. La cabeza cuadrada revelaba una naturaleza sólida y fiable, profundamente racional y decidida. La anchura grande de la cabeza sugería un carácter enérgico y extravertido, mientras que la cabeza estrecha señalaba una naturaleza más retraída e introspectiva. Por su parte, la configuración ovoide indicaba un carácter intelectual. El frenólogo pasaba suave y firmemente sus dedos sobre el cráneo de otra persona para percibir los contornos de su cabeza. Tenía que medir el tamaño individual de cada facultad y su prominencia en comparación con las demás partes de la cabeza. Dado que el

1838
S. Smith, *The Principles of Phrenology*

1902
Hollander, *Scientific Phrenology*

2000
Se siguen vendiendo bien las cabezas de porcelana para frenología elaboradas por la London Phrenology Company

cerebro está constituido por dos hemisferios, cada facultad puede estar duplicada, de manera que el frenólogo evaluaba ambos lados del cráneo.

Una facultad que estaba desarrollada de manera insuficiente en comparación con las demás indicaba la ausencia de dicha característica concreta en la personalidad, mientras que una facultad que estaba bien desarrollada indicaba que la persona poseía dicha característica con un grado considerable. Así, un órgano pequeño correspondiente al «apetito por los alimentos» señalaba que la persona era melindrosa a la hora de comer, posiblemente anoréxica; sin embargo, cuando esta facultad estaba bien desarrollada, la persona disfrutaba de la comida y el vino, mientras que las personas en las que esta facultad estaba desarrollada excesivamente se suponía que eran glotonas y que también podían beber alcohol en exceso.

El frenólogo consideraba que la cabeza tenía más de cuarenta regiones, aunque ello dependía de la lista o el sistema utilizado para su evaluación. Algunos especialistas empleaban conceptos bastante antiguos, como la «Veneración» (región 20), que indicaba respeto por la sociedad, las normas y las instituciones; la «Alegría» (región 26), que indicaba simpatía y sentido del humor, y la «Subliminal» (región 24), que sugería el amor por los grandes conceptos. También había regiones en la cabeza para la «Capacidad de amar» (atractivo sexual); el «Amor filial» (amor por los padres y los hijos»); el «Apetito» (gusto por la comida); la «Eventualidad» (memoria), y la «Habitabilidad» (amor por el hogar propio).

Crítica A pesar de la popularidad que alcanzó la frenología, la corriente dominante de la ciencia siempre la consideró una pseudociencia falsa. La idea

Sentimientos y tendencias

Las áreas de la cabeza fueron clasificadas por la frenología en ocho grupos de sentimientos o tendencias.

- Las tendencias «domésticas» son características comunes al hombre y a los animales, y son los elementos principales responsables de las emociones y las reacciones instintivas frente a los objetos y los acontecimientos.
- Las tendencias «egoístas» suscitan deseos en el hombre y le ayudan a su autoprotección y autoconservación.
- Los sentimientos de «autoconservación» están implicados en el interés por lo propio y en la expresión de la personalidad.
- Las facultades «perceptivas» son las responsables de la concienciación respecto al entorno.
- Las tendencias «artísticas» hacen aflorar la sensibilidad y las actitudes en la creación artística.
- Las facultades «semiperceptivas» en áreas como la literatura, la música y el lenguaje son las responsables de la apreciación de las características culturales existentes en el entorno.
- Las facultades de «reflexión», «razonamiento» e «intuición» están relacionadas con los estilos de razonamiento.
- Los sentimientos «morales», incluidas las tendencias religiosas, humanizan el carácter.

de que «los bultos» de la cabeza están relacionados con la estructura de la personalidad y con el desarrollo moral fue considerada como un auténtico disparate. Nunca se llegó a demostrar nada de esto.

En el momento presente, las pruebas aportadas por la neurociencia han demostrado que muchas de las afirmaciones de la frenología eran fraudulentas. Sin embargo, todavía quedan otros mitos populares relativos al cerebro, como la idea de que solamente utilizamos el 10 por 100 de nuestra capacidad cerebral en el procesamiento de las tareas cotidianas. También hay mitos acerca de la energía cerebral y los tónicos cerebrales que para muchas personas son tan factibles como la frenología.

«El concepto de que las prominencias del cráneo se corresponden a áreas excesivamente desarrolladas del cerebro es, por supuesto, una tontería y en este sentido la reputación científica de Gall se vio muy perjudicada por su afición a la frenología.»

R. Hogan y R. Smither, 2001

No obstante, quedan algunos aspectos de la frenología que todavía tienen relevancia hoy en día. Por ejemplo, sabemos que el tamaño del cerebro se correlaciona positivamente con las puntuaciones que se obtienen en los test de la capacidad mental y también con la capacidad mental que posee cada especie. Por otra parte, sabemos que el tamaño de la cabeza se correlaciona con el tamaño del cerebro. De hecho, los psicólogos han demostrado desde hace casi cien años que existe una relación modesta entre el tamaño de la cabeza (su longitud y su anchura) y el cociente intelectual (CI). Sin embargo, cuando estos datos se corrigen respecto al tamaño corporal, esta relación se reduce y tal vez llega a desaparecer. A través del uso de métodos de imagen cerebral muy sofisticados, los científicos han intentado demostrar la relación entre el tamaño cerebral y el CI. De nuevo, los resultados obtenidos no han sido claros.

Ciertamente, las nuevas tecnologías han incrementado nuestros conocimientos por la neuropsicología y la psiquiatría cognitiva, y también nuestro interés por ellas. En la actualidad, podemos cartografíar electrónica y metabólicamente el cerebro. A través del estudio de las víctimas de accidentes y de las personas «normales» se está elaborando en este momento un nuevo mapa muy detallado del cerebro y de las «partes» del mismo que son responsables de las distintas funciones. Sin embargo, esta «electrofrenología» se fundamenta en bases empíricas y no mantiene ninguna relación con las antiguas ideas morales y precientíficas de los fundadores de la frenología convencional.

La idea en síntesis: algunos aspectos de la frenología todavía tienen relevancia en la actualidad

47 Separar es difícil

La mayor parte de nosotros pensamos de nosotros mismos que somos personas tranquilas, racionales y objetivas. Nos agrada la lógica analítica y fundamentada en datos. Creemos que tomamos decisiones inteligentes y bien razonadas a lo largo de toda nuestra vida. Creemos también que somos «personas de cabeza». Se nos advierte que no debemos dejar que nuestro corazón se anteponga a nuestra cabeza. Se nos anima a tomar grandes decisiones y a «descansar» en las mismas. Por supuesto, también somos personas con corazón.

La idea de la existencia de dos caras contrapuestas en nuestra personalidad y nuestro comportamiento es muy atractiva. A fin de cuentas, tenemos dos ojos, dos manos y dos piernas, así como dos oídos, dos brazos y dos mamas o dos testículos. Dos de nuestros órganos más importantes parecen estar constituidos por mitades distintas y separables. Debido a ello, la gente de la calle habla de la estructura y el funcionamiento del cerebro izquierdo, en contraposición al cerebro derecho, y estas ideas se vienen manteniendo desde hace cientos de años. La fascinación por la lateralidad cerebral dio paso a muchas ideas y prácticas extrañas. Algunas personas consideraron que la dualidad de la estructura cerebral daba lugar a una personalidad doble. Otras la ponían en relación con las dimensiones de lo bueno y lo malo. Así, el cerebro derecho (que era inferior al izquierdo) tenía un carácter primitivo y salvaje, mientras que el cerebro izquierdo era considerado el lado creativo y femenino cuyas iniciativas eran anuladas por la autoridad impuesta por el cerebro derecho.

Parte de este mito está asociada al lenguaje. Las palabras del latín, el anglosajón y el francés que significan «izquierdo» implican todas ellas características negativas como torpeza, pesadez, inutilidad o debilidad, mientras que las asociaciones relacionadas con el término «derecho» se refieren a destreza, corrección y habilidad.

El mito La idea básica es la siguiente: el cerebro izquierdo es el cerebro lógico. Es el hemisferio que procesan los hechos, el conocimiento, el orden y los patrones. También es el que se ocupa de las matemáticas y la ciencia, y es el centro del razonamiento y el procesamiento abstractos y orientados hacia los detalles. Los términos utilizados para describir el cerebro izquierdo son los

Cronología

1888 Primera publicación en la que se abordan las diferencias sexuales en la configuración de la mano (cociente 2D/4D)

1960 Primera intervención quirúrgica de separación de los hemisferios cerebrales

siguientes: «lógico», «secuencial», «racional», «analítico», «objetivo» y «orientado hacia las partes». La mayoría de las organizaciones educativas y de negocios han sido creados por personas con un sólido cerebro izquierdo que han hecho cosas cerebralmente izquierdas y de una manera también cerebralmente izquierda. De la misma forma que el mundo está dominado por personas diestras (las que utilizan predominantemente la mano derecha), es decir, por personas cuyo cerebro izquierdo es el predominante, también hay una pequeña minoría de personas (aproximadamente, el 10 por 100) que son zurdas debido a que en ellas predomina el cerebro derecho.

«No hay ninguna razón para creer que los dos hemisferios se corresponden a la distinción entre el pensamiento racional y el pensamiento intuitivo, o bien entre los procesos analíticos y los procesos artísticos, o entre las filosofías vitales occidental y oriental.»

H. Gleitman, 1981

Por otra parte, se señala que el cerebro derecho es algo borroso. Es el asiento de las emociones, los símbolos y las imágenes, y también es donde se procesan las ideas de filosofía y religión. Es el territorio en el que se procesan la imaginación, la fantasía y las posibilidades. Los términos utilizados para referirnos al cerebro derecho son los siguientes: «aleatorio», «intuitivo», «holístico», «sintetizador» y «subjetivo». Los estudiantes con un buen cerebro derecho son capaces de analizar las características generales de un problema, ven el esbozo antes que los detalles. Sin embargo, no tienen mucha habilidad para la planificación secuencial, la corrección de pruebas, la ortografía... y otros detalles «triviales». No les gustan los símbolos pero son brillantes con las intuiciones. Tienden a la coherencia y a la significación, pero lo hacen a través de la fantasía más que de la realidad.

Los consultores, orientadores y educadores que aplican la teoría de los «dos cerebros» hablan a menudo del experimento del cerebro dividido, en el que se lleva a cabo la sección de la estructura anatómica que une los dos hemisferios cerebrales, es decir, el cuerpo calloso. También citan con frecuencia los estudios en los que se realiza una «reconstrucción» de las caras a partir de dos imágenes derechas o dos imágenes izquierdas. Sin embargo, aplican estos resultados a la teoría de los dos cerebros rápidamente y (en consonancia con su predominio del cerebro derecho) de manera imaginativa y carente de fundamento.

Investigación sobre el cerebro dividido Las intervenciones quirúrgicas de división del cerebro (separación de los dos hemisferios cerebrales) se realizaron inicialmente en la década de 1960 como tratamiento de los cuadros de epilepsia que no respondían a otras estrategias terapéuticas. Estos

Década de 1970
Publicación de libros populares acerca de la dualidad derecha-izquierda del cerebro en relación con el «razonamiento, el control y la creatividad»

1996
Publicación inicial de la revista académica *Laterality*

2002
McManus, *Mano derecha, mano izquierda*

estudios permitieron la investigación sobre cómo funcionan los dos lados del cerebro sin que exista ninguna interferencia entre ambos. Así, el cerebro izquierdo parecía ser capaz de hacer cosas que eran imposibles para el cerebro derecho (p. ej., el lenguaje), y viceversa. Aparentemente, una parte importante del procesamiento de lenguaje imprescindible tiene lugar en el hemisferio izquierdo, pero cuando este hemisferio queda lesionado en los niños, parte de estas funciones pueden ser asumidas por el cerebro derecho. La investigación en esta área se mantiene en la actualidad y se fundamenta en gran medida en los nuevos métodos tecnológicos que permiten evaluar las funciones cerebrales.

Los neurocientíficos saben que una gran parte de todas estas cuestiones relativas a los cerebros izquierdo y derecho no es nada más que una metáfora. Las personas no tienen sólo un cerebro izquierdo o un cerebro derecho, pero los científicos saben que ciertas partes del cerebro (que en ocasiones se localizan en el hemisferio izquierdo y en ocasiones en el derecho) controlan funciones distintas.

Lateralidad En términos estrictos, el concepto de lateralidad se refiere a la preferencia. En todos nosotros predominan el oído, la mano o el pie izquierdos o derechos. En conjunto, alrededor del 85 al 90 por 100 de las personas utilizan predominantemente la mano derecha y el pie derecho, pero esta cifra se reduce al considerar el predominio del ojo y el oído derechos. Los animales también muestran una preferencia de lateralidad y es muy rara la destreza idéntica en ambos lados del cuerpo. Ciertamente, la denominada destreza mixta (dominancia cruzada) es más frecuente e indica que las personas deciden hacer las diversas tareas de manera más cómoda y precisa con una mano que con la otra (escribir, jugar al tenis o tocar el violín).

Dado el predominio de las personas diestras (las que utilizan predominantemente la mano derecha), el mundo ha sido diseñado para ellas. Así, los abrelatas y las tijeras pueden ser un problema para las personas zurdas. Comer con la mano derecha es una exigencia en algunas culturas y también sabemos que es difícil realizar con la mano izquierda la complicada y hermosa caligrafía china. Sin embargo, las personas zurdas llevan ventaja en algunos deportes, especialmente en los de enfrentamiento individual cuando su rival es una persona diestra. Los zurdos también han destacado de manera importante en los duelos debido, en parte, al factor sorpresa.

Hay una amplia gama de teorías que intentan explicar las grandes diferencias en el predominio de la mano, algunas de ellas con un apoyo empírico menor que otras. Hay teorías de tipo evolutivo que indican que los zurdos han sobrevivido debido a que han demostrado su ventaja en el combate. También hay teorías de

«Me siento en condiciones de demostrar que: 1) cada hemisferio cerebral es un conjunto diferente y perfecto en lo que se refiere a su función como órgano del razonamiento, 2) cada proceso diferente y específico del razonamiento o del raciocinio puede ser realizado simultáneamente por cada uno de los hemisferios cerebrales.»

A. Wigan, 1844

carácter ambiental en las que se relaciona el predominio de la mano izquierda con las dificultades en el parto. Las teorías sociológicas y antropológicas abordan el estigma social relacionado con el uso predominante de la mano izquierda y la represión de los niños zurdos por parte de los profesores y los padres.

Asimetría corporal

La asimetría corporal también ha sido objeto de investigaciones. Es posible medir lo que se ha denominado asimetría fluctuante a través de la determinación de la anchura del tobillo y la muñeca, la longitud de las orejas y de los dedos de las manos y los pies, y la anchura del codo, con establecimiento de las diferencias entre las distintas personas. En diversos estudios se ha demostrado que la falta de simetría se asocia a mala salud. Cuanta más asimetría tiene nuestro cuerpo, más probable es que suframos diversas enfermedades y problemas de salud. Sin embargo, esta línea de investigación todavía está en fases muy preliminares.

De la misma forma, hay un interés cada vez mayor por las diferencias sexuales relacionadas con la simetría; específicamente, el cociente 2D/4D de los dedos (comentado más adelante) demuestra la existencia de diferencias sexuales sistemáticas y se ha puesto en relación con numerosas capacidades y preferencias. En varios estudios se han evaluado aspectos como la elección de la actividad laboral, la música y los intereses en relación con la diferencia de longitud entre los dedos de cada mano. Más controvertidos son los análisis en los que se han relacionado estas diferencias con la orientación sexual, el atractivo físico y la agresividad.

Los hombres presentan un cociente entre las longitudes de sus dedos índice (segundo dedo, 2D) y anular (cuarto dedo, 4D) constantemente menor que las mujeres. La idea es la de que la longitud de los dedos es la consecuencia del «baño de testosterona en el útero» (la exposición prenatal a los andrógenos), que da lugar a una masculinización mayor o menor del individuo y que se manifiesta en muchos aspectos de su carácter como la agresividad o las preferencias por la homosexualidad o la heterosexualidad.

Este hecho se conoce desde hace más de un siglo pero sólo se ha investigado realmente a partir del último decenio. Es una línea de investigación activa y muy debatida en la que se han obtenido muchos resultados de carácter equívoco.

No obstante, el consenso actual se ha alcanzado en función de las teorías genéticas y biológicas que demuestran claramente que el uso predominante de la mano izquierda es un carácter familiar. Los investigadores realizan una distinción importante entre el predominio de la mano izquierda de origen natural, aprendido y patológico. Todos los datos (algunos de ellos muy cuestionables) sugieren que el uso predominante de la mano izquierda se asocia a problemas psicológicos muy específicos como el retraso mental, así como también a aspectos muy positivos como la creatividad. Estas cuestiones han dado lugar a la aparición de teorías no demostradas y al desarrollo de mitos adicionales.

La idea en síntesis: ¿tiene razón la teoría del cerebro dividido?

48 Afasia

En ocasiones, cuando están muy cansadas, muy apesadumbradas o moderadamente bebidas, algunas personas señalan que «no pueden encontrar la palabra correcta» que denomina algo que conocen bien. De la misma forma, a veces no parece existir ninguna buena razón para que algunas personas no comprendan lo que dice alguien en su propio idioma: es posible que estén sufriendo una afasia leve de carácter temporal.

Definición

La afasia consiste en una pérdida de la capacidad para producir o comprender el lenguaje debido a la lesión de las áreas cerebrales dedicadas específicamente a estas funciones. En la jerga psicológica típica se ha definido como «una reducción multimodal* en la capacidad para decidir (interpretar) y codificar (formular) elementos lingüísticos significativos que causan problemas en la comprensión verbal, la lectura, el habla y la denominación». En la década de 1880 se propuso que la afasia no era sólo una pérdida de la capacidad de uso de las palabras sino también una pérdida de la capacidad de utilizar las palabras con el objetivo específico de transmitir información. No es el resultado de un déficit de tipo sensitivo, intelectual o psiquiátrico, ni tampoco se debe a debilidad muscular o a un trastorno cognitivo.

Problemas especiales El término «afasia» se refiere a un conjunto de trastornos diversos de la comunicación relacionados principalmente con el lenguaje oral y escrito. Así, tras una lesión cerebral los pacientes pueden presentar problemas muy específicos como son dificultades para la lectura y también posiblemente para la escritura. Algunos no pueden completar frases verbalmente debido a que son incapaces de recordar o recuperar las palabras correctas para expresar su pensamiento. Otros ofrecen respuestas irrelevantes o inadecuadas a las preguntas que se les hacen, o bien utilizan palabras inventadas por ellos mismos (neologismos). Así, el de afasia es un término genérico que describe una multiplicidad de problemas con el lenguaje. Es posible elaborar una lista de más de una docena de síntomas (p. ej., incapacidad para nombrar los objetos o repetir una frase, para hablar espontáneamente o incluso para leer) que son aceptados como síntomas de afasia.

Cronología

300 a.C. Platón utiliza el término de afasia para indicar la incapacidad de habla

1864 Trousseau recupera el término

* En el original, *multi-mortality*. (*N. del t.*)

Algunas personas pierden la memoria específicamente para los sonidos y el significado de las palabras, mientras que otras parecen olvidar la forma de coordinación de su lengua y sus labios para pronunciar adecuadamente las palabras. Literalmente, son incapaces de «colocar adecuadamente su boca» para decir ciertas palabras.

«El habla es el logro más definitorio y distintivo del ser humano.»

N. Wiener, 1950

En los estudios iniciales de los pacientes con afasia se puso de manifiesto el predominio cerebral: la observación de que la afasia sólo tiene lugar cuando se lesiona el hemisferio izquierdo, pero no el derecho. Así, la afasia siempre ha interesado de manera importante a los psicólogos especializados en cartografía cerebral, que han intentado definir de forma muy específica las zonas del cerebro cuya lesión da lugar a trastornos concretos y específicos de la comunicación.

Localización de la afasia Por lo general, las afasias son el resultado de una lesión de los centros cerebrales del lenguaje. Estos centros se localizan casi siempre en el hemisferio izquierdo y en la mayor parte de las personas es precisamente en este hemisferio en el que se localizan las capacidades de producción y comprensión del lenguaje. Sin embargo, en un porcentaje muy pequeño de personas las capacidades relativas al lenguaje se localizan en el hemisferio derecho. En cualquier caso, la lesión de las áreas del lenguaje puede ser debida a un accidente cerebrovascular o a un traumatismo craneoencefálico. La afasia también se puede desarrollar de manera lenta, tal como ocurre en los pacientes con tumores cerebrales.

Las lesiones en áreas diferentes del cerebro dan lugar a cuadros de afasia distintos. Las afasias más habituales son las denominadas *no fluida* y *receptiva*, que se deben a lesiones localizadas en las áreas de Broca y Wernicke, respectivamente. La afasia no fluida se caracteriza por un habla lenta, laboriosa y difícil. En función de ello, los psicólogos saben que el área de Broca (localizada en la corteza de asociación motora del lóbulo frontal izquierdo) es responsable de los recuerdos motores necesarios para la secuencia de movimientos musculares que permiten pronunciar las palabras. Por otra parte, la lesión del área de Broca suele dar lugar a un cuadro de agramaticalidad en el que los pacientes que lo sufren no son capaces de comprender las reglas sintácticas (p. ej., no suelen utilizar palabras funcionales).

El área de Wernicke parece ser responsable del reconocimiento del habla, y la afasia receptiva secundaria a la lesión de esta área se manifiesta por dificultades para la comprensión del lenguaje y para la producción de palabras con significado. Las personas afectadas no suelen ser conscientes de su

«No quiero hablar gramaticalmente, quiero hablar como una mujer.»

G. B. Shaw, *Pygmalion*, 1912

1865	1868	2002
Primera clasificación	Broca señala las partes cerebrales que son responsables de las alteraciones del lenguaje	Hale, *The Man Who Lost his Language*

problema y no comprenden de manera precisa su propia habla. Se ha propuesto la hipótesis de que el área de Wernicke es la zona en la que se almacenan los recuerdos relativos a las secuencias de sonidos que constituyen las palabras.

«Piensa mucho, habla poco, escribe menos.»

Proverbio

Un modelo del lenguaje es el que indica que el habla que nos llega es recibida por la corteza auditiva y enviada al área de Wernicke para su comprensión. Cuando se requiere una respuesta se envía un mensaje al área de Broca que, a su vez, envía mensajes a la corteza motora primaria para que organice los músculos de manera que sea posible articular una respuesta.

Además de facilitar a los psicólogos la comprensión del lenguaje, el trabajo que se ha realizado sobre las afasias ha constituido el fundamento de la investigación moderna del principio de localización, es decir, las áreas cerebrales que participan en las funciones específicas.

Tipos de afasia La clasificación representa el comienzo de la ciencia. Cuando se identifica un problema mental o físico siempre se intentan determinar subtipos o subgrupos del mismo y la afasia no es una excepción en este sentido. Algunos clínicos consideran que hay tantas formas de afasia como pacientes afásicos y que es inútil intentar clasificarlas. Otros manifiestan su sorpresa por las extraordinarias similitudes que existen entre los distintos pacientes y también por el hecho de que algunos síntomas de gran especificidad son compartidos por subgrupos diversos de pacientes.

Algunas clasificaciones se fundamentan específicamente en déficits del habla (semiológicos), mientras que otras, en los mecanismos mentales y otras, en la localización de la lesión cerebral.* Los sistemas mejores parecen clasificar adecuadamente la tercera parte de todos los casos, al tiempo que dejan sin clasificar las dos terceras partes de los casos restantes.

La primera clasificación psicológica o comportamental estuvo referida a la afasia respecto a la facultad general del lenguaje, en la que se altera el habla pero no la escritura. Después, se establecieron diferencias entre las afasias sin capacidad de habla en comparación con las afasias en las que los pacientes pueden hablar aunque cometen numerosos errores.

Hay varios sistemas de clasificación. Las clasificaciones de carácter asociacionista se fundamentan en las dificultades lingüísticas específicas relacionadas con partes específicas del cerebro. Las lesiones selectivas alteran redes neurales que afectan a elementos concretos del lenguaje. Así pues, los primeros investigadores hablaban de afasia *motora* (alteración del recuerdo de las sensaciones de movimiento), afasia *sensitiva* (alteración del recuerdo de la sensación auditiva para la descodificación del habla articulada) y afasia *de conducción* (alteración de ambos tipos de recuerdo).

Los asociacionistas han definido muchos tipos distintos de afasia, como los tipos subcortical, cortical y transcortical. Algunos de estos tipos de afasia han recibido el nombre de los investigadores que los definieron, como afasia de Broca y afasia de Wernicke. Otros psicólogos han diferenciado los cuadros de sordera y de ceguera para las palabras.

* En el original, *brain seizure location*. (*N. del t.*)

Se han propuesto otras muchas clasificaciones, algunas de las cuales han estado fundamentadas en teorías específicas mientras que otras lo han estado en la observación. Freud propuso su propia clasificación en tres subgrupos, mientras que otros investigadores han intentado una estrategia más estadística con evaluación del rendimiento de los pacientes en una amplia gama de test. También ha habido investigadores que han estado influidos principalmente por las características lingüísticas del lenguaje. En todo caso, sigue sin existir un acuerdo en esta área.

Tratamiento La afasia que interfiere con la producción del habla se ha incluido en el contexto de la patología del habla, que inicialmente fue considerada un problema educativo pero que puede dar lugar a problemas de adaptación y, por ello, también se han interesado por ella los psicólogos, psiquiatras y neurólogos que estudian las lesiones cerebrales. Algunos trastornos del habla son puramente físicos y se deben a problemas neuromusculares. Los trastornos del habla son diferentes de los trastornos del lenguaje, caracterizados por los problemas relativos a la comunicación de símbolos y pensamientos significativos.

«Tras una lesión cerebral una persona puede ser capaz de hablar, pero en muchos casos a sus labios acuden machaconamente palabras incorrectas, como si las estanterías de Broca hubieran quedado completamente revueltas.»

W. Thompson, 1907

Todos los tratamientos comienzan con la realización de pruebas diagnósticas para intentar evaluar las operaciones primarias del lenguaje como la denominación de los objetos, la producción de palabras y la finalización de las frases, la lectura de palabras y frases, y la escritura al dictado. Se han propuesto tratamientos diferentes para los distintos problemas. Algunos neurólogos son escépticos respecto al valor de las terapias del lenguaje (logopedia) en función de lo que ellos consideran es la causa del problema. Otros han observado casos de recuperación espontánea; es decir, de recuperación total o parcial de los conocimientos y habilidades previas en relación con el lenguaje, sin aplicación de ninguna forma de tratamiento. Sin embargo, hay profesionales de la logopedia que dedican una gran cantidad de tiempo a los pacientes con afasia, intentando comprender su problema y ayudarles para que se puedan comunicar de manera más eficaz.

La idea en síntesis: el fundamento del lenguaje queda al descubierto cuando se altera

49 Dislexia

«El logro del control de las tareas de lectura y escritura es claramente uno de los pilares más importantes de la diferenciación social en las sociedades modernas.»

J. Goody y J. Watt, 1961

Los padres y los profesores saben bien que los niños de una misma edad pueden presentar diferencias no solamente en sus gustos y su temperamento, sino también en la velocidad con la que adquieren las distintas capacidades. Algunos niños parecen tener grandes dificultades y quedan retrasados respecto a sus compañeros de la misma edad en lo relativo a la lectura. Parecen tener una inteligencia normal, pero no muestran habilidad. Los niños con dislexia no tardan en quedar atrapados en un círculo vicioso. Su lectura es lenta, agotadora y frustrante. Es una actividad que no les proporciona ningún placer. No les ayuda ni siquiera sus mayores esfuerzos, de manera que cada vez leen menos, rehuyen la lectura y, así, nunca llegan a igualarse a los demás niños en esta actividad. En esta cuestión hay elementos primarios que se refieren a la capacidad de lectura, pero también hay características secundarias asociadas a una autoestima baja y a dificultades para la adaptación socioemocional.

Definición El término «dislexia» significa «dificultad con las palabras». El trastorno se ha denominado ceguera para las palabras y también déficit específico de lectura o escritura. Lo utilizan los profesionales para indicar la existencia de dificultades importantes y persistentes en la lectura. Está relacionado básicamente con la dificultad para alcanzar una habilidad normal en la lectura, a pesar de recibir una buena enseñanza y de realizar un trabajo duro para conseguirlo. En ocasiones, la dislexia tradicional se denomina dislexia *del desarrollo* y se refiere a las dificultades para adquirir la habilidad de lectura. Por su parte, la dislexia *adquirida* se debe a un traumatismo físico que deja como secuela dificultades para la lectura, aunque previamente al traumatismo el paciente podía leer normalmente.

Básicamente, los problemas principales que permiten el establecimiento del diagnóstico son los correspondientes a la descodificación de las palabras y a la ortografía, debido sobre todo al sistema fonológico (los sonidos de las palabras) de una persona. Es importante descartar la posibilidad de que el problema se deba a una insuficiencia de las oportunidades educativas, a alteraciones del oído o la vista, a trastornos neurológicos o a dificultades socioemocionales importantes. La dislexia es evidente cuando se observa que el niño desarrolla de manera lenta, incompetente y con grandes dificultades su capacidad para leer con precisión y fluidez las palabras, o para seguir las reglas de la ortogra-

Cronología

1887
Utilización del término «dislexia» por parte de un oftalmólogo alemán

1896
Primera descripción de la dislexia infantil

fía. La dislexia suele afectar a grupos familiares y los niños son más vulnerables que las niñas. Ciertamente, ello sugiere que los factores genéticos pueden ser importantes en este trastorno.

Historia

A principios de la década de 1960 se propuso que el retraso de la lectura se debía a tres causas: factores ambientales como la educación o enseñanza insuficientes, así como la privación de la vida familiar; inadaptación emocional y factores de tipo orgánico.

El debate más habitual entre los investigadores se refiere a la idoneidad de considerar una curva en campana simple o un rango continuo de normalidad en la capacidad para la lectura, de manera que los niños que están por encima de la media se sitúan en la parte más alta y los que tienen dificultades para la lectura en la más baja. Algunos investigadores han señalado que esto es lo que ocurre realmente y que las dificultades para la lectura no constituyen una entidad bien delimitada sino un umbral lingüístico en una escala. Otros investigadores consideran que es un conjunto o patrón muy diferente de habilidades cognitivas.

Descodificación y comprensión La lectura conlleva dos procesos básicos. El primero es el reconocimiento de una cadena de letras o caracteres y su consideración como una palabra. Primero tenemos que aprender las letras: su «sonido» y la forma con la que se constituyen las sílabas. Esta es una tarea lenta y laboriosa que generalmente da lugar a un proceso de lectura que es tanto instantáneo como automático.

El segundo proceso es más abstracto. A través del mismo, el texto adquiere significado y se pone en conexión con la experiencia. Es posible la descodificación sin comprensión: la lectura distraída sin que nos quede nada de lo leído. Los disléxicos sufren dificultades muy específicas como las relativas a la ortografía de las palabras, el significado de las palabras (semántica), la construcción de las frases (sintáctica) y la formación de las palabras a partir de raíces, prefijos y sufijos (morfología).

Los psicólogos han diseñado test para la descodificación de las palabras, de manera que sea posible determinar el nivel en el que está una persona respecto a la media. Las personas evaluadas mediante estos test deben descodificar tanto palabras como cadenas de caracteres que no corresponden a palabras. La investigación ha demostrado que el problema principal parece radicar en la habilidad fonológica. Los disléxicos presentan dificultades concretas con la estructura del sonido de las palabras y con el recuerdo de las palabras nuevas,

1920
Propuesta de la primera teoría para explicar la causa de la dislexia

1949
Creación de la Dyslexia Society

1967
Primera propuesta de clasificación en subgrupos

especialmente de los nombres o sustantivos. Tienen dificultades para repetir las palabras complejas y también las expresiones que no corresponden a palabras. Otro test evalúa la diferencia entre la capacidad de comprensión de la lectura y la de lo escuchado.

Subgrupos Tal como ocurre con la casi totalidad de los problemas psicológicos, los expertos señalan que las personas que sufren dislexia muestran una gran heterogeneidad y que con frecuencia se pueden clasificar en subgrupos bien definidos. Este proceso de definición de los subgrupos tiene utilidad generalmente para el establecimiento de un diagnóstico preciso y para el planteamiento de propuestas teóricas. El problema que conlleva la realización de distinciones demasiado rigurosas es el de conseguir el acuerdo por parte de los expertos acerca de los grupos y de la terminología. La primera distinción, propuesta en la década de 1960, se llevó a cabo entre la dislexia auditiva (problemas para la diferenciación de los fonemas y para vincularlos o unirlos en conjunto con el objetivo de formar una palabra) y la dislexia visual (dificultades para la interpretación, el recuerdo y la comprensión de las letras y de las imágenes de las palabras). Los disléxicos auditivos tienen dificultades para diferenciar las letras cuyo sonido es similar, como la «b» y la «p», o la «d»y la «t». Los disléxicos visuales tienen dificultades para identificar la forma visual de las palabras, de manera que no diferencian bien palabras como «sal» y «las» o «sol» y «los», etc.

Posteriormente se estableció la diferencia entre la dislexia disfónica (problemas fonológicos), la dislexia diseidética (problemas en la percepción de las palabras como unidades) y la alexia (un tipo mixto de problemas en el procesamiento fonológico y visual). Se consideró que aproximadamente las dos terceras partes de los disléxicos presentaban dislexia diseidética, la décima parte dislexia disfónica y la cuarta parte dislexia aléxica.

Se ha demostrado que las personas adoptan estrategias distintas para la lectura. En la estrategia fonológica se lleva a cabo la codificación de los grupos de letras más frecuentes (*ción*, *ría*, *mente*) con formación de grupos y, después, de palabras. Las personas que aplican esta estrategia leen en voz alta. Otras personas intentan una lectura ortográfica o de palabras completas. Por tanto, se ha propuesto que existen una alexia, una alexia ortográfica o una combinación de ambas. Se evalúa a los niños respecto a su capacidad de lectura de términos que no corresponden a palabras reales, tal como «cafa», «leta» o «fisa». No obstante, el mejor método para establecer las dificultades con la lectura en una persona es el de evaluar con mucho detalle los procesos que utiliza para leer: lo que puede hacer y no hacer con facilidad y corrección.

Autodiagnóstico y diagnóstico profesional El diagnóstico de dislexia se aparta de lo normal debido a que a menudo introduce una sensación de alivio en muchos padres y niños. Muchos adultos parecen incluso alardear de su dislexia señalando que cuando todavía no se había diagnosticado correctamente este problema se pensaba que carecían de inteligencia o de alguna otra capacidad. La razón de ello es que el término «dislexia» no indica una inteligencia baja (en ocasiones, todo lo contrario) sino un fallo funcional muy específico. Es muy frecuente que en artículos académicos serios se cuestione la existencia de la dislexia, lo que suele provocar la protesta airada de quienes estudian las dificultades de la lectura. Los defensores de la existencia de la dislexia señalan que los disléxicos son diferentes de las personas con es-

Investigación

Los psicólogos que trabajan en esta área utilizan todo tipo de métodos de investigación. En algunos casos se han realizado estudios detallados sobre individuos concretos. En el método comparativo son evaluados con numerosos test dos grupos grandes y con el mayor parecido posible entre sí (en términos de edad, CI, o contexto social). En los estudios con diseño longitudinal se ha evaluado el desarrollo de los problemas con la lectura y de las dificultades que aparecen a lo largo del tiempo. En los estudios experimentales son evaluados los pacientes en situaciones concretas. Los estudios de la función cerebral conllevan la realización de una cartografía cerebral en situaciones específicas.

casa capacidad para la lectura debido a que cometen errores peculiares y específicos en la lectura o en la ortografía, pese a que su inteligencia es normal (o incluso superior a lo normal) y a las que han recibido una educación convencional.

Los críticos señalan que la dislexia es un problema de las clases medias y que afecta a familias en las que los padres poseen una capacidad económica elevada y no se quieren enfrentar al hecho de que sus hijos no son muy brillantes al tiempo que intentan manipular el sistema educativo a su favor. Otros investigadores han señalado que este ataque a la dislexia es perjudicial y profundamente injustificado, y que tal vez se relacione con el hecho de que algunos padres esperan demasiado de sus hijos.

Un elemento clave es la relación entre la dislexia y el cociente intelectual (CI). Parece haber una creencia generalizada en la existencia de disléxicos muy inteligentes que fueron considerados durante su infancia como lerdos, vagos, distraídos o inadaptados. Un aspecto de gran importancia en la dislexia es la existencia de un nivel de lectura inesperadamente bajo, en comparación con la capacidad de aprendizaje de otras habilidades. Los pacientes disléxicos muestran una discrepancia entre su capacidad para realizar los test de lectura y su capacidad para realizar otros subtest del CI.

«La ortografía del inglés es arcaica, engorrosa e ineficaz: su dominio consume una gran cantidad de tiempo y de energía; es fácil detectar los fallos en la adquisición de esta habilidad.»

Thorstein Veblen, 1899

La idea en síntesis: hay muchos tipos de dislexia

50 ¿A quién pertenece esa cara?

¿Ha quedado confundido el lector en alguna ocasión por otra persona que, desde el punto de vista del lector, no parece que tiene la cara que tendría que tener? ¿Con qué frecuencia le ocurre al lector que «sabe que conoce» a una persona pero no puede decir cuál es su nombre? Sabe que es un corredor de maratón o un político, pero simplemente no puede decir su nombre. De la misma forma, también es posible que vea una cara que le resulta muy familiar pero que le sea imposible decir nada en absoluto acerca de la persona a la que corresponde.

Muchas veces decimos que «nunca olvidamos una cara», pero es evidente que lo hacemos de manera continua. Los investigadores han demostrado que no hay ninguna relación entre el resultado que piensan las personas que van a obtener en los estudios de reconocimiento de caras y los resultados que consiguen finalmente. Hay algunas pruebas que demuestran que las personas que recuerdan mejor las caras simplemente tienen una memoria visual mayor que las que tienen más problemas en esta tarea. Es decir, su capacidad para recordar cuadros, mapas y textos escritos es superior a la media. Estas personas parecen tener una facilidad especial en lo que se refiere a los cuadros y las imágenes.

> **«La cara y la expresión facial definen nuestra especificidad e individualidad, y expresan tanto como ocultan.»**
>
> J. Cole, 1977

Prosopagnosia La capacidad de reconocer e identificar a las personas tiene una importancia clave en la vida cotidiana. Imaginemos que no fuéramos capaces de reconocer a nuestra pareja en una multitud o bien que identificáramos erróneamente a nuestros padres en una fiesta, o a nuestro jefe en la oficina. La importancia de la memoria respecto a las caras queda plasmada de forma bien gráfica en un problema que se denomina *prosopagnosia*. Las personas que sufren este problema no son capaces de reconocer las caras de las personas con las que están familiarizadas e incluso, en ocasiones, tampoco reconocen su propia cara en un espejo. Es sorprendente el hecho de que muchos pacientes con prosopagnosia tengan una facilidad relativa para diferenciar otros objetos similares, como coches, libros e incluso tipos de gafas, pero no las caras.

Cronología

1510
Leonardo da Vinci dibuja modelos diversos de nariz

Siglos XVIII y XIX
Apogeo de los caricaturistas y dibujantes

«Los hombres de frente pequeña son inconstantes, pero si su frente es redondeada o protruyente, entonces tienen un carácter vivo. Las cejas rectas indican suavidad y buena disposición, mientras que las cejas curvadas hacia las sienes indican humor y disimulo. La mirada fija indica descaro y el parpadeo, indecisión. Las orejas grandes y prominentes sugieren tendencia a la conversación irrelevante o cháchara.»

Aristóteles, 350 a. C.

Un aspecto clave para la psicología es la determinación de la posible existencia de mecanismos específicos y especiales para el procesamiento de la información correspondiente a las caras, así como de la posibilidad de que dichos mecanismos sean distintos de los correspondientes a la identificación de otros objetos. Para resolver esta cuestión sería necesaria la identificación e investigación de dos tipos muy especiales y afortunadamente infrecuentes de personas: las que reconocen normalmente las caras pero tienen dificultades para reconocer los objetos (*agnosia visual*) y las personas que reconocen normalmente los objetos pero tienen dificultades para reconocer las caras (*prosopagnosia*). La cuestión que se plantea a los neuropsicólogos de la cognición es la posibilidad de identificación de regiones y mecanismos cerebrales concretos que estén dedicados al reconocimiento de las caras por un lado y al reconocimiento de los objetos por otro.

Ciertamente, las pruebas obtenidas en pacientes con y sin lesiones cerebrales y que sufren prosopagnosia parecen sugerir que existen regiones cerebrales muy específicas (la circunvolución fusiforme media y la circunvolución occipital) que pueden ser las responsables del procesamiento de la información correspondiente a las caras.

El conjunto y sus partes Se ha propuesto un modelo de dos procesos para diferenciar el reconocimiento de las caras y el reconocimiento de los objetos. Uno de estos procesos es el denominado *análisis holístico*, que incluye el procesamiento de la información correspondiente al «cuadro general»: la configuración completa y la estructura global. El segundo proceso es el denominado *análisis por partes*, que se centra en los detalles y que después intenta recomponerlos. La idea es la de que el reconocimiento de las caras conlleva un análisis holístico mucho más detallado que el reconocimiento de los objetos.

1971
Introducción del sistema de reconstrucción fotográfica

1976
Lord Devlin argumenta que el reconocimiento facial por parte de los testigos no es suficientemente fiable como para condenar a una persona en un juicio

1988
V. Bruce, *Recognising Faces*

> **«Las mentes difieren más que las caras.»**
>
> **Voltaire, 1750**

Esta posibilidad se puede demostrar adecuadamente mediante la tecnología de la reconstrucción fotográfica. En la década de 1970 se diseñó el sistema de la reconstrucción fotográfica en el que una persona «construye una cara» a partir de una amplia gama de partes de la misma. En este sistema se ofrece una amplia gama de modelos de nariz que representa todas las formas más comunes de la misma. Además, también hay abundantes modelos para la boca, los ojos, el pelo, etcétera. Este sistema permitía la realización de un elevado número de experimentos para comprobar la precisión de la teoría. ¿Era posible que las personas pudieran construir una imagen adecuada y reconocible de su pareja, de un político famoso o incluso de ellas mismas? Para ello, tendrían que conocer y elegir un modelo concreto de boca, ojos, etcétera. Los resultados demostraron que las personas realizaban en general mal esta tarea de reconstrucción de un patrón general a partir de los distintos fragmentos.

En diversos estudios también se ha demostrado que un aspecto engañoso de una persona da lugar a una disminución muy importante en la capacidad de reconocimiento. Al añadir una peluca, una barba o unas gafas se produce una reducción significativa del reconocimiento facial, tal como los delincuentes saben desde hace mucho tiempo. Incluso la presentación del perfil de una cara o bien la presentación de las tres cuartas partes de una cara, más que la «vista frontal completa», también disminuyen de manera importante el reconocimiento. Parece que las personas procesamos el patrón facial completo de manera conjunta y no en sus partes. Además, parece que procesamos las caras en función de las características de la personalidad. Así, las personas hablan de una cara honesta o de facciones agradables, delicadas o engañosas. Consideremos cómo podríamos describir las caras de Winston Churchill o Nelson Mandela. ¿Lo haríamos en términos del tamaño de la boca o de la forma de los ojos? Por lo general, no.

En muchos estudios interesantes realizados en esta área se han utilizado imágenes distorsionadas. En algunos de ellos se han usado distorsiones en la configuración que incluían el desplazamiento de los ojos o la boca, quizá incluso con una inversión de toda la cara. En otros estudios se han llevado a cabo distorsiones de las partes, como el oscurecimiento de los dientes. Los resulta-

Factores que influyen en el proceso

En los estudios realizados acerca de este proceso se han obtenido resultados interesantes, algunos de ellos aparentemente más razonables que otros.

- Cuanto más tiempo vemos una cara, con más facilidad la reconocemos.
- Cuanto menos se parece una cara a la nuestra, peor la reconocemos.
- El reconocimiento de las caras no se reduce demasiado con el paso del tiempo; el tiempo tiene un efecto mínimo en este sentido.
- No es demasiado importante si una persona ve a otra «en vivo», en vídeo o en una fotografía; el grado de reconocimiento es aproximadamente el mismo en todas las circunstancias.
- Las fotografías colocadas del revés conllevan una dificultad de reconocimiento extraordinaria.
- Si una cara es «distintiva» (poco habitual, atípica) su reconocimiento es más fácil.

dos de esos estudios han demostrado que las distorsiones de los componentes se detectan casi siempre, pero que las distorsiones en la configuración son pasadas por alto con facilidad. Por tanto, se ha asumido que la prosopagnosia conlleva una alteración del procesamiento holístico o de la configuración, mientras que la agnosia visual conlleva una alteración del procesamiento holístico y analítico.

«Tu cara, mi reina, es como un libro en el que los hombres pueden leer cuestiones extrañas.»

Shakespeare, *Macbeth*, 1606

Componentes del proceso Para comprender el complejo proceso del reconocimiento de las caras, los psicólogos han sugerido que existen diversos componentes que actúan de manera conjunta constituyendo el sistema global. Entre estos componentes están habilidades como el *análisis de la expresión*, que es la capacidad para inferir estados emocionales a partir de las características y las expresiones faciales. Después, está el *análisis facial del habla*, que es la capacidad de «leer los labios» para comprender mejor el habla. Por supuesto, todo ello es un *procesamiento visual* directo que consiste en la capacidad de procesar aspectos seleccionados de la cara, especialmente las expresiones oculares y las faciales distintivas. Otro componente es el de las *unidades de reconocimiento facial*, que contienen información relativa a la estructura (larga, redondeada, triste) de las caras que son conocidas por la persona.

Por otra parte, están los *procesos de generación de nombres*, que demuestran que almacenamos (en nuestra memoria) el nombre de una persona, y también los denominados *nodos de identidad de la persona* que tienen utilidad para que podamos recordar los detalles respecto a los individuos específicos (su edad, sus aficiones, su trabajo, etc.). Por último, existe el denominado *sistema cognitivo general*, o del *conocimiento*, que es un reservorio de conocimiento relativo a las personas (p. ej., los deportistas suelen estar entrenados, las actrices son atractivas, los alcohólicos tienen una cara rojiza, etc.).

La desestructuración de cualquiera de estos sistemas influye en todo el proceso. Los componentes que parecen más importantes para el reconocimiento facial cotidiano son los siguientes:

- La codificación estructural: el registro en la memoria de lo que las personas observan en una cara concreta y en sus nodos específicos.
- La generación del nombre de la persona a la que pertenece la cara.

El reconocimiento facial es un área activa e importante de investigación psicológica aplicada que está adquiriendo una relevancia notable en el campo de la seguridad. La aplicación más clara de toda esta línea de investigación es la de enseñar a los ordenadores a reconocer y recordar a las personas.

La idea en síntesis: la memoria relativa a las caras no dice mucho acerca del funcionamiento del cerebro

Glosario

Afasia Trastorno del habla (la producción del lenguaje) que generalmente se debe a lesiones corticales. Puede revelar en sí misma una incapacidad para utilizar o producir el habla con claridad o precisión, o bien una incapacidad para comprender el habla de los demás.

Cociente de inteligencia emocional (CIE) Puntuación similar a la del cociente de inteligencia (CI) y que representa un parámetro comparativo, fiable y válido de la inteligencia emocional de una persona.

Cociente intelectual (CI) Parámetro que determina si la edad mental (EM) de una persona está por delante o por detrás de su edad cronológica (EC).

Condicionamiento clásico Tipo de aprendizaje en el que un estímulo neutro denominado estímulo condicionado queda emparejado con el estímulo no condicionado.

Condicionamiento operativo (o condicionamiento instrumental) Forma de aprendizaje en la que se aplica un refuerzo (alimento, elogio, dinero, etc.) sólo después de que una persona o un animal realicen una tarea muy específica.

Conductismo Teoría que propone el predominio del comportamiento observable como criterio de estudio y que subraya la función que desempeña el entorno social en la determinación de la mayor parte del comportamiento humano.

Curva en campana También denominada curva de la distribución normal. Se construye mediante la representación gráfica de las puntuaciones obtenidas en muchas personas, lo que da lugar a una curva con configuración en campana en la que las puntuaciones de la mayor parte de las personas se sitúa en la línea media, mientras que en los extremos sólo aparecen unos pocos casos.

Curva S Curva de configuración específica que se denomina técnicamente curva sigmoide y que tiene forma de «S»; así, el crecimiento inicial es exponencial; después, la curva se aplana, aparece la saturación y se detiene el «crecimiento». Esta curva posee propiedades estadísticas interesantes.

Dislexia Trastorno complejo y aún controvertido que altera específicamente la capacidad para leer.

Disonancia cognitiva Falta de congruencia autopercibida y molesta entre actitudes, creencias, experiencias y sentimientos.

Efecto Flynn Demostración de que las puntuaciones del CI correspondientes a la población general están aumentando en muchos países.

Ello Demandas inconscientes relacionadas con los instintos (libido y energía física), especialmente en lo relativo al sexo y a la violencia fundamentados exclusivamente en el principio del placer.

Escala F de California Instrumento que permite determinar las creencias y actitudes fascistas, y que fue diseñado hace cincuenta años por un grupo de sociólogos que intentaban estudiar el autoritarismo y el origen del nazismo.

Esquema Marco mental de organización o una estructura del conocimiento que sirve para clasificar y sintetizar la información relativa a las personas, los lugares o las cosas.

Esquizofrenia Enfermedad caracterizada por la aparición de ideas delirantes, alucinaciones, desestructuración del habla y el comportamiento, y embotamiento emocional, así como por diversos tipos de disfunción social y laboral.

Estrés Reacción comportamental, cognitiva y fisiológica compleja de un individuo frente a una situación real o imaginada (estímulo, persona, evento) que es percibida como peligrosa o amenazante.

Frenología «Ciencia» del cerebro y la mente que actualmente ha desaparecido casi por completo y que consideraba que el cráneo revelaba con precisión la estructura del cerebro de cada persona.

Gestáltico Conjunto integrado que representa más que la suma de las partes que lo componen. Una configuración, forma, patrón o estructura de estímulos visuales o auditivos.

Heurísticas Reglas, procedimientos o fórmulas de carácter general que han funcionado en épocas anteriores y que pueden guiar el proceso de solución de problemas en el futuro.

Idea delirante Opinión o creencia persistente que es tanto insostenible como imposible de modificar, y que a menudo se refiere a ideas de persecución, amor, engaño, infección o intoxicación por parte de los demás.

Inteligencia emocional (IE) Consiste en la percepción y la consciencia de los estados emocionales propios y ajenos, así como en la capacidad para controlar o modificar los estados emocionales propios y ajenos.

Inteligencia espacial Capacidad para visualizar mentalmente formas geométricas y representaciones de imágenes de objetos sólidos, y para reconocer las relaciones resultantes de los movimientos de los objetos en el espacio.

Inteligencia múltiple Idea (no demostrada) de que existen diversas capacidades mentales independientes entre sí.

«Página en blanco» (*tabula rasa*) Término que se utiliza para describir la mente del recién nacido antes de que la experiencia «escriba» en ella.

Placebo Sustancia o un procedimiento inertes desde el punto de vista médico o químico respecto a los cuales una persona (generalmente un paciente, pero también un médico) considera que le puede ayudar a recuperarse; se utiliza en la investigación científica para determinar la eficacia real de los tratamientos.

Polígrafo Aparato que se denomina vulgarmente «detector de mentiras» y que permite evaluar las diversas respuestas fisiológicas a las preguntas que se efectúan a una persona.

Psicópata Persona que sufre un patrón persistente de despreocupación total por los derechos y los sentimientos de los demás, así como una sensación absoluta de falta de culpa por la violación de los mismos.

Psicopatología Estudio de una amplia gama de trastornos psicológicos.

Psicosis Categoría amplia de trastornos psicológicos graves que implican la pérdida de la actividad mental normal y en los que los pensamientos y los comportamientos de los pacientes están claramente fuera de la realidad.

Razonamiento verbal Facultad mental que se refiere a la capacidad específica de comprender el significado de las palabras y las ideas asociadas a las mismas, y a la capacidad de presentar a los demás las ideas y la información con claridad.

Sociópata Otro término utilizado para denominar al psicópata o a cualquier persona que sufre un trastorno antisocial de la personalidad.

Sueño REM Sueño activo o con movimientos oculares rápidos (*rapid eye movement*) que representa una fase del sueño en la que las personas parecen presentar ensoñaciones y durante la cual la actividad cerebral es muy similar a la que existe en las personas despiertas.

Superyó Conjunto de los valores morales de una persona que se manifiesta en el nivel consciente a través de las reglas morales, las sanciones y los requerimientos de la sociedad, así como a través de los ideales del *yo*, que consisten en la internalización idiosincrásica e individual de los objetivos personales.

TDAH Trastorno por déficit de atención con hiperactividad; asociado a dificultades con la atención en lo relativo a la concentración, la escucha de los demás, el cumplimiento de instrucciones, la impulsividad y el control de la inquietud.

Terapia cognitivo-conductual (TCC) Una «psicoterapia de conversación» muy popular que persigue la modificación de la forma con la que las personas razonan acerca de las cosas que les ocurren, o bien la forma con la que las perciben o las razones a las que las achacan.

Trastorno de la personalidad paranoide Desconfianza absoluta y sospecha de los comportamientos y motivos de las demás personas, que siempre son interpretadas como malévolas.

Trastorno obsesivo-compulsivo (TOC) Trastorno caracterizado por la aparición de pensamientos, impulsos e imágenes excesivos, ilógicos y persistentes, así como de comportamientos repetitivos.

Trastornos de ansiedad Una gama de problemas relacionados cuyo denominador común está constituido por la angustia, la ansiedad y las reacciones de estrés tal como las crisis de angustia; las fobias de todo tipo; el trastorno por estrés postraumático agudo y generalizado, y la ansiedad inducida por sustancias.

Trastornos del estado de ánimo Trastornos depresivos caracterizados por estado de ánimo deprimido, inactividad, insomnio, fatiga, disminución del peso corporal y sentimientos de inutilidad y culpa, así como el trastorno bipolar caracterizado por la alternancia de fases de depresión y de manía.

Trastornos relacionados con sustancias La dependencia de sustancias se caracteriza por la tolerancia (es necesaria una dosis cada vez mayor para conseguir un efecto similar); la sintomatología de abstinencia; el incremento gradual del esfuerzo para conseguir la sustancia; la reducción de las actividades sociales, laborales y de ocio, y la inutilidad de los esfuerzos para interrumpir el consumo.

Tratamiento electroconvulsivo (TEC) Tratamiento psiquiátrico somático que se utiliza principalmente en la depresión crónica y que conlleva la aplicación de una corriente eléctrica en episodios breves pero intensos; dicha corriente eléctrica atraviesa el cerebro y da lugar a una convulsión de poca duración.

Yo El principio racional de la realidad; la parte consciente de lo propio. En ocasiones, se considera el elemento de control general de la personalidad y del proceso racional de toma de decisiones que media entre el *ello* egoísta y el *superyó* moral.

Índice

Los números de página **en negrita** indican una entrada en el glosario